Heilende Entspannung

NACH DER TARA ROKPA-METHODE

Edith Irwin

Heilende Entspannung

nach der Tara Rokpa-Methode

aus dem Englischen
von Bernhard Kleinschmidt

Theseus Verlag

Theseus im Internet: http//www.Theseus-Verlag.de

Bitte fordern Sie unseren Gesamtprospekt an.

Die Deutsche Bibliothek – CIP-Einheitsaufnahme:
Irwin, Edith: Heilende Entspannung nach der Tara-Rokpa-Methode / Edith Irwin.
Aus dem Engl. von Bernhard Kleinschmidt. - Berlin : Theseus-Verl., 2000
Einheitssacht.: Healing relaxation <dt.>

ISBN 3-89620-146-8

Titel der englischen Originalausgabe
Healing Relaxation
erschienen bei Rider (Ebury Press)
Random House, 20 Vauxhall Bridge Road
London SW1V 2SA, GB

Ins Deutsche übertragen von Bernhard Kleinschmidt
Lektorat: Ursula Richard

Umschlaggestaltung: Morian & Bayer-Eynck, Coesfeld
Illustrationen: © Marita Wiemer
Gestaltung und Satz: Typografik & Design – Ingeburg Zoschke
Druck: Wiener Verlag, Himberg

Printed in Austria

ISBN 3-89620-146-8

Gedruckt auf alterungsbeständigem Papier mit chlorfrei gebleichtem Zellstoff

Für all unsere Eltern
und für alle Eltern
überall in allen Zeiten

Inhalt

Vorwort

Unser heutiges Leben ist spannend und aufregend. Mit all den Möglichkeiten, die es uns bietet, wird es manchmal allerdings auch etwas zu spannend – anspannend nämlich. Daher wird Entspannung als Gegenpol immer wichtiger. Aber Oasen der Ruhe gibt es wenige, und aus einem stressigen Alltag heraus zu wirklicher Entspannung zu finden ist nicht einfach. Zwar werden heute bereits viele Methoden der Entspannung angeboten, auch solche mit östlichem Hintergrund, aber oft fühlt man sich nach entsprechenden Kursen wieder recht allein gelasssen, oder sie fordern mehr Aufwand, Hingabe und körperliche oder geistige Verrenkungen, als die meisten Menschen heute aufzubringen bereit sind.

Edith Irwins »Heilende Entspannung« ist eine in sich vollständige Entspannungsmethode von eigenem Wert, und sowohl Einzelne als auch Gruppen finden darin alles, was sie für eine längere Zeit an entspannenden Übungen brauchen. Die Übungen und Methoden in diesem Buch kommen zwar nicht aus dem Nirgendwo, sondern haben ihre eigenen und tiefen Wurzeln. Aber Edith Irwin hat sie in einem runden und ausgewogenen Übungsprogramm zusammengefasst, das man einfach benutzen kann, so wie es ist, ohne durch Theorien und Hintergründe abgelenkt zu werden. Gleichzeitig ist »Heilende Entspannung« die Vorstufe zu einem weiterführenden Prozess, Tara Rokpa, der allen offen steht, die im Anschluss an die Übungen dieses Buches weiterarbeiten wollen.

Es ist das Verdienst des tibetischen Meditationslehrers Akong Rinpoche, Edith Irwins und ihrer Kolleginnen und Kollegen, eine Methode entwickelt zu haben, die uns heutige Menschen dort abholt, wo wir stehen, die einfach und praktikabel ist. Das Besondere an Tara Rokpa als innerem Weg ist, dass er einfach Spaß und Freude macht. Die Psychologie und die Methoden des Buddhismus wurden von Akong Rinpoche speziell für uns westliche Menschen und unsere heutige Zeit so transformiert, dass sie uns unmittelbar ansprechen. Es muss sich aber niemand sorgen, durch diese Übungen ungewollt zur Buddhistin oder zum Buddhisten zu werden. Das Buch und seine Übungen wenden sich an alle, nichts wird vorausgesetzt, alle Konzepte sind offen dargelegt und einsehbar. Kürzlich erzählte mir ein Patient von einer schwierigen emotionalen Situation und sagte dann: »Ich habe alle Tricks versucht, die ich im Laufe meiner Therapien gelernt habe – das Einzige, was wirkte, war: anderen Menschen Gutes zu wünschen.« Das ist die Ebene, auf der wir hier arbeiten. Dieser Weg setzt bei uns an, bei dem, wie wir sind, und verlangt nicht, dass wir zuerst in eine andere Kultur eintauchen.

Daher hat die Tara Rokpa-Methode in den letzten Jahren einen enormen Aufschwung genommen und wird inzwischen weltweit praktiziert. Deutschland ist dabei ein besonderer Schwerpunkt geworden. Hier gibt es inzwischen etwa dreißig laufende Tara Rokpa-Gruppen in zehn Städten, und Hunderte von Menschen haben in den letzten Jahren an Kursen teilgenommen.

»Heilende Entspannung« und Tara Rokpa bieten denen, die dies wünschen, die Möglichkeit, in selbstorganisierten Gruppen selbstverantwortlich mit anderen Menschen zusammen zu üben. Solche Gruppen werden in regelmäßigen Abständen von in dieser Methode ausgebildeten Therapeutinnen und Therapeuten angeleitet und unterstützt.

Viel Freude beim Ausprobieren und viele Stunden mit »heilender Entspannung«!

Dr. med. Ulrich Küstner
Tara Rokpa Deutschland
1. Januar 2000

Zur Entstehung des Buches und Danksagung

Wenn ich mir die Sammlung von Entwürfen und Notizen anschaue, aus denen dieses Buch zusammengestellt ist, sehe ich eine Papierspur vor mir, die mich bis ins Jahr 1980 zurückführt. Intensiv gesammelt habe ich besonders von November 1983 bis August 1985. Die frühesten Notizen entstanden bei Entspannungskursen, die ich auf Wunsch von Dr. Akong Tulku Rinpoche hielt, zuerst in Edinburgh und dann in seinem Zentrum Kagyu Samye-Ling in Schottland. Spätere Aufzeichnungen stammen aus meiner Arbeit mit Gruppen in acht europäischen Ländern, in den Vereinigten Staaten und Kanada, in Australien, Südafrika und Indien. 1993 fand diese hektische Aktivität abrupt ein Ende, als ich ein drei Jahre und drei Monate dauerndes traditionelles tibetisches Retreat in Samye-Ling begann.

Eine gute Woche vor Beginn des Retreats – das Buch sah noch immer wie ein Zettelkasten aus – übergab ich meinem Freund Colin Betts alles, was ich bis dahin zustande gebracht hatte: drei fertige Kapitel, mehrere Stapel Notizen und sechzehn Stunden Tonbandaufnahmen. Die letzte Kassette besprach ich eine Stunde vor Beginn meines Retreats. Wir waren uns einig, dass er an dem Buch weiterarbeiten und, wenn irgend möglich, für dessen Publikation sorgen sollte, da es im Rahmen der beginnenden Tara Rokpa-Therapeutenausbildung als Grundlage für die Arbeit mit Gruppen dienen sollte.

Colin hatte vier weitere Kapitel fertig, als wohlmeinende Menschen, die es nicht erwarten konnten, das Buch gedruckt zu sehen, ihn überredeten, ihnen das Manuskript zu überlassen. Auf Rat von Akong Tulku Rinpoche wurde es dann aber bis zum Ende meines Retreats auf Eis gelegt.

Anfang 1997 machte ich mich wieder an die Arbeit am Manuskript. An die Stelle der kontemplativen Ruhe meines Retreats trat aber bald ein zunehmendes Engagement im Rahmen der Tara Rokpa-Therapie, die sich während meiner Abwesenheit rasch weiter entwickelt hatte. Meine Kolleginnen und Kollegen machten mir deutlich, dass das Buch als Arbeitsmaterial für Gruppen gebraucht wurde, die sich mit einer Reihe grundlegender Entspannungsübungen beschäftigen. Motiviert, den Faden wieder aufzunehmen, haben mich auch die vielen positiven Reaktionen auf unsere Arbeit, besonders von Seiten der ganz unterschiedlichen Menschen, die dadurch zum ersten Mal in Berührung mit Dingen wie Visualisierung, Entspannung und Massage kamen. Trotzdem verteilte ich den Entwurf nur zögernd an die Tara Rokpa-Therapeuten. So war ich sehr dankbar, als sich Judith Kendra vom Verlag Rider Books bei mir meldete und mich bat, ihr das Manuskript zu schicken. Ihre Reaktion war positiv, und wir waren uns bald einig, dass das Buch nach einigen Änderungen relativ rasch publiziert werden könnte.

Alles noch einmal zu überarbeiten war zwar keine angenehme Aufgabe, aber es war sehr interessant, nach dem dreijährigen Retreat noch einmal frisch an das Material heranzugehen. Ein Stück weit auf einem der tiefgründigsten Wege spiritueller Entwicklung vorwärts zu schreiten, hat mich dazu gebracht, allem Einfachen wieder mehr Achtung entgegenzubringen. Ich liebe diese Arbeit, weil sie leicht zugänglich ist, und ich bin sehr glücklich, dass ich sie seit so vielen Jahren meines Lebens mit anderen Menschen teilen darf. Möge sie von großem Nutzen für alle sein, die sich damit beschäftigen.

Mein Dank gilt den vielen, vielen Menschen, die mir in so vielen Jahren und in allen erdenklichen Lebenslagen Güte und Unterstützung zuteil werden ließen. Im vollen Bewusstsein, dass ich nicht allen hier namentlich danken kann, möchte ich einige Menschen nennen, ohne die dieses Buch nie zustande gekommen wäre:

Dr. Akong Tulku Rinpoche, meinen wichtigsten Lehrer und Mentor in diesem Leben, dessen Mitgefühl, Bescheidenheit und Humor beispiellos sind.

Meine Familie, besonders meinen verstorbenen Vater Donald Irwin, der sich als Zeitungsreporter fünfzig Jahre lang Tag für Tag daran gemacht hat, die Wahrheit zu entdecken und zu schildern, und meine Mutter Polly Irwin, die mich und meine Geschwister noch heute ermutigt und unterstützt, was immer wir auch unternehmen.

Dr. Ronald D. Laing, der mir als Erster deutlich gemacht hat, welch grundlegende Bedeutung der Entspannung zukommt, weil sie die Basis dafür bildet, das Wesen des menschlichen Geistes zu erkennen. Die hohen Anforderungen, die er an alle Aspekte des menschlichen Strebens stellte, habe ich mir als Prüfstein genommen. Besonders dankbar bin ich ihm noch heute, weil er immer darauf hingewiesen hat, dass es die konkrete Erfahrung ist, die den Wert des Lebens bestimmt.

Colin Betts, von dessen fundamentalem Beitrag zu diesem Buch schon die Rede war. Paul Gilbert von Samye-Ling, der die Tonbänder transkribierte; Carol Johnson aus Carlisle, die in den letzten Tagen ihres Lebens die handgeschriebenen Notizen abtippte, und Maggy Jones von Samye Ling, die dankenswerterweise allerhand Nachträge und Korrekturen eingab.

Marita Wiemer, von der die einfühlsamen Zeichnungen stammen. Die dafür verwendeten Fotos sind mit Hilfe von Sylvia Wetzel entstanden. In diesem Zusammenhang danke ich auch Pat Murphy, David Casby und Freunden in Dublin für ihre Hilfe bei der Auswahl der zu illustrierenden Übungen.

Sean McGovern, der mir in der Zeit vor meinem Retreat zur Seite stand und der mit seinem freundlichen, klugen Urteil und seiner echten Freundschaft noch heute eine wichtige Stütze in meinem Leben ist.

Meinen Kolleginnen und Kollegen im Rahmen der Tara Rokpa-Therapie: Dot Gunne, Carol Sagar, Brion Sweeney und Trish Swift; Annie Dibble, Lorna Hensey, Ulrich Küstner, Stephan Storm, Harriet Trevelyan und Lorna Watson. Sie alle haben viel Zeit und Mühe aufgewendet, um mir die Erfahrungen mitzuteilen, die sie bei der Arbeit mit den ersten Fassungen des Textes gemacht haben. Zugleich danke ich auch allen, die an der Therapieausbildung teilnehmen, all meinen Klientinnen und Klienten und den vielen anderen Menschen, die an der Entstehung dieses Buches beteiligt waren.

Zuletzt möchte ich auch denjenigen danken, die es möglich machten, dass diese Arbeit sich besonders in Deutschland so etabliert hat: Uller Gscheidel, der die ersten deutschen Gruppen organisierte und dann zusammen mit Ulrich Küstner immer neue Gruppen auf den Weg brachte, Sylvia Wetzel, die mit Enthusiasmus für ein breiteres Bekanntwerden sorgte, und allen Teilnehmerinnen und Teilnehmern, die die Methode mit Leben erfüllen.

Einführung

Hat Sie schon einmal jemand lautstark aufgefordert: »Entspannen Sie sich, aber plötzlich!«? So funktioniert das nicht, stimmt's? Wir wissen, dass Spannungen und Verspannungen uns daran hindern, unser Leben wirklich zu genießen, aber wir haben keine Ahnung, wie wir loslassen sollen. Womöglich versuchen wir sogar, unseren Zustand mit dem Argument zu rechtfertigen: »Wenn ich mich völlig entspannen würde, würde ich einfach in mich zusammenfallen.«

Ich habe dieses Buch aus drei Gründen geschrieben. Zum einen entstand es auf Wunsch von Menschen, die an meinen Massage- und Therapiekursen teilgenommen haben, zum anderen ist es für all jene gedacht, die sich der ersten Stufe des therapeutischen Prozesses widmen wollen, den Akong Tulku Rinpoche gemeinsam mit mir und den anderen Tara Rokpa-Therapeutinnen und Therapeuten entwickelt hat. Wir haben dieser ersten Stufe den Namen »Zurück zu den Anfängen« gegeben. Abgesehen davon will dieses Buch durch die einfache Darstellung von Entspannungsübungen und Massagetechniken allen, die daran Interesse haben, einen praktischen Zugang zu Übungen dieser Art vermitteln.

Meine ersten Entspannungs- und Massagekurse habe ich 1978 in Washington gehalten, und seit achtzehn Jahren versuche ich nun, meine Arbeit nach den Lehren und unter der Anleitung von Akong Tulku Rinpoche weiterzuentwickeln. Akong Rinpoche ist ein buddhistischer Lama und zugleich Arzt in der Tradition der tibetischen Medizin. Seit mehr als dreißig Jahren lebt er in Schottland, wo er sein Wissen und seine Erfahrung all jenen Menschen widmet, die bei ihm Hilfe suchen. Er ist der Gründer von Rokpa Trust, einer internationalen Hilfsorganisation mit der Maxime »Helfen, wo Hilfe gebraucht wird«, und von Tara Rokpa, einer Organisation, deren

Zweige sich der Entwicklung aller medizinischen und psychotherapeutischen Therapieformen widmen, deren Grundlage das Mitgefühl bildet. Der Edinburgh Tara Trust (heute Tara Rokpa Edinburgh) und eine Reihe von Entspannungskursen in Edinburgh, die bis in die frühen achtziger Jahre zurückreichen, waren die Basis für die Erprobung seiner Arbeit. Seinen ersten Rat zum Thema Massage gab Akong Tulku Rinpoche mir 1977. Wir hatten uns gerade erst kennen gelernt, und ich erzählte ihm, ich hätte beruflich mit Massage zu tun. Massage sei sein Hobby, sagte er, aber er wisse nur eine Form, die wirklich funktioniere. Gespannt auf irgendeine geheime orientalische Technik, fragte ich: »Und was für eine Massage ist das?« »Mitgefühl«, meinte er.

Zuerst war ich enttäuscht und fühlte mich hinters Licht geführt. Mitgefühl? Das war doch bloß ein Wort! Ich hatte erwartet, etwas über eine wirksame Technik zu erfahren. Aber in den folgenden Jahren wurde mir klar, dass Rinpoches Rat ebenso wahr wie praktisch ist. Nichts, was ich für einen Menschen auf der physischen Ebene tue, kann in die Tiefe wirken, wenn mir nicht wirklich an seinem Wohlergehen gelegen ist. Wenn ich mir nicht die Mühe mache, meine eigenen Sorgen beiseite zu legen und mich für das zu öffnen, was meine Klienten fühlen, ist es größtenteils reine Zeitvergeudung, ohne dass etwas ins Fließen kommt, was echten Wert hat.

Eine Herausforderung stellte Akong Rinpoches Rat auch insofern dar, als mir klar wurde, dass ich die Bedeutung des Begriffs »Mitgefühl« eigentlich gar nicht begriffen hatte – ganz zu schweigen von Dingen wie »allumfassendes Mitgefühl« oder »Mitgefühl ohne Erwartungen«. So etwas schien für mich in so weiter Ferne zu liegen wie die Erleuchtung. Trotzdem sollte meine Massage wirksam sein, und deshalb kam ich nicht umhin, mich konsequent mit Rinpoches Behauptung auseinanderzusetzen, dass Mitgefühl die einzige funktionierende Massagetechnik sei. Dabei ergab sich immer wieder die Frage: Was ist meine Motivation?

Die tibetische Medizin basiert auf einer wahrhaft ganzheitlichen Sicht der Realität. In jeder Beziehung werden Geist und Körper von der Empfängnis bis zum Tod als Einheit gesehen. Zudem ist jeder Mensch gewissermaßen eine Zelle im Körper des Planeten Erde, und dieser ist eine Zelle im Körper des Universums. Alles, was wir brauchen, um heil und gesund zu sein, ist vorhanden; wir müssen nur wissen, wo wir es finden und wie wir es anwenden können. Krankheit und Leiden entstehen oft durch ein Ungleichgewicht, hervorgerufen durch das Vorhandensein von Geistesgiften. Diese Gifte sind die Unwissenheit, die uns davon abhält, zu wissen, was wir brauchen, die Gier, wegen der wir mehr haben wollen und uns zu nehmen versuchen, als wir brauchen, und die Aggression, die uns dazu bringt, zurückzuweisen oder zu zerstören, was wir brauchen.

Das tibetische Wort *sowa* hat zwei Bedeutungen. Zum einen bedeutet es, einen Schaden zu beseitigen beziehungsweise ein Ungleichgewicht zu beheben, zum anderen, dafür zu sorgen, dass ein Schaden oder Ungleichgewicht gar nicht erst auftritt. Wenn uns zum Beispiel auffällt, dass die Wolle am Ellbogen unseres Lieblingspullovers dünn wird, können wir darauf unterschiedlich reagieren. Wir können ein passendes Garn suchen, um die Stelle zu verstärken, bevor ein Loch entsteht. Wir können auch gar nichts unternehmen, bis ein kleines Loch da ist, und dieses dann mit dem passenden Garn stopfen. Wenn wir jedoch warten, bis ein großes Loch entstanden ist, müssen wir einen Flicken aufnähen. Alle drei Methoden sind *sowa*, jeweils dem unterschiedlichen Grad des Schadens angemessen.

Die Übungen und Ratschläge in diesem Buch sind eigentlich ganz einfach und für viele Leserinnen und Leser wahrscheinlich nichts Neues. Sie sind dazu gedacht, der Überlastung und Anspannung entgegenzuwirken, die das moderne Leben mit sich bringt, und Hinweise darauf zu geben, wie man diesen Zustand von Anfang an vermeidet. Beides geschieht, indem wir lernen, uns zu entspannen.

Viel von dem, was ich hier vorstelle, hat mir Akong Tulku Rinpoche beigebracht mit dem Auftrag, es an andere Menschen weiterzugeben. Manches habe ich im Lauf der Zeit von Freunden und Lehrern gelernt, die verschiedene Massageformen praktizieren, aber auch Yoga, Tai Chi und Aikido. Auch aus vielen Büchern habe ich gelernt. All diese Elemente habe ich mir durch die Praxis zu Eigen gemacht und bin deshalb zuversichtlich, sie als etwas weitergeben zu können, was anderen Nutzen bringt.

Weshalb fühlen wir uns meist entspannt, wenn wir glücklich sind, und warum sind wir glücklich, wenn wir uns entspannen? Die Erklärung dafür ist zweifellos in der Funktionsweise von Gehirn und Körper zu finden. Da das jedoch nicht mein Fachgebiet ist, kann ich diese Frage nur vom Standpunkt des gesunden Menschenverstandes aus betrachten. Bin ich glücklich, mache ich mir keine Sorgen und kann mich deshalb auch entspannen. Irgendwie hat das also mit meinem Geist zu tun, besonders mit meiner Einstellung und Motivation. Wenn ich mir selbst Gutes wünsche und anderen Menschen nichts Böses, bin ich wahrscheinlich glücklich. In diesem Zustand bin ich auch eher in der Lage, die Dinge anzunehmen, wie sie sind: mich, andere Menschen und die Welt an sich. Wenn ich die Absicht habe, glücklich zu sein, wenn ich anderen auch dazu verhelfen will und versuche, niemandem zu schaden, dann werde ich mir keine Sorgen machen müssen, selbst wenn ich sehr aktiv bin und allerhand Hürden überwinden muss – ganz einfach, weil ich weiß, dass ich mein Bestes gebe.

Das klingt ganz leicht, nicht wahr? Warum schaffen wir es dann nicht, so glücklich und entspannt zu leben? Kurz gesagt liegt das daran, dass wir schlechte Gewohnheiten haben, die sehr hartnäckig sind und viel Stress und Anspannung mit sich bringen: Wir sind hektisch, machen uns Sorgen, wollen viele Dinge, weichen anderen Dingen aus, lassen uns gehen, beklagen uns, geben anderen die Schuld und so weiter. Weil das moderne Leben so rasant und kompliziert ist, vergessen wir oft, dass wir nicht gezwungen sind, so weiterzumachen und uns von Gewohnheiten drangsalieren zu lassen, die uns in einen derart angespannten Zustand versetzen, dass wir weder uns selbst noch anderen von großem Nutzen sind.

Als Menschen haben wir das Recht und die Fähigkeit, unsere Haltung, unsere Einstellungen und unsere Gewohnheiten zu verändern. Wir dürfen uns entspannen und glücklich sein, aber zuerst müssen wir Situationen schaffen, in denen wir diesen angenehmen Zustand auch tatsächlich erfahren. Und daran müssen wir wohl ein wenig arbeiten.

Ist dies ein Buch für Sie?

Sind Sie sich bewusst, dass Spannungen Sie daran hindern, Ihr Leben voll und ganz auszuschöpfen? Dann kann Ihnen dieses Buch wahrscheinlich von Nutzen sein. Selbst wenn Sie sich nicht in der Lage fühlen, ihre Praxis nach einer festen Struktur auszurichten, können Sie einige der Übungen ausprobieren oder auch nur deren Inhalt mit Ihren eigenen Erfahrungen vergleichen. Bewusst über unser Leben nachzudenken ist mindestens so wichtig, wie konkret zu erlernen, wie man massiert, sich dehnt oder bestimmte Dinge visualisiert. Auch wenn Sie im medizinischen oder sozialen Bereich arbeiten, werden Sie wahrscheinlich etwas in diesem Buch finden, das Ihnen hilft, Ihre Arbeit künftig auf eine wirksamere und befriedigendere Weise auszuüben.

In vergangenen Zeiten war das Wissen darum, wie man sich innerhalb eines gewöhnlichen Arbeitstages entspannen kann, vermutlich Allgemeingut. Noch heute gibt es vereinzelt Menschen mit der besonderen Gabe, sich überall wohl zu fühlen. Meist tragen sie dazu bei, eine Atmosphäre zu schaffen, die auch auf andere entspannend wirkt. Ich glaube, uns allen fallen Orte ein, die wir gern aufsuchen, weil dort eine so gute Atmosphäre herrscht. Das kann die Wohnung einer Freundin sein, eine Arztpraxis, das Café um die Ecke, eine Bankfiliale oder irgendein Büro. Zum Beispiel habe ich einmal in einer Großkonditorei gearbeitet, in der ausschließlich Käsekuchen hergestellt wurde. Die Arbeit dort war furchtbar, die Stimmung aber großartig. Weshalb? Der Geschäftsführer besaß die Gabe, seine Angestellten in ihrem eigenen Rhythmus arbeiten zu lassen. Das lag daran, dass er wußte, was der Käsekuchen im Backofen brauchte, und zugleich die Bedürfnisse der Leute kannte, die den Kuchen herstellten. Außerdem brachte er uns dazu, uns jeden Arbeitsschritt anzueignen, damit wir uns gegenseitig vertreten konnten, wenn wir eine Pause brauchten. Wir spielten Wortspiele, wir sangen, wir lernten uns kennen. Der Schlüssel zu all dem war eine entspannte Atmosphäre, die aus einer entspannten Grundhaltung heraus entstand.

Ich hoffe, dass die Lektüre dieses Buches Ihnen vermitteln kann, wie Sie ein wenig mehr von dieser natürlichen Entspannung in Ihr Leben integrieren können.

Der folgende Überblick über die einzelnen Einheiten und die anschließenden Hinweise sollen Ihnen eine Vorstellung davon geben, wie Sie sich den Inhalt dieses Buches persönlich nutzbar machen können. Das gilt auch für Gruppen, deren Teilnehmer mit diesem Buch arbeiten wollen, um zugleich sich selbst und anderen zu helfen. Eine solche Gruppe kann aus Freunden oder Kolleginnen bestehen oder aus Menschen mit ähnlichen persönlichen Problemen. Im Grunde kann jede Gruppe von Menschen, die Interesse daran hat, Entspannung und Glück in der Welt zu schaffen, sich diese Übungen zunutze machen.

Struktur der Einheiten

Die Hauptkapitel dieses Buches sind in Form von Einheiten strukturiert, die einen Übungsabschnitt beziehungsweise ein gemeinsames Programm für eine beliebig große Gruppe darstellen. Jede der ersten sechs Einheiten kann in etwa zwei bis drei Stunden absolviert werden. Wenn sich eine Gruppe zusammenfindet, würde ich allerdings empfehlen, gegebenenfalls langsamer vorzugehen oder bei jeder Einheit etwas wegzulassen. Nichts ist der Entspannung so wenig zuträglich wie der Versuch, sich an einen starren Plan zu halten. Nach meiner Erfahrung braucht man umso mehr Zeit, je intensiver die Teilnehmer einsteigen. Kommen Sie also nicht zu dem Schluss, Sie und Ihre Freundinnen würden irgendetwas falsch machen, wenn Sie die einzelnen Einheiten zu lang für einen Abend finden. Versuchen Sie einfach, eine kreative Lösung zu finden, die den Bedürfnissen und dem Terminkalender aller angemessen ist.

Die siebte Einheit ist speziell als Abschluss für die Gruppenarbeit gedacht. Sie besteht aus einem ganzen Tag, der dazu dienen soll, alle vorgestellten Massage- und Entspannungstechniken zusammenzufassen. Wenn Sie hingegen allein mit diesem Buch arbeiten, werden Ihnen besonders die Übungen zur Entspannung, zum

Aufwärmen und zur Selbstmassage von Nutzen sein. Übungen, die Sie problemlos allein machen können, sind mit einem ✧ gekennzeichnet.

Wenn Sie bei schlechter Gesundheit, schwanger oder sehr fortgeschrittenen Alters sind oder wenn Sie unter einer frischen Verletzung oder einer chronischen Krankheit leiden, müssen Sie jede einzelne Übung ganz vorsichtig angehen. Wissen Sie nicht genau, ob eine Übung Ihnen gut tun wird oder nicht, ist es wahrscheinlich am besten, sie auszulassen. Ein ✦ kennzeichnet Übungen, die relativ anstrengend sind und entweder behutsam angegangen oder gegebenenfalls ganz ausgelassen werden sollten. Um Situationen, in denen eine Massage nur unter bestimmten Bedingungen durchgeführt werden sollte, geht es auf Seite 31–33. Diesen Abschnitt sollten Sie aufmerksam lesen.

Drei Schlüsselbegriffe: Motivation, Atem und Körperhaltung

Bevor wir zu den einzelnen Einheiten übergehen, wollen wir uns kurz mit drei für diese Arbeit zentralen Themen befassen: Motivation, Atem und Körperhaltung. Es ist gut, sie sich jeweils kurz zu vergegenwärtigen, bevor man in eine Entspannungs- oder Massageübung einsteigt. Auch in anderen Situationen kann das hilfreich sein. Je mehr Sie in der Lage sind, Ihre bewusste Entspannungspraxis in jeden Aspekt Ihres Lebens zu integrieren, desto mehr Heilung wird die Entspannung mit sich bringen.

Die Motivation

Immer wenn wir uns daranmachen, etwas in unserem Leben zu tun, ist die Motivation der wichtigste Faktor, der das Ergebnis beeinflusst. Das gilt für sämtliche Handlungen, von den trivialsten bis zu den tiefgründigsten. Nehmen wir ein Beispiel für einen trivialen Vorgang: Was motiviert uns, uns morgens nach dem Aufstehen in ganz bestimmter Weise zu kleiden? Ziehen wir eine Uniform an, weil das von der Institution gefordert wird, für die wir arbeiten? Wählen wir etwas, in dem wir attraktiv aussehen, wodurch wir bei manchen Leuten Bewunderung, bei anderen Eifersucht auslösen, oder entscheiden wir uns für etwas, das uns so unauffällig erscheinen lässt, dass man uns überhaupt nicht bemerkt? Geht es uns einfach nur darum, Kleider zu tragen, die bequem sind, oder solche, die im Spiegel gut aussehen? Oder ganz zugespitzt: Was – abgesehen vom Klima – bewegt uns eigentlich überhaupt, uns jeden Morgen anzuziehen?

Selbst wenn uns die Motivation dafür, wie wir uns kleiden, nicht bewusst ist, beeinflusst sie Tag für Tag und Woche für Woche die Art und Weise, wie wir uns fühlen und wie andere uns wahrnehmen. Wenn wir durch die Wahl unserer Kleidung von möglichst großem Nutzen für uns und andere sein wollen, ist sie eine positive Angelegenheit. Für die einen kann das bedeuten, sich modisch zu kleiden, weil sie den Wunsch haben, allen zu gefallen und Freunde zu gewinnen, die zu ihnen passen. Für andere ist Kleidung ein wichtiger Ausdruck der eigenen Persönlichkeit oder sogar ein Mittel der Selbstheilung, zum Beispiel durch die Wahl von Farben, die dazu beitragen, persönliche Schwächen auszugleichen. Wieder andere besitzen nur sehr wenig Kleidung, die sie dann jeweils dem Wetter entsprechend tragen, weil sie es ablehnen, an dem Gesellschaftsspiel teilzunehmen, in dem es darum geht, sich zur Schau zu stellen und möglichst attraktiv zu machen, und weil sie ihr Geld lieber für Dinge verwenden wollen, die sie für nützlicher halten. Ganz gleich, wie sich dies im Einzelnen darstellt: Eine starke positive Absicht verleiht dem Kleidertragen Bedeutung und Wert.

Auch wenn es darum geht zu lernen, uns zu entspannen, ist es vor allem unsere Motivation, die das Ergebnis bestimmt. Wollen wir Schulterschmerzen oder Schlaflosigkeit lindern, ohne zu Medikamenten zu greifen, ist das schon eine konstruktive Haltung uns selbst gegenüber. Wenn wir den Mitgliedern unserer Familie helfen wollen, indem wir ihnen ein paar einfache, entspannende Massagetechniken zeigen, spiegelt sich darin eine gute Motivation im Hinblick auf uns nahe stehende Menschen. Sind wir jedoch bereit, uns auf die Realität des Leidens aller Lebewesen einzulassen, und haben wir tief im Herzen den Wunsch, ihnen zu helfen, dann sind wir bereits dabei, ein allumfassendes Mitgefühl zu entwickeln. Alles, was wir tun, um uns und anderen zu helfen, wird dann zunehmend mehr Wirkung haben. Zusammen mit dem Wunsch, allen Wesen gleichermaßen Gutes zu tun, müssen wir allerdings lernen, unsere Erwartungen loszulassen. Am Anfang sind wir möglicherweise nicht in der Lage, überhaupt etwas zu bewirken, egal wie positiv unsere Motivation auch sein mag. Wenn wir dann feststellen, dass unsere Bemühungen keine sichtbaren Ergebnisse haben, sind wir nach ein paar Versuchen womöglich so weit, dass wir uns nicht einmal mehr zutrauen, uns selbst helfen zu können. Ist es dann nicht ziemlich unrealistisch, ja vermessen zu meinen, man könne allen Lebewesen helfen? Nein – wenn wir es schaffen, unsere Erwartungen loszulassen und mit einem wahrhaft offenen Geist vorzugehen. Dann werden wir weniger dazu neigen, Gelegenheiten auszuschließen, in denen wir von Nutzen sein können. Außerdem müssen wir uns damit zufrieden geben, da anzufangen, wo wir gerade stehen. Wenn wir jetzt nichts anderes tun können, als uns von unseren eigenen Kopfschmerzen zu befreien oder unserem Kind beim Einschlafen zu helfen, ist das unser Ausgangspunkt für die Praxis eines allumfassenden Mitgefühls. Morgen sieht es vielleicht ganz anders aus; wir brauchen nur ein wenig Geduld.

Unabhängig davon, ob die folgenden Einheiten in einer Gruppe durchgeführt werden oder allein, sollten Sie sich vor Beginn jeder Übung Zeit nehmen, um über Ihre Motivation für das nachzudenken, was Sie vor sich haben. Warum sind Sie hier, und wem genau wollen Sie damit von Nutzen sein? Fangen Sie mit den einfachen Fakten an, selbst wenn die Ihnen ziemlich negativ erscheinen. Vielleicht hat eine Freundin Sie mitgebracht, und Sie haben einfach nicht nein sagen können. Stellen Sie in diesem Fall fest, ob Sie in Ihrem Herzen den einfachen Wunsch entdecken können, das Beste für sich aus der Sache zu machen, während Sie gleichzeitig der Freundin einen Gefallen tun. Dehnen Sie den Wirkungsbereich dieses heilsamen Wunsches so weit aus, wie es von Ihrem Gefühl her möglich ist.

Auch bei der Massage ist es sehr wichtig, die eigene Motivation zu überprüfen, bevor man den Partner berührt. Es ist wichtig, die eigenen Sorgen und Spannungen loszulassen, vor allem aber alles, was man vom Partner erwartet. Wünschen Sie sich einfach, dem anderen Menschen dabei helfen zu können, sich zu entspannen und sich mit sich selbst wohl zu fühlen.

Vielleicht gelingt es Ihnen auch, sich vorzustellen, dass zusammen mit dem Menschen, den Sie gleich massieren werden, noch viele andere Menschen eine Massage bekommen, und sich zu wünschen, dass alle davon profitieren mögen. Dieser Gedanke kann Ihnen dabei helfen, sich der Erwartung zu entziehen, ein sichtbares Ergebnis erzielen zu müssen. Die Form von Massage, um die es in diesem Buch geht, hat nicht das Ziel, Krankheiten oder Verletzungen zu behandeln, sondern kraft der Entspannung die Bedingungen dafür zu schaffen, dass eine Heilung stattfinden kann. Denkt man darüber nach, welche Rolle man dabei übernimmt, wäre es eher die eines Dieners als die einer Ärztin. Noch treffender wäre die Haltung eines einfachen Freundes.

Bei allen Übungen dieses Buches ist es also nützlich, über die Motivation bezüglich der bevorstehenden Aufgabe nachzudenken.

Der Atem

Der Atem zeigt uns, dass wir lebendig sind. Er vollzieht sich unablässig, ob wir uns dessen bewusst sind oder nicht. Weshalb sollten wir uns dann um unseren Atem kümmern? Nun, der Atem stellt eine der Verbindungen zwischen unserem Geist und unserem Körper dar. Wie wir atmen, beeinflusst, wie wir denken und fühlen; wie wir denken und fühlen, beeinflusst, wie wir atmen. Indem wir uns auf eine einfache Weise unseres Atems bewusst werden, ohne uns einzumischen, können wir unsere Fähigkeit, uns selbst zu helfen, ungemein verstärken. Zwar hat jeder Mensch einen eigenen, unverwechselbaren Atemrhythmus, doch ist der Atem vieler Menschen aus dem Gleichgewicht geraten, was zum körperlichen und geistigen Leiden beiträgt. Wenn wir uns entspannen, wird unser Atem leicht, und unser ganzer Körper ist von Sauerstoff durchdrungen. Auf einer subtileren Ebene werden ihm Prana, Chi, Ki, Energie oder Endorphine zugeführt, je nachdem welchem Erklärungssystem wir folgen wollen. Im Rahmen dieses Buches kommt es nicht auf die Bezeichnung an, sondern nur darauf, dass wir die Fähigkeit erlangen, das Gefühl einer größeren Lebendigkeit zu erfahren, das einen leichten Atem begleitet.

Im Allgemeinen empfindet man weniger, wenn man weniger atmet. Viele Menschen haben die Gewohnheit, den Atem anzuhalten, um ihre Gefühle zu verbergen. Dieses Verhaltensmuster stammt oft aus der Kindheit, in der wir bewusst oder unbewusst zu dem Schluss gelangt sind, dass es nicht gut ist, wenn andere um unsere Gefühle wissen. Folgen wir dieser Unterdrückungsstrategie, können wir leicht den Kontakt mit unseren wirklichen Gefühlen verlieren. Haben wir uns diese Strategie also irgendwann angeeignet, braucht es Mut, wenn wir uns auf den Weg zu einer tieferen Atmung und tieferen Gefühlen begeben wollen. Es ist unmöglich, ein über so viele Jahre verwendetes Muster über Nacht zu ändern, und es ist auch nicht klug, das zu versuchen. Wie bei jeder echten inneren Veränderung muss am Anfang ein anderes Bewusstsein stehen. Sobald wir gewahr werden, dass wir besonders in angespannten oder emotionsgeladenen Situationen nur einen Bruchteil unserer Atemkapazität ausnutzen, wird unsere Bereitschaft, zu atmen und zu empfinden, ganz allmählich zunehmen.

Manche Menschen haben die Gewohnheit, zu tief zu atmen. Mit einer Dehnung des unteren Brustkorbs und mit verkrampfter Kehle saugen sie stoßweise Luft in den Bereich des Solarplexus. Das verstärkt die geistige Unruhe und die emotionale Empfindlichkeit. Wie bei einer zu schwachen Atmung ist der erste Schritt zur Veränderung dieses Musters, sich seiner bewusst zu werden. Sobald man die Wirkung dieses Musters wahrnimmt und begreift, wird es sich allmählich von selbst auflösen. Wie ist das möglich? Dadurch, dass unser Geist eine angeborene Intelligenz besitzt, die auf die Bedürfnisse des Körpers reagiert. Wenn wir diese Intelligenz nicht durch Gedanken oder unbewusste negative Muster behindern, teilt sie uns mit, was nötig ist, um unser Gleichgewicht wiederherzustellen. Ein

Beispiel: Trinken wir etwas, wenn wir durstig sind, brauchen wir nicht darüber nachzudenken. Wenn wir jedoch den natürlichen Impuls zu trinken unterdrücken, führt das zu chronischem Flüssigkeitsmangel und verschiedenen gesundheitlichen Problemen. Dasselbe gilt für die Atmung. Wenn wir lernen, unseres Atemmusters gewahr zu werden, ohne es zu beeinflussen, wird es sich allmählich von selbst ausbalancieren.

Auch dazu ein Beispiel: Nehmen wir an, Sie sitzen im Büro am Schreibtisch und hören mit, wie zwei Kollegen erregt miteinander diskutieren. Das macht Sie nervös, und Sie halten den Atem an, um Ihre Nervosität zu unterdrücken. Wenn Sie jedoch daran gewöhnt sind, Ihren Atem wahrzunehmen, wird diese Reaktion Ihnen töricht vorkommen und Sie werden mühelos weiteratmen, ohne irgendetwas zu »tun«. Bei den Atemübungen der ersten Einheit (siehe Seite 35–39) lernen Sie, sich für ein volleres und leichteres Atemmuster zu öffnen.

Auch beim Massieren ist der Atem von Bedeutung. Fließt er mühelos, langsam und frei, hilft er uns, offen für unseren Partner zu bleiben, egal ob wir gerade eine Massage geben oder bekommen. Bei unseren ersten Versuchen, einen anderen Menschen zu massieren, haben wir manchmal plötzlich das Gefühl, wir wüssten nicht, was wir tun. Womöglich geraten wir sogar in Panik. Wenn wir uns dann auf unseren Atem konzentrieren, indem wir ein paar Mal langsam ein- und vollständig wieder ausatmen, kehrt das Gefühl für das, was wir tun, meist zurück. Auch die Besinnung auf unsere Motivation und auf den einfachen Wunsch, dem Partner zur Entspannung zur verhelfen, führt dazu, dass unser Atem wieder auf natürliche Weise kommt und geht. Um zu erkennen, wie unser Partner sich fühlt, ist es auch hilfreich, ein oder zwei Minuten lang seinem Atemrhythmus zu folgen. Und wenn wir den Partner dabei unterstützen wollen, sich an seinen eigenen Atem zu erinnern, können wir das tun, indem wir deutlich ein- und ausatmen.

Die Körperhaltung

Bei der Selbstheilung wie bei der Massage spielt auch die Körperhaltung eine wichtige Rolle. Dazu eine kleine Übung: Nehmen Sie wahr, wie Sie momentan sitzen oder liegen, ohne irgendetwas zu verändern. Konzentrieren Sie sich auf die Haltung Ihres Rückgrats. Ist es gerade, oder neigt es sich nach vorn oder zur Seite? Mit einem geraden und dennoch entspannten Rückgrat gelingt es dem Körper meist am besten, sich in einer Ruheposition zu regenerieren oder sich durch Bewegungen auszudrücken. Ist das Rückgrat aufgerichtet, bleiben auch alle Nervenbahnen so offen wie möglich, wodurch der Geist klar und frisch bleiben kann.

Ein gerades Rückgrat hat allerdings nichts mit Steifheit zu tun. Wird in einer Gruppe das Thema Körperhaltung angesprochen, richten sich manche Teilnehmer, die bislang zusammengesunken dagesessen haben, oft urplötzlich auf, und zwar auf eine sehr steife und unnatürliche Weise. Häufig ist das eine Reflexhandlung, die aus der Schulzeit stammt, als sie wegen einer schlechten Haltung bestraft wurden. Das damals propagierte Ideal war militärischer Natur: Brust raus, Schultern zurück, Bauch einziehen! Leider vermitteln diese Anweisungen kein Bewusstsein für die subtileren Aspekte eines aufrechten Rückgrats, also für das Gefühl, dass es an der Wurzel des Steißbeins beginnt, seine Basis am Kreuzbein stabilisiert und mit einer sich hebenden Bewegung emporwächst wie ein Grashalm, der sich zur Sonne hin ausrichtet.

Auch hier spielt die Frage der Motivation eine Rolle – der Motivation gegenüber der eigenen Person. Sind wir darauf eingestellt, unsere schlechte Haltung zu kritisieren, zu bestrafen und zu korrigieren, werden wir uns eher für das militärische Modell entscheiden. Wollen wir hingegen eine gesündere Lebenseinstellung entdecken und zur Entfaltung bringen, werden wir eine sanftere Vorgehensweise bevorzugen.

In beiden Fällen können wir uns klarmachen, dass die Fähigkeit, gerade sitzen oder stehen zu können, ein Privileg ist, das wir alle jederzeit verlieren können. Dabei kann die Gewohnheit, in uns zusammenzusinken oder schief zu stehen und zu sitzen, uns eines aufrechten Rückgrats schrittweise ebenso berauben wie ein schwerer Unfall oder eine Krankheit.

Von Bedeutung ist die richtige Körperhaltung auch beim Massieren, da sich ein harmonisches und freies Körpergefühl umgehend auf die Partnerin überträgt. Wenn wir jemanden massieren, sollten wir unsere Haltung und Stellung so oft wie nötig verändern, um so entspannt wie möglich zu sein, gut im Gleichgewicht zu bleiben und das Rückgrat möglichst gerade zu halten. Eine verdrehte Haltung kann bei der aktiven Partnerin leicht ein unangenehmes Gefühl hervorrufen, das sich wahrscheinlich auf die passive Partnerin überträgt.

Was für den Atem zutrifft, gilt auch für die Körperhaltung: Am besten kann sich ein entsprechendes Bewusstsein dann entwickeln, wenn wir es über einen langen Zeitraum hinweg kultivieren, ohne uns zu stark darauf zu konzentrieren oder uns anzustrengen. Achten wir auf diese Weise unser Leben lang auf unsere Körperhaltung, kann sich das bis ins hohe Alter positiv auf unsere Gesundheit und unser Erscheinungsbild auswirken.

Massage

Die Form der Massage, von der hier die Rede ist, geht von der Überzeugung aus, dass das Potenzial, uns selbst und anderen durch Berührungen zu helfen, jedem Menschen eigen ist. Wenn Sie Hände haben, guten Willen und ein wenig Geduld, werden Sie womöglich schon beim allerersten Versuch, einen anderen Menschen zu massieren, etwas Gutes tun können. Selbst Affen »massieren« sich gegenseitig, also handelt es sich kaum um etwas, für das man die Schulbank drücken muss. Vielfach geht es vor allem darum zu lernen, wie man die Scheu davor überwindet, andere zu berühren. Hinderlich ist dabei auch, dass wir das Vertrauen zu unserem instinktiven Wissen verloren haben. Wir nehmen zu Büchern oder zum Rat von Spezialisten Zuflucht, nicht nur, um massieren zu lernen, sondern auch, um herauszubekommen, wie man Kinder zur Welt bringt, Spaß beim Sex hat, Essen kocht und tausend andere

Dinge tut, die unsere Vorfahren entweder instinktiv beherrschten oder von ihren Eltern lernten. Abgesehen davon gibt es natürlich ein paar sehr nützliche Bücher über Massage, von denen einige am Ende dieses Buches aufgeführt sind. Deshalb habe ich hier auch nicht versucht, eine vollständige Einführung zum Thema zu schreiben. Mein Ziel ist es, Menschen zu einem praktischen, allein durch die eigene Erfahrung bestimmten Anfang zu ermutigen, um sich dann individuell weiterzubilden und sich dabei so viel Zeit wie nötig zu nehmen.

In den letzten fünfzehn Jahren sind im Gefolge des Booms der alternativen Heilmethoden in den westlichen Ländern buchstäblich Hunderte von Massagetechniken aufgetaucht. Die meisten dieser Techniken haben einen eigenen Namen und sind mit einer kostspieligen Ausbildung verbunden. Mir persönlich erscheinen die Motive für eine solche Vielfalt fragwürdig. Das, womit wir anderen helfen können, lernen wir im Allgemeinen durch eigene Erfahrung, und sobald wir diese Erfahrung verinnerlicht haben, können wir sie überall dort einbringen, wo es uns nützlich scheint. Jeder Mensch hat seinen eigenen natürlichen Massagerhythmus und -stil, so wie jeder von uns seine eigene Handschrift hat. Indem wir uns von verschiedenen Menschen massieren lassen, können wir unser Repertoire an Techniken erweitern. Die wichtigsten Qualifikationen sind aber immer das Mitgefühl für die andere Person und – bei der Frage, wie man konkret vorgehen soll – das Vertrauen auf den eigenen Instinkt.

Als ich vor dreißig Jahren zum ersten Mal auf das Thema Massage stieß, war ich gerade als Austauschstudentin in Pakistan. Es war eine ganz neue und sehr positive Erfahrung zu sehen, wie die Töchter meiner Gastfamilie in Karatschi jeden Nachmittag erst die Beine ihrer Eltern massierten und dann sich gegenseitig. Als ich ein paar Monate später nach Amerika zurückkehrte, gab es dort schlicht und einfach keine Basis für das, was ich gelernt hatte – das Wort Massage hatte damals noch einen anrüchigen Beigeschmack. Inzwischen stoßen Massagetechniken jedoch in breiten Bevölkerungskreisen auf eine immer positivere Resonanz: als Mittel gegen Stress und gegen verschiedene Symptome wie Kopf- und Rückenschmerzen,

Rheuma und Menstruationsbeschwerden. Für manche Menschen sind gegenseitige Massagen auch eine konstruktive Möglichkeit, mit Freunden zusammen zu sein.

In unserer heutigen Kultur gibt es einen weitverbreiteten Mangel an Erfahrungen, wie ein Mensch einen anderen auf gute und heilsame Weise berühren kann. Erwachsene, die sich nicht mehr daran erinnern können, auf freundliche und selbstverständliche Weise berührt worden zu sein, finden es oft schwierig, Freundinnen und Familienmitgliedern ihre Zuneigung in Form von Körperkontakt zu zeigen. Für Menschen, in deren Erinnerung sich die ersten Berührungen mit der ersten sexuellen Erfahrung verbinden, kann schon der Gedanke an eine Massage zweideutige Gefühle hervorrufen. Wenn diese Erinnerungen auch noch unangenehm sind, stehen solche Menschen dem Thema noch zwiespältiger gegenüber. In manchen Fällen kann es also schwierig sein zu lernen, entspannende und wohltuende Massagen zu geben und zu bekommen. Deshalb sollte man niemandem eine Massage aufdrängen, nur weil man meint, sie würde ihm gut tun. Überhaupt lautet die Grundregel für jede Art von Massage immer: »Der Kunde ist König.«

Bei den Massagetechniken in diesem Buch muss man sich nicht ausziehen. Ob das überhaupt angebracht ist, hängt von mehreren Faktoren ab: von der Raumtemperatur, den gesellschaftlichen Gepflogenheiten und dem persönlichen Sicherheitsgefühl der Teilnehmer. Ich habe die Erfahrung gemacht, dass das Ablegen von Kleidung nichts Positives bewirkt, wenn nicht beide Partner sich wohl dabei fühlen. Die Massage beginnt unter den falschen Voraussetzungen, wenn der eine versucht, offener zu sein, als er es vom Gefühl her ist, während der andere versucht, das auszugleichen. So etwas wirkt nicht entspannend. Es ist immer möglich, die Massagetechnik der Kleidung anzupassen, selbst wenn es sich um einen Mantel handeln sollte.

Beim Massieren ist es zudem wichtig, auf die eigenen Grenzen zu achten. Ein Beispiel: Jemand, dem Sie eine Massage angeboten haben, zieht sich ohne Aufforderung nackt aus. Wenn Sie sich deshalb unwohl fühlen, sollten Sie das auch äußern. Noch besser ist es, möglichen Missverständnissen vorzubeugen, indem Sie am Anfang sagen, welche Kleidungsstücke der Partner Ihrer Meinung nach ablegen sollte. Bei einer Gruppe, die sich zu einem Entspannungskurs trifft, sind das meist nur dicke und harte Sachen wie Jacken, Gürtel und Schuhe.

Wann ist bei der Massage Vorsicht geboten?

In bestimmten Situationen kann es gefährlich sein, Massagen anzuwenden, weshalb man immer mit gesundem Menschenverstand vorgehen muss. Gelegentlich reagiert jemand auf eine Massage mit zwiespältigen oder gar negativen Gefühlen. Dann sollten Sie abbrechen, um über die möglichen Gründe zu sprechen, und nur weitermachen, wenn Sie beide dazu bereit sind. Vielleicht haben Sie auch das Gefühl, dass das, was Sie gerade tun, nicht gut ist, ohne dass Sie wüssten, warum. Das muss nicht unbedingt nur daran liegen, dass einer oder beide Partner von Nervosität oder Zweifeln geplagt werden. Womöglich ist es ein stärkeres Gefühl oder gar die Intuition, dass etwas Schädliches geschieht.

Ein Beispiel: Ich massierte einmal die Beine einer Frau Anfang sechzig, die über starke Schmerzen in einer Wade klagte. Ich begann vorsichtig, war jedoch unsicher, weil meine Klientin nichts Anstrengendes getan hatte und im anderen Bein keinerlei Schmerzen verspürte. Außerdem fühlte sie sich betäubt und unwohl und benahm sich auch so. Deshalb hörte ich bald auf und bat sie, umgehend zum Arzt zu gehen und feststellen zu lassen, ob sich womöglich ein Blutgerinnsel im Bein befand. Als sie drei Wochen später wiederkam, erzählte sie, in einer tief liegenden Vene sei tatsächlich ein Blutgerinnsel gewesen, das, wie der Arzt gesagt habe, durch die Massage ins Herz und von dort in die Lunge hätte gelangen können. Was mich betraf, so hatte ich die Massage nicht abgebrochen, weil ich die Symptome genau erkannt hätte, sondern weil ich intuitiv gespürt hatte, dass etwas nicht in Ordnung war. Solche seltenen, aber potenziell gefährlichen Situationen können also im Allgemeinen vermieden werden, wenn man sich über die eigene Intention im Klaren ist, der Partnerin nur gut tun und ihr nie Schaden zufügen zu wollen.

Abgesehen von diesen allgemeinen Richtlinien ist in den folgenden Fällen Vorsicht geboten. Bitte studieren Sie die Liste sorgfältig und beachten Sie die dort gegebenen Hinweise.

- Massieren Sie Krampfadern weder direkt noch in der Nähe der Schwellung. Erlaubt ist lediglich ein ganz sanftes Streichen in Richtung des Herzens.

- Bei schwangeren Frauen dürfen keine Druckpunkte massiert werden, da eine Massage bestimmter Punkte eine Fehlgeburt auslösen kann. In den ersten drei Monaten sollte man nur mit ärztlicher Zustimmung massieren und ab dann bis zur Geburt immer sehr sanft vorgehen. Während der Wehen kann eine Massage oft die Entspannung fördern und Schmerzen im unteren Rücken lindern.

- Personen, die einen Herzinfarkt erlitten haben oder die (vermutlich) unter Bluthochdruck leiden, dürfen nur mit ärztlicher Zustimmung massiert werden.

- Massieren Sie nie jemanden, der Fieber hat.

- Massieren Sie nie im Bereich einer roten, auffällig warmen oder unerklärbaren Schwellung.

- Krebskranke Menschen sollten nicht ohne ärztlichen Rat massiert werden, da die, wenn auch kleine Möglichkeit besteht, dass sich die Krebszellen durch eine Massage in andere Körperteile ausbreiten. Ist hingegen bereits der ganze Körper befallen, kann eine Massage sehr hilfreich sein, um die Entspannung zu fördern und der häufig auftretenden Abscheu des Patienten gegenüber seinem kranken Körper entgegenzuwirken.

- Druckpunkte sollten bei kleinen Kindern und sehr alten Menschen nicht zu stark massiert werden. In beiden Fällen ist der Körper sehr empfindlich, so dass der Einsatz von Kraft unnötig ist.

- Hat sich eine Person verletzt oder empfindet starke Schmerzen, sollte sie erst nach einer Behandlung und auf ärztlichen Rat hin massiert werden.

- Bei Epilepsie oder akuten nervlichen Störungen sollte der Kopf nicht massiert werden. Außerdem sollte man von oben nach unten massieren, nicht umgekehrt.

- Wie bei allen Regeln gibt es auch hier Ausnahmen. Je mehr Erfahrung, Wissen und Geschick man hat, desto besser wird man sie erkennen und mit ihnen umgehen können. Weitere Hinweise und persönliche Erfahrungen bei der Massage finden sich in den folgenden Kapiteln.

Die Arbeit in der Gruppe

Abschließend noch einige Ratschläge für Leserinnen und Leser, die dieses Buch im Rahmen einer Gruppe durcharbeiten. Der Raum, in dem sich die Gruppe trifft, sollte so groß sein, dass alle sich hinlegen können. Dazu muss der Boden sauber sein. Es sollte warm im Raum sein und nicht zugig, aber auch nicht stickig. Wenn möglich, sollten die Teilnehmer nicht durch Lärm oder andere äußere Faktoren abgelenkt werden. Auch unvermutete Störungen sollten möglichst ausgeschlossen werden. Manche Menschen können sich auf den Prozess, um den es hier geht, nur einlassen, wenn sie wissen, dass sie jederzeit ein- und aussteigen können; andere fühlen sich unsicher, wenn die Gruppe nicht relativ stabil ist. Deshalb sollten alle Teilnehmer eine offene und nachsichtige Haltung bewahren und Achtsamkeit für die Bedürfnisse der anderen entwickeln. Solange alle im Kopf behalten, dass sie erstens gekommen sind, um zu lernen, sich zu entspannen, und zweitens, um anderen dabei zu helfen, müsste eigentlich alles gut gehen. Am fruchtbarsten ist der Prozess wahrscheinlich, wenn kein Teilnehmer die Rolle des Leiters übernimmt, weil sich alle einig sind, gemeinsam etwas lernen zu wollen, selbst wenn manche anfangs erfahrener sein sollten. Es kann allerdings sinnvoll sein, dass die Teilnehmer sich bei der Leitung der einzelnen Einheiten abwechseln. Dabei wird es vor allem darum gehen, vorab die Übungen zu studieren und die Anweisungen für die Entspannungsübungen und Visualisierungen vorzulesen.

Wenn Sie den hier beschriebenen Prozess in einer Gruppe durchlaufen möchten, anfangs aber Unterstützung brauchen, können Sie sich gern an eine der Adressen im Anhang wenden.

Erste Einheit*

Atmen und Spüren

Um den Atem geht es bei der ersten von vielen Entspannungsübungen, die allein oder in einer Gruppe durchgeführt werden können. Man kann sich dabei entweder auf den Rücken legen oder aufrecht hinsetzen. Zumindest am Anfang finden viele Menschen es entspannender, bequem auf dem Rücken zu liegen. Weiche Matratzen sind dafür jedoch ebenso ungeeignet wie der kalte, harte Fußboden. Der Kopf sollte etwas erhöht liegen, so dass der Nacken leicht gedehnt und das Kinn ein wenig angezogen ist. Die Beine sind lang ausgestreckt, die Füße liegen beieinander. Führt das zu Beschwerden im unteren Rücken, kann man ein Kissen unter die Knie platzieren oder die Beine auf einen Stuhl legen. Lockern Sie Ihre Kleidung, wenn diese sich zu eng anfühlt, und sorgen Sie dafür, dass Ihnen warm ist: Legen Sie sich auf eine Matte und decken Sie sich, wenn nötig, zu. Finden Sie die beste Position und entspannen Sie sich darin. Geben Sie sich der Schwerkraft hin und lassen Sie einfach los.

Wenn Sie auf einem Stuhl sitzen, stellen Sie die Füße flach und parallel auf den Boden und richten das Rückgrat auf, so dass es sich vom Sitz erhebt wie ein Grashalm, der zur Sonne emporwächst. Beim Sitzen auf dem Boden brauchen Sie ein Kissen, das hoch und fest genug ist, um den Oberkörper ins Gleichgewicht bringen zu

* Da im Deutschen die gleichberechtigte sprachliche Repräsentanz von Frauen *und* Männern nur um den Preis von zum Teil recht umständlichen Konstruktionen zu verwirklichen ist, haben wir uns entschieden, in diesem Buch männliche und weibliche Formen zumeist abwechselnd zu verwenden. Das andere Geschlecht ist dann jeweils mit gemeint. Anm. d. Verl.

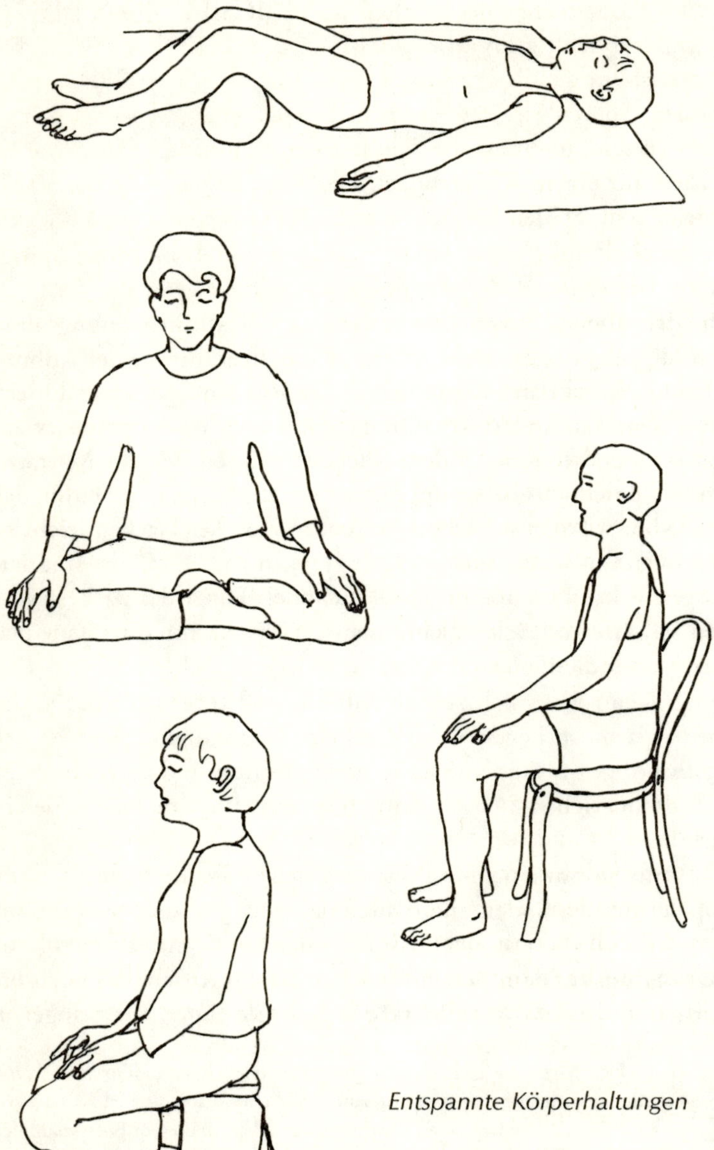

Entspannte Körperhaltungen

können, ohne dadurch den unteren Rücken zu strapazieren. Auch die Knie sollten auf einer weichen Unterlage ruhen. Wenn Sie lieber knien, empfiehlt sich ein Meditationshocker. In jeder dieser Positionen sollte der Rücken ohne Anstrengung aufgerichtet werden können. Spüren Sie, dass der Brustbereich ganz offen ist, ohne erstarrt zu sein, und dass die Schultern einfach herabhängen wie ein Mantel auf einem Kleiderbügel. Der Kopf sollte leicht nach vorn geneigt sein. Stellen Sie sich vor, dass er von einem unsichtbaren, am Scheitelpunkt – also etwa am Mittelpunkt der hinteren Fontanelle – befestigten Faden nach oben gezogen wird oder mühelos wie ein Ball auf einer langen Stange ruht. Der Nacken sollte aber nicht mit Anstrengung gestreckt werden, sondern seine natürliche sanfte Biegung beibehalten. Legen Sie die Hände mit den Handflächen nach oben leicht im Schoß ineinander oder lassen Sie die Handflächen auf den Knien ruhen. Finden Sie Ihr Gleichgewicht und geben Sie sich ihm entspannt hin.

Im Liegen wie im Sitzen ist es besser, den Mund leicht geöffnet zu lassen. Die Zunge berührt sanft den Gaumen hinter den Schneidezähnen, so dass Sie gleichzeitig durch Mund und Nase atmen können. Fühlt sich das nicht angenehm an, atmen Sie einfach so, wie es für Sie am leichtesten ist.

Basisübung Atmen ✧

Werden Sie sich jetzt Ihres Körpers als Ganzes bewußt. Spüren Sie sein Gewicht und den Druck an den Stellen, an denen er Kontakt mit dem Boden oder dem Polster hat. Geben Sie sich dem Gefühl der Schwere hin, lassen Sie einfach los und vertrauen Sie darauf, dass die Schwerkraft dem Körper Ruhe und Stabilität verleiht. Richten Sie die Aufmerksamkeit auf die rechte und linke Seite Ihres Körpers und auf die imaginäre Linie in seiner Mitte. Korrigieren Sie Ihre Haltung, wenn sie nicht ganz symmetrisch ist. Spüren Sie, wie von der Mittellinie aus die rechte Körperhälfte nach rechts sinkt, die linke nach links.

Nehmen Sie nun die Bewegung wahr, die trotz der Ruhe des

Körpers vorhanden ist, vor allem die des Atems. Entspannen Sie sich einfach und spüren Sie die Bewegungen in Ihrem Körper.

Richten Sie die Aufmerksamkeit jetzt auf das Ein- und Ausatmen. Spüren Sie, wie die Luft durch Nase und Mund in den Körper eintritt, folgen Sie dem Luftstrom durch die Kehle hinab in die Lunge und wieder hinaus. Ohne etwas Besonderes mit dem Atem zu tun, spüren Sie einfach die Empfindungen, die die ein- und ausströmende Luft verursacht.

Lassen Sie die Aufmerksamkeit nun zum Unterbauch hinabwandern. Spüren Sie, wie er sich beim Beginn jedes Einatmens hebt und beim Ausatmen wieder senkt. Ist dies für Sie nicht wahrnehmbar, können Sie die Hände leicht auf den Bauch legen, direkt unterhalb des Nabels. Atmen Sie normal weiter und folgen Sie dem Auf und Ab Ihres Unterbauchs.

Wenn Sie mit Atemübungen noch nicht vertraut sind, fällt es Ihnen womöglich schwer, bei der Beobachtung Ihres Atems einfach normal weiterzuatmen. Erwarten Sie nicht zu viel von sich und strengen Sie sich nicht zu sehr an. Achten Sie darauf, nicht unnötig irgendwelche Muskeln anzuspannen. Es ist ganz überflüssig, den Bauch einzuziehen, die Zähne zusammenzubeißen oder die Beckenmuskeln zu verkrampfen. Versuchen Sie, bei jedem Atemzug ein wenig mehr loszulassen. Lassen Sie den Atem einfach ruhig und gleichmäßig fließen, ganz von selbst.

Um die Entspannung des Atems noch zu vertiefen, atmen Sie jetzt ein wenig langsamer und tiefer als gewöhnlich ein. Zählen Sie langsam innerlich mit, bis die Lunge ganz gefüllt ist, ohne dass sich dabei ein unangenehmes Gefühl einstellt. Halten Sie den Atem nun ebenso lange an, und atmen Sie dann kräftig und vollständig durch den Mund aus. Stellen Sie sich dabei vor, dass Sie ein Glas verschmutztes Wasser ausleeren. Spüren Sie, dass Sie in der Lage sind, alle Schmerzen, Spannungen und Sorgen loszulassen, ja alles, was Sie nicht brauchen. Wiederholen Sie diesen Zyklus aus Einatmen, Innehalten und Ausatmen drei Mal.

Kehren Sie jetzt zu Ihrem natürlichen Atemrhythmus zurück und beobachten Sie ihn entspannt, als würden Sie im Wald auf der Lauer liegen, um wilde Tiere zu beobachten. Dazu brauchen Sie

Geduld und eine ruhige, entspannte Konzentration. Wenn Sie zu angestrengt hinsehen, spüren das die Tiere und halten sich fern. Mit dem Atem ist es genauso. Sein natürlicher Rhythmus wird nur erkennbar, wenn es gelingt, ihn leicht, fast beiläufig zu beobachten.

Folgen Sie mit Ihrer Wahrnehmung jedem Atemzug, spüren Sie, wie der Atem in Ihren Körper strömt. Mit jeder Ausatmung lassen Sie innerlich völlig los. Nehmen Sie den Atem genau in dem Moment wieder wahr, in dem die Luft erneut einzuströmen beginnt. Wenn Ihr Geist abschweift, was er bestimmt tun wird, bringen Sie ihn behutsam zurück, sobald Sie es bemerken. Auf bissige Kommentare können Sie verzichten. Die Aufmerksamkeit zu verlieren ist normal und unvermeidlich. Deshalb müssen Sie lernen, dies wahrzunehmen, ohne sich darüber aufzuregen. Wie ein Kind, das lesen lernt, machen Sie Fehler. Diese durchzuarbeiten ist ein wichtiger Teil des Lernprozesses.

Fahren Sie fort, solange es sich natürlich anfühlt, anfangs aber nicht länger als etwa zehn Minuten. Lassen Sie sich am Ende der Übung Zeit, ganz allmählich die Umgebung wieder wahrzunehmen und dann behutsam Ihren Körper zu bewegen.

Wenn Sie sich während dieser oder einer der folgenden Übungen unwohl oder unter Druck fühlen sollten, machen Sie sich klar, dass Ihr Geist nur Ihnen gehört. Entspannen Sie sich auf Ihre Weise, so gut Sie können.

Aufwärmen ✧

Es folgt eine Reihe von Übungen, um die Hände und Handgelenke wach zu machen, zu lockern, zu sensibilisieren und zu stärken. Die Hände sind nicht nur die Hauptwerkzeuge für die Massage, sie dienen uns auch dazu, durch Berührungen und Gesten mit anderen Menschen zu kommunizieren und uns durch Spiel, Arbeit und kreatives Handeln auszudrücken. Wenn man »zwei linke Hände« hat, fühlt man sich hilflos und nutzlos.

Sind unsere Energien blockiert, haben wir das Gefühl, keinen Kontakt zu anderen Menschen aufnehmen zu können. Wir fühlen uns angespannt und gleichzeitig erschöpft oder deprimiert. Für solche Situationen sind die folgenden Aufwärmübungen ebenso nützlich wie zur Vorbereitung einer Massage. Wie alle Übungen in diesem Buch sind sie sanft und sollten so ausgeführt werden, dass sie keinen Schaden anrichten. Aber jeder ist anders. Wenn Sie sich also bei einer Übung aus irgendeinem Grund unwohl fühlen oder gar einen scharfen Schmerz spüren, verzichten Sie auf diese Übung – zumindest bis Sie den Grund für Ihre Beschwerden herausbekommen haben.

Schultern und Arme

Unsere Hände hängen an den Armen, die wiederum an den Schultern hängen. Um die Hände zu entspannen, muss man also zuerst die Schultern loslassen.

Die Schultern heben und entspannen

Stellen Sie sich aufrecht hin, die Füße in Schulterbreite auseinander. Atmen Sie langsam in den Unterbauch und heben Sie die Schultern allmählich bis zu den Ohren. Halten Sie ein paar Sekunden inne, bevor Sie die Schultern fallen lassen und dabei gleichzeitig kraftvoll und vollständig durch den Mund ausatmen. Wiederholen Sie diese Übung mehrmals.

Die verschränkten Arme kreisen lassen

Verschränken Sie die Arme vor der Brust. Führen Sie die gekreuzten Unterarme eng an der Brust entlang nach oben und dann weg von sich, etwa in Stirnhöhe. Lassen Sie sie anschließend in größtmöglicher Entfernung vom Körper nach unten sinken und bringen Sie sie dann, um die Kreisbewegung zu schließen, wieder von unten zur Brust hin. Dehnen und öffnen Sie dabei bewusst den Bereich zwischen den Schulterblättern.

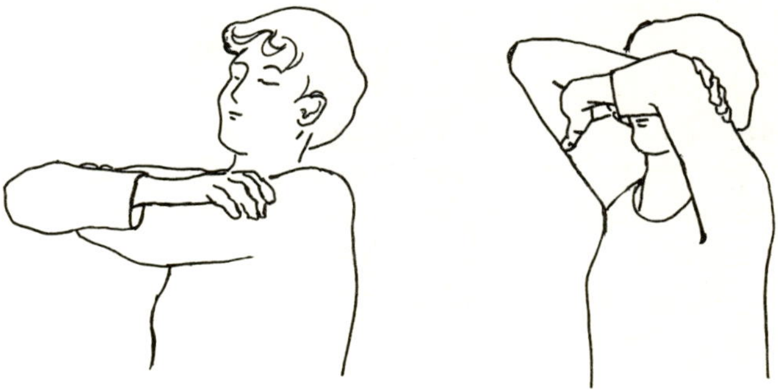

Die verschränkten Arme kreisen lassen

Wiederholen Sie das Ganze in umgekehrter Richtung. Beginnen Sie mit gehobenen Armen, lassen Sie sie zur Brust hin sinken, führen Sie die verschränkten Arme eng am Körper entlang nach unten, dann vom Körper weg und heben Sie sie dabei wieder. Versuchen Sie dabei zu spüren, dass die inneren Spitzen der Schulterblätter bei jeder Rollbewegung nahe zusammenkommen. Lassen Sie die verschränkten Arme schließlich ein paar Mal einen großen Kreis nach rechts beschreiben, dann ein paar Mal nach links. Achten Sie darauf, während der ganzen Übung normal weiterzuatmen.

Zur Decke strecken

Strecken Sie beide Arme waagrecht nach vorn aus, verschränken Sie die Finger beider Hände, drehen Sie die Handflächen nach außen und dehnen Sie die Arme von sich weg. Erheben Sie sich nun langsam auf die Zehenspitzen, während Sie die gedehnten Arme weiter heben, bis die Handflächen zur Decke zeigen. Atmen Sie dabei langsam ein. Strecken Sie sich so gut wie möglich nach oben. Atmen Sie dann langsam aus, kommen Sie zurück auf die Fußsohlen und lassen Sie zugleich die verschränkten Hände nach unten sinken, bis sie auf Höhe des Nabels am Bauch ruhen. Während dieser Bewegung drehen sich die Hände, so dass die Handflächen

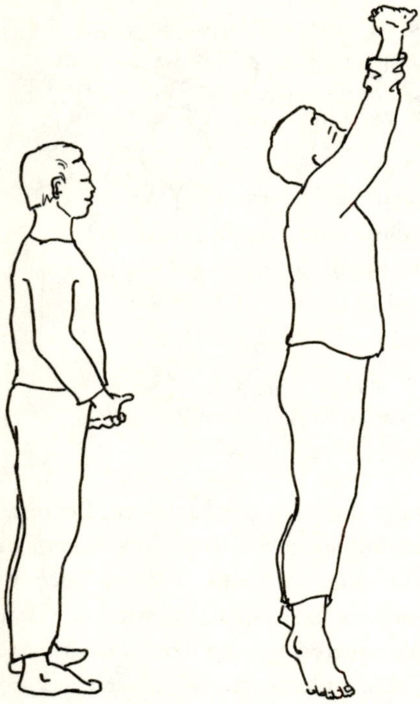

Zur Decke strecken

am Ende nach oben zeigen. Drehen Sie die Handflächen dann behutsam wieder nach außen und wiederholen Sie die Bewegung einige Male.

Wenn Sie es am Anfang schwierig finden, auf den Zehen zu balancieren, können Sie einfach normal stehen bleiben. Dehnen Sie sich dennoch so weit wie möglich zur Decke und beugen Sie leicht die Knie, während Sie beim Ausatmen die Hände sinken lassen.

Die Handgelenke

Sind unsere Handgelenke stark und beweglich, kann die Energie leichter in die Hände fließen. Die beiden folgenden Dehnübungen stammen aus dem Aikido, der Kampfsportart, bei der die Stärke der

Arme durch das Fließen der Lebensenergie hervorgerufen wird, nicht durch Muskelkraft. Achten Sie darauf, während der Übungen normal zu atmen und die Schultern locker und entspannt zu lassen.

Der springende Fisch ✦

Halten Sie die linke Hand in etwa zwanzig Zentimetern Entfernung vor das Gesicht. Die gestreckten Finger berühren sich, die Handfläche zeigt zur Decke. Drücken Sie dann die vier Finger und die Fläche der rechten Hand auf die linke. Der rechte Daumen umschließt von unten den linken Handrücken. Lassen Sie die Hände nun in einem großen Bogen nach vorn und dann nach unten schwingen, als wären sie ein Fisch, der aus dem Wasser springt. Das linke Handgelenk übernimmt die Führung. Biegen Sie dabei mit der rechten Hand die Finger der linken zurück, so dass die Dehnung vor allem im linken Handgelenk spürbar ist. Wiederholen Sie diese Bewegung mehrmals in einem fließenden weiten Bogen, einer Dehnung ohne Anstrengung. Wechseln Sie die Hände dann, so dass die linke Hand die Dehnung der rechten unterstützt, und wiederholen Sie den ganzen Zyklus mindestens dreimal.

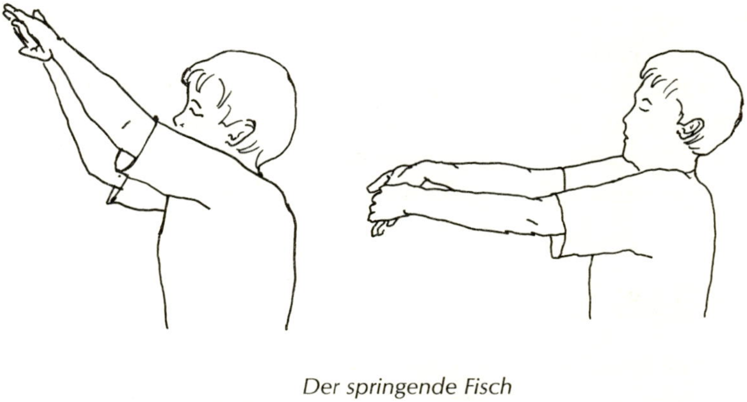

Der springende Fisch

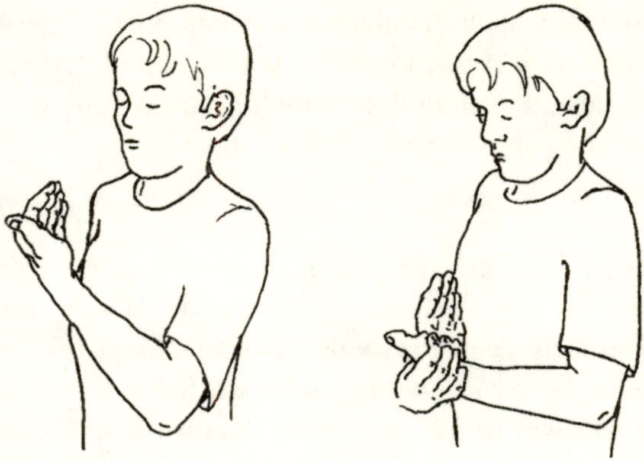

Das fallende Blatt

✦ *Das fallende Blatt*

Heben Sie den linken Arm mit einer entspannten Dehnung über den Kopf. Handfläche und Finger zeigen nach vorn. Lassen Sie die Hand nun mit einer spiralförmigen Innendrehung nach unten schweben wie ein Blatt, das im Herbst von einem Baum fällt. Ist die Hand auf Höhe des Herzens angelangt, fassen Sie sie von unten her mit der rechten. Der rechte Daumen drückt unterhalb des linken kleinen Fingers auf den Handrücken, die anderen Finger der rechten Hand umschließen den linken Daumenballen. Setzen Sie die Spiralbewegung nach unten nun fort, indem Sie die linke Hand mit der rechten weiterdrehen, bis sie auf Höhe des Nabels angekommen ist. Lassen Sie sie dort, während Sie langsam einmal ein- und ausatmen. Wiederholen Sie diese Bewegung einige Male. Wechseln Sie dann die Hände um und wiederholen Sie die Bewegung noch ein paar Mal, indem Sie mit der rechten Hand über dem Kopf beginnen.

Die Hände ausschütteln

Heben Sie waagrecht die Arme und lassen Sie die Hände locker herabhängen, etwa eine halbe bis ganze Armeslänge von der Brust entfernt. Schütteln Sie die Hände dann kräftig aus, indem Sie sie locker aus den Handgelenken heraus auf und ab bewegen, so schnell und so lange es geht. Die Arme können sich dabei so stark bewegen, wie Sie wollen. Atmen Sie normal weiter. Diese Übung ist sehr nützlich, um steife Handgelenke zu lockern.

Die Hände

Unsere Hände sind gleichermaßen befähigt, Informationen auszusenden wie zu empfangen. Um richtig massieren zu können, müssen wir beide Funktionen aktivieren. Wir müssen in der Lage sein, mit den Händen zu spüren und zu fühlen, um dann auf die empfangenen Informationen zu reagieren. Wichtig ist auch, dass die Hände biegsam und beweglich sind und – bis zu einem gewissen Grad – Muskelkraft besitzen. Die folgenden Übungen fördern all diese Eigenschaften.

Die Hände erforschen

Legen Sie am Anfang leicht die Handflächen zusammen, um wahrzunehmen, wie die Hände sich anfühlen, wenn sie bewegungslos sind. Beginnen Sie mit den Empfindungen in den Fingerspitzen der rechten Hand; wandern Sie dann mit der Wahrnehmung die Hand entlang und über das Handgelenk bis zum Ellbogen. Wenden Sie sich anschließend der linken Hand zu und erforschen Sie die dortigen Empfindungen auf dieselbe Weise. Benutzen Sie dann beide Hände, um die Bewegungen jedes einzelnen Gelenks in ihrer vollen Bandbreite zu erforschen. Lassen Sie die Gelenke kreisen, betasten Sie sie, biegen Sie sie vor und zurück. Achten Sie gut darauf, bis zu welchem Grad eine Dehnung sich angenehm anfühlt und ab wann sie zu schmerzhaft wird. Bei der Partnermassage können Ihnen dann Ihre eigenen Grenzen als grober Anhaltspunkt dienen. Lassen Sie die beiden Hände miteinander spielen und die Kraft und Biegsamkeit jedes Fingers und jeder Hand erforschen. Öfter einmal so mit den Händen zu spielen ist nicht nur entspannend, sondern auch nützlich, wenn wir massieren lernen wollen.

Wärme in den Händen erzeugen und spüren

Wenn uns nicht zu warm oder zu kalt ist, sind wir uns der Temperatur in unserem Körper meist nicht bewusst. Die Körperwärme ist aber eines der Anzeichen dafür, dass wir am Leben sind. Als Brennstoff dient uns unsere Nahrung, die vom Stoffwechsel in Energie umgewandelt wird. Diese Energie verwenden wir zur Erzeugung von Wärme wie auch für unsere Aktivitäten auf allen Ebenen, von der subtilsten bis zur grobstofflichsten. Energie ist ein Begriff mit vielen Bedeutungen, von denen manche genauer und aussagekräftiger sind als andere. Zwar ist das menschliche Leben eindeutig mehr als ein physikalischer Prozess und mit subtileren Energiefeldern verbunden, doch können wir nicht erwarten, bei anderen Menschen etwas auf dieser tieferen Ebene zu bewirken, wenn wir sie in uns selbst nicht wirklich verstanden haben. Dieses Verständnis aber entsteht nur durch konkrete Erfahrungen, die durch eine lange und intensive Praxis gefestigt werden.

Im Umfeld der Massage bin ich auf viele Theorien und Techniken gestoßen, die angeblich auf der Kenntnis subtiler Energien beruhten. Ich weiß nicht recht, ob mir irgendetwas davon von Nutzen war, aber ich bin ganz sicher, dass mir manches unnötig Schaden zugefügt hat. Angesichts dessen ist es wichtig, ein Gefühl dafür zu entwickeln, dass eine bestimmte Energie tatsächlich vorhanden ist, egal ob wir sie bewusst nutzen oder nicht.

Reiben Sie nun leicht, aber ganz schnell die Handflächen aneinander. Die Hände bleiben dabei so entspannt wie möglich. Wenn beide Hände sich ganz warm anfühlen, entfernen Sie die beiden Handflächen langsam und behutsam voneinander. Spüren Sie dann der Wärme und Kühle nach, die eine Hand von der anderen empfängt, je nachdem wie groß der Abstand zwischen beiden Händen ist. Tun Sie dies einige Minuten lang. Bringen Sie dabei die Handflächen immer wieder so nah zusammen, wie es geht, ohne dass sie sich berühren, und nehmen Sie die Empfindungen in beiden Händen wahr, während Sie mit dem Abstand dazwischen spielen.

Selbstmassage von Schultern, Armen und Händen ✧

Die Selbstmassage ist eine eigene Kunst, zugleich aber auch eine natürliche Weiterentwicklung der auf den letzten Seiten beschriebenen Erfahrungsprozesse. Außerdem bietet sie uns die Möglichkeit, risikolos Massagetechniken auszuprobieren, die wir bei anderen Menschen anwenden wollen. Wie wir bei verschiedenen Entspannungs- und Visualisierungsübungen sehen werden, bildet unser Vermögen, unsere eigenen Bedürfnisse genau und einfühlsam zu erkennen, die Basis für unsere Fähigkeit, uns wirklich in andere einzufühlen. Wenn wir unsere Hände geschickter dazu benutzen können, uns selbst etwas Gutes zu tun, werden wir naturgemäß auch mehr Wissen und damit mehr Vertrauen zu uns haben, das auch für andere zu tun.

Ein umfassendes System der Selbstmassage, von dem ich viel gelernt habe, ist das japanische *Do-In*. In mehreren auch ins Deutsche übersetzten Büchern zu diesem Thema finden sich viele gut illustrierte Übungen und Techniken. Sie hier vorzustellen würde den Rahmen dieses Buches sprengen. In einigen dieser Bücher wird auch das Meridiansystem der Akupunktur vorgestellt. Es bildet die theoretische und praktische Basis für viele Massage- und Heiltechniken des Ostens.

Die hier in komprimierter Form vorgestellte Selbstmassage von Schultern, Armen und Händen stellt eine Erweiterung der Aufwärmübung der Hände dar. Sie kann Teil einer längeren Übungseinheit sein, bei der Sie sich hauptsächlich mit sich selbst beschäftigen, aber auch zur Vorbereitung einer Partnermassage dienen. Wie lange diese Vorbereitung dauern sollte, richtet sich nach den individuellen Bedürfnissen und der verfügbaren Zeit.

Schultern und Arme

Wenn Sie einen Körperteil massieren, der groß genug ist, um die ganze Handfläche aufzunehmen, können Sie sich meist am besten mit ihm vertraut machen, indem Sie die Hände mit langen, fließenden Bewegungen darübergleiten lassen. In dieser Phase benutzen Sie die Hände, um zu erforschen, was Sie spüren, entweder bei sich selbst oder bei Ihrem Partner. Bei stärkerem Druck werden Sie bemerken, wo ein Knochen nah an die Oberfläche kommt und wo sich Muskeln verhärtet haben. Da, wo Sie die Haut direkt berühren, werden Sie auch deren Temperatur und Struktur wahrnehmen. Überlassen Sie das Denken so weit wie möglich Ihren Händen. Benutzen Sie bei den folgenden Übungen erst die eine Hand und dann, wenn Sie das Ganze auf der anderen Seite wiederholen, die andere.

Wenn Sie lange Fingernägel haben, werden Sie wahrscheinlich merken, dass Sie mit den Fingerspitzen nicht problemlos Druck ausüben können, ohne sich wehzutun. Es mag zwar ein großes Opfer sein, aber wenn Sie echtes Interesse daran haben, in einer Gruppe oder auch nur für den Eigengebrauch massieren zu lernen, ist es wichtig, dass Ihre Fingernägel kurzgeschnitten sind.

Von der Schulter zur Brust streichen

Legen Sie die rechte Hand auf die Muskeln zwischen Nacken und linker Schulter. Üben Sie mit der Handfläche und sämtlichen Fingern einen relativ starken Druck aus. Lassen Sie die Finger dann

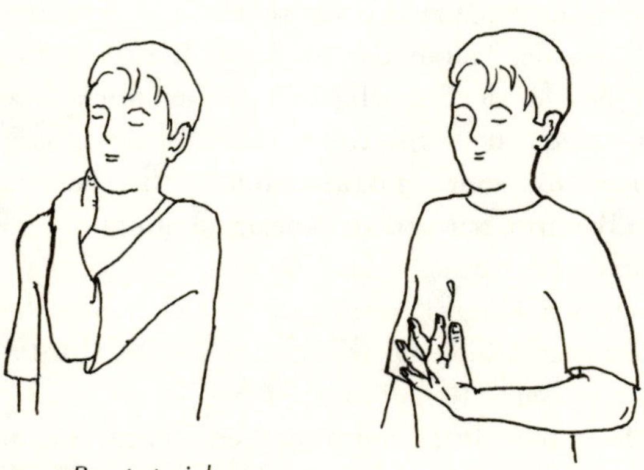

Von der Schulter zur Brust streichen

nach vorn über die Schulter gleiten, bis die flache Hand mit einer flüssigen Bewegung in der Mitte der Brust angekommen ist. Wiederholen Sie die Bewegung mehrfach.

Die Schultermuskulatur kneten

Kneten Sie mit dem Daumen und vor allem den anderen Fingern der rechten Hand die Muskeln und das sonstige Gewebe zwischen Hals und linker Schulter. Sind die Muskeln sehr hart und angespannt, können Sie den Druck erhöhen, um sie zu lockern. Tun sie hingegen sehr weh, sollten Sie es mit etwas weniger Druck versuchen, weil man nicht so gut loslassen kann, wenn man Schmerzen hat.

Die Schultern wärmen

Spüren Sie mit den Fingerspitzen der rechten Hand, wo sich im Bereich des Schultergelenks Vertiefungen und weiche Stellen befinden. Lassen Sie die Schultern behutsam in verschiedene Stellungen kreisen und suchen Sie Punkte, wo der Druck mit den Fingern zwar etwas wehtut, gleichzeitig aber auch Erleichterung verschafft. Lassen Sie dann die entspannte Handfläche auf der Schulter kreisen, bis Sie etwas Wärme spüren. Lassen Sie die Hand dann einfach dort liegen, besonders auch an empfindlichen Punkten.

Die Arme wärmen

Reiben Sie mit der entspannten offenen Handfläche zügig über den linken Oberarm, auf und ab. Kneten Sie dann mit der ganzen rechten Hand die Muskeln und drücken Sie das weichere Gewebe zwischen den Fingerspitzen und dem Daumenballen. Erforschen und lokalisieren Sie empfindliche Stellen mit sämtlichen Fingern. Durch behutsames Experimentieren werden Sie Punkte finden, die am Anfang zwar druckempfindlich sind, sich aber rasch besser anfühlen, wenn man sie mit einer behutsamen Kreisbewegung und mäßigem Druck behandelt.

Lassen Sie die rechte Hand dann weiter nach unten gleiten und erforschen Sie mit den Fingerspitzen den linken Ellbogen. Kneten und drücken Sie den Unterarm auf dieselbe Weise wie den Oberarm. Vielleicht stellen Sie fest, dass Sie hier besser den Daumenballen verwenden sollten, um Druck auf die Punkte entlang des oberen Knochens und am Handgelenk auszuüben. Beginnen Sie immer mit mäßigem Druck, den Sie steigern können, wenn das vom Gefühl her stimmt. Achten Sie vor allem dann auf diesen Rat, wenn Sie stolz auf Ihre Körperkraft sind und die Dinge gern energisch angehen. Sie sollten lernen, behutsam mit sich selbst zu sein und später auch mit anderen.

Die Hände

Bei der Erforschung und Dehnung der Hände haben Sie bereits viele Elemente der Handmassage praktiziert. Darüber hinaus gibt es mehrere Techniken der Druckpunktmassage, die offenbar besonders an den Händen und Füßen wirksam sind. Bekannt sind vor allem die verschiedenen Formen der Reflexzonentherapie und das mit dem *Do-In* und der Akupressur verwandte Shiatsu. Jeder dieser Methoden hat ihren eigenen Wert, doch gehen sie alle davon aus, dass der Druck auf bestimmte Punkte an den Händen und Füßen auch Spannungen und Blockaden in anderen Körperteilen lösen kann.

Leider verleitet das manche Menschen mit geringen oder überhaupt nicht vorhandenen medizinischen Kenntnissen, sich selbst an die Diagnose von Krankheiten zu wagen. Man braucht, meinen sie, einfach nur bei sich und anderen nach schmerzenden Stellen an den Händen und Füßen zu suchen und diese dann mit den entsprechenden Punkten zu vergleichen, die man auf den Bildtafeln irgendeines Buches findet. Beschäftigt man sich jedoch wirklich mit der Vielzahl der Tafeln, wird man feststellen, dass die einzelnen Punkte viele verschiedene Funktionen haben. Es ist sicher besser, auf solche Spielereien zu verzichten. Im günstigsten Falle wird man dadurch abgelenkt, ein unmittelbares Gespür für das zu entwickeln, was vorhanden ist, schlimmstenfalls macht man sich unnötige Sorgen um die eigene Gesundheit oder schiebt einen Besuch bei der Ärztin auf, obwohl dieser dringend nötig wäre.

Wenn Sie durch Praxis und Lektüre feststellen, dass Sie sich zu einer bestimmten Methode besonders hingezogen fühlen, dann wollen Sie Ihre diagnostischen und therapeutischen Fähigkeiten vielleicht unter der Leitung von qualifizierten Therapeutinnen weiterentwickeln.

Beim Massieren der eigenen Hände können Sie Ihre Begabung, wirksame Punkte zu finden, kennen lernen und ausbauen. Außerdem lernen Sie, wie man die Punkte drücken muss. Wenn sich ein Punkt am eigenen Körper gut anfühlt, gilt das wahrscheinlich auch bei anderen Menschen. Deshalb ist es sinnvoll, sich nicht gleich mit irgendeiner speziellen Methode zu beschäftigen, sondern erst einmal gründlich zu lernen, wie man die eigenen Hände massiert.

Die Finger erkunden

Ergreifen Sie mit Daumen und Zeigefinger der rechten Hand den Daumen der linken an den Seiten des Nagels. Drücken Sie fest zu und wenden Sie sich dann dem nächsten Finger zu. Fassen Sie anschließend noch einmal nacheinander das Endglied aller Finger und ziehen Sie fest, aber nicht ruckhaft daran. Erkunden Sie dann mit Daumen und Zeigefinger der rechten Hand alle Finger der linken und suchen Sie nach empfindlichen Punkten. Haben Sie einen gefunden, üben Sie einen erträglichen Druck darauf aus, bis der Schmerz nachlässt. Sie können entweder kontinuierlich drücken, abwechselnd drücken und loslassen oder den Finger auf dem Punkt kreisen lassen. Meist dauert es nur ein paar Sekunden, bis der Punkt weniger empfindlich wird, selten mehr als eine Minute. Nimmt der Schmerz innerhalb dieser Zeit überhaupt nicht ab, kann das daran liegen, dass die Blockade hartnäckig und tiefsitzend ist oder dass der Schmerz eine Ursache hat, bei der eine Massage wirkungslos bleibt. Wie immer, ist es wichtig, mit gesundem Menschenverstand vorzugehen und aufzuhören, wenn ein Schmerz auftritt, der heftig ist oder sich »ungut« anfühlt.

Bemühen Sie sich, diese Erkundung so gründlich wie irgend möglich durchzuführen, und wenden Sie sich dann der anderen Hand zu.

Die Handfläche

Zum Massieren der Fläche der linken Hand können Sie den Daumenballen, das Daumenende und die Finger der rechten Hand benutzen. Es ist sinnvoll, verschiedene Techniken auszuprobieren. Man kann kontinuierlich drücken, abwechselnd drücken und loslassen, leicht oder kraftvoll über die Handfläche streichen und die Finger leicht oder kraftvoll kreisen lassen. Die Richtlinien, wie lange einzelne Punkte behandelt werden sollten, sind dieselben wie im letzten Abschnitt. Nehmen Sie sich anschließend die andere Hand vor.

Der Handrücken

Der Handrücken besteht aus weniger Muskeln und anderem Gewebe als die Handfläche, weshalb man im Allgemeinen weniger Druck braucht, um empfindliche Punkte aufzuspüren. Sie liegen unter der Haut entlang der Knochen. Hier wie auch anderswo ist es wichtig, auf aufgeblähte und verletzte Blutgefäße zu achten. Besonders bei alten Menschen, deren Haut dünn und fein ist, sollte man nur einen minimalen Druck ausüben, vor allem in Bereichen, wo die Blutgefäße deutlich sichtbar sind. Massieren Sie beide Hände gleich lange.

Daumendruck mit verschränkten Händen

Mit dieser Methode brauchen Sie weniger Kraft, um intensiv Druck auf die Punkte der Handfläche auszuüben. Legen Sie die Finger beider Hände locker ineinander. Pressen Sie dann den Daumen der einen Hand in die Fläche der anderen. Durch die vereinte Muskelkraft der beiden Arme können Sie kräftig zudrücken, ohne sich zu sehr anzustrengen.

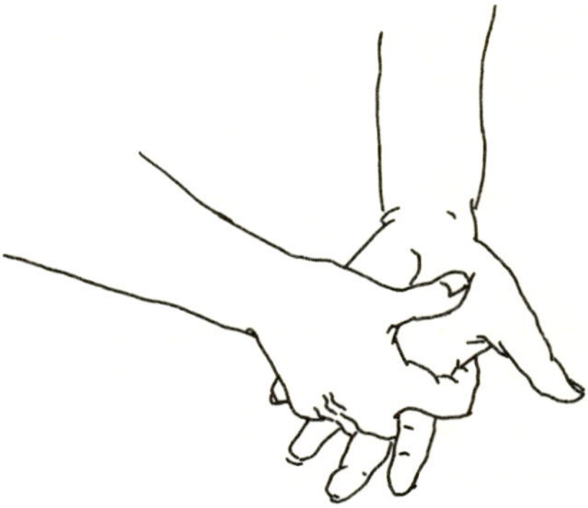

Daumendruck mit verschränkten Händen

Gruppenarbeit

Bei der folgenden Übung geht es darum, die doppelte Funktion der Hände als Sender und Empfänger wichtiger Informationen im Kontakt mit anderen Menschen zu erforschen. Dazu genügen zwei Partnerinnen; besser ist es jedoch, wenn mindestens vier Teilnehmer paarweise zusammenarbeiten.

Es ist den wenigsten bewusst, dass es mindestens ebenso schwierig ist, sich auf die richtige Weise massieren zu lassen, wie selbst jemanden zu massieren. Um voll und ganz von einer Massage zu profitieren, muss man sich dem, was der Partner zu geben hat, vertrauensvoll öffnen, ohne zu versuchen, sich zu schützen oder die Situation zu kontrollieren. Die folgende Übung hat zwei Ziele: Zum einen erfahren Sie, wie einzigartig die Anwesenheit jedes einzelnen Menschen und seine Berührung sind; zum anderen üben Sie, abwechselnd die Führung zu übernehmen und der Führung der Partnerin zu folgen, beziehungsweise, wie es in der Übung heißt, wechselseitig »Chauffeur« und »Fahrgast« zu sein.

Freundlichkeitsübung

In wenigen Fällen kann sich bei dieser Übung wegen Arthritis in den Schultern ein unangenehmes Gefühl einstellen. Es ist dann besser, sie auszulassen.

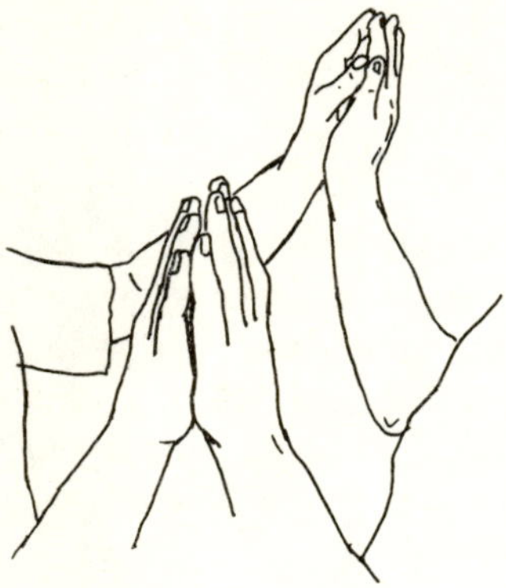

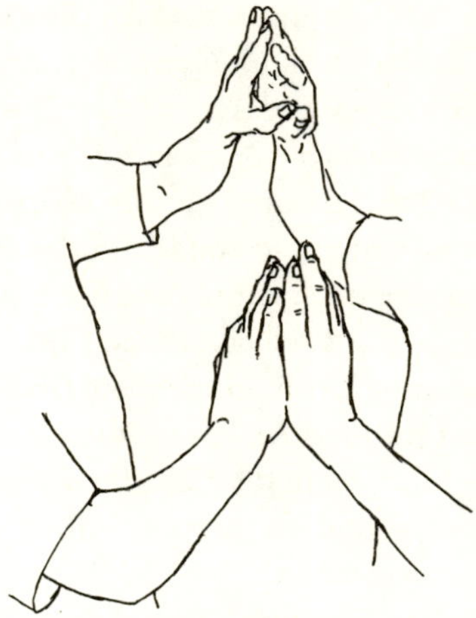

Freundlichkeitsübung

Tun Sie sich paarweise zusammen und stellen Sie sich so auf, dass die beiden Partner sich direkt gegenüberstehen. Heben Sie dann die Hände und legen Sie sie so an die Hände Ihres Partners, dass die Handflächen und Finger sich berühren. Lassen Sie die Schultern entspannt herabsinken und suchen Sie einen Abstand, der für beide angenehm ist.

Jedes Paar entscheidet nun, wer zuerst die Rolle des »Chauffeurs« und die des »Fahrgasts« übernimmt. Lassen Sie sich anschließend ein paar Momente Zeit, um die eigenen Empfindungen und Gefühle wahrzunehmen, dazu gehören auch die Gefühle bezüglich Ihres Partners. Wenn Sie sich nervös oder unwohl fühlen, versuchen Sie einmal, sich ein wenig zu öffnen, um Ihren Partner als ein einzigartiges menschliches Wesen zu sehen, das seine eigenen Gefühle, Erfahrungen und Verhaltensmuster hat. Versuchen Sie auch, ihn als potentiellen Freund zu betrachten. Es ist nicht nötig, in Augenkontakt zu bleiben, falls sich die Partner dabei unwohl fühlen. Manche Menschen können sich sogar leichter entspannen, wenn sie während der ganzen Übung die Augen geschlossen halten.

Haben Sie die Rolle des Chauffeurs übernommen, lassen Sie nun die rechte Hand mit dem gesamten rechten Arm im Uhrzeigersinn kreisen. Tun Sie das so, dass Ihr Fahrgast eine angenehme Fahrt hat. Als Fahrgast machen Sie einfach mit, ohne zu versuchen, ans Lenkrad zu kommen oder auf die Bremse zu treten. Für manche Menschen ist das sehr schwer, wobei die Ursache dafür vollkommen unbewusst bleiben kann. Wenn Sie als Chauffeur also merken, dass Ihr Fahrgast die Führung übernimmt, ohne sich dessen bewusst zu sein, halten Sie einfach in der Bewegung inne, damit er das selbst wahrnehmen kann. Sind Sie hingegen als Fahrgast unsicher, ob Sie es richtig machen, atmen Sie einfach ein paar Mal tief und locker ein und aus und lassen Sie dabei so gut wie möglich los. Sie müssen nur mitmachen, das ist alles. Wenn alles sich ganz flüssig und leicht anfühlt, kann der Chauffeur das Kreisen mit dem rechten Arm einstellen und stattdessen mit dem linken Arm kreisen, wieder im Uhrzeigersinn.

Bei manchen Menschen beginnen während dieser Übung die Arme und Schultern zu schmerzen. Wahrscheinlich liegt das an Spannungen, die schon vorher da waren, möglicherweise auch an der unterschiedlichen Größe der beiden Partner. In beiden Fällen sollte man erst einmal ein paar Übungen zur Lockerung der Schultern machen und dann mit dem Abstand zwischen den Partnern experimentieren, damit beide sich so wohl fühlen wie irgend möglich. Vor allem aber ist es wichtig, den Atem ganz normal fließen zu lassen.

Kreisbewegungen der Hände

Ist der erste Zyklus abgeschlossen, dann tauschen Chauffeur und Fahrgast die Rollen. Nun lässt der bisherige Fahrgast die Hände seines Partners kreisen, erst die rechte, dann die linke. Sobald das Gefühl entsteht, dass die Partner sich flüssig miteinander bewegen, sollten sich beide einen neuen Partner suchen. Ist die Gruppe groß genug, kann jeder Teilnehmer die Übung mit drei verschiedenen Partnern durchführen.

Gegenseitige Handmassage

Handmassage ist eine der einfachsten Möglichkeiten, im Alltag Massagen auszutauschen. Kinder zum Beispiel mögen es im Allgemeinen sehr, wenn man sie so massiert, und wollen den Gefallen meist gleich erwidern. Auch bei einem Krankenbesuch bietet sich eine Handmassage oft an, oder wenn es einer Freundin schlecht geht und sie sich entspannen sollte. Man muss sich jedoch bewusst sein, dass manche Menschen es als sehr intim empfinden, wenn man ihnen die Hände massiert. Es ist also eine Methode, um sehr rasch mit jemandem in engen Kontakt zu kommen. Wenn Sie im Gedächtnis behalten, wie wichtig eine klare Motivation ist, werden Sie mit Geschick und Humor damit umgehen können, wenn jemand sich unwohl fühlt oder Sie sogar zurückweist. Während Sie die Kunst der Massage erlernen, sollten Sie immer daran denken, dass Sie den Wunsch haben zu helfen. Ist das einmal nicht möglich, werden Sie sicher keinen Schaden anrichten, solange Sie achtsam vorgehen.

Durch die bisherigen Übungen sind Sie gut darauf vorbereitet, sich gegenseitig die Hände zu massieren. Bei der Massage der eigenen Hände haben Sie erfahren, was sich gut und wirksam anfühlt, und bei der Freundlichkeitsübung haben Sie erlebt, zu geben und loszulassen.

Im Grunde braucht man nur sehr wenige Anweisungen für die Handmassage. Die Partnerinnen können auf Stühlen sitzen oder in einer bequemen Haltung auf dem Boden. Die passive Partnerin kann sich aber auch hinlegen; die aktive sitzt dann neben ihr. Es

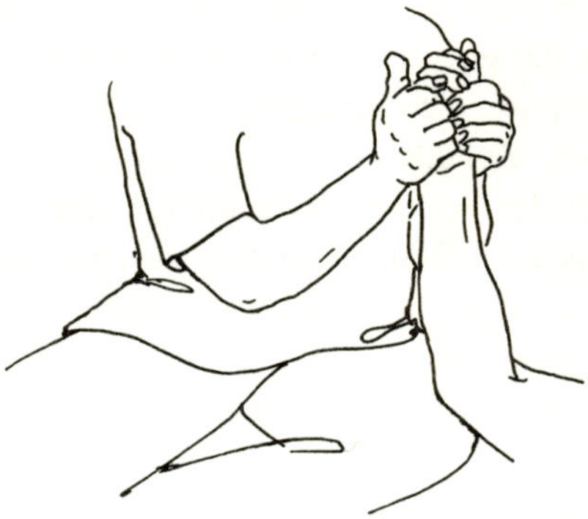

Gegenseitige Handmassage

gibt also keine genauen Vorschriften, doch ist es wichtig, dass beide Beteiligten sich wohl fühlen und dass die aktive Partnerin darauf vorbereitet ist, so oft wie nötig die Stellung zu verändern, damit die passive ruhig daliegen oder dasitzen kann. Zum Beispiel sollte sie nicht die Hand heben müssen. Deshalb kann es gut sein, ein Kissen unter den Ellbogen zu legen oder den Arm auf andere Weise zu unterstützen.

Besonders wichtig ist es, beiden Händen dieselbe Aufmerksamkeit zu schenken. Außerdem sollte beiden Partnerinnen weitgehend derselbe Zeitraum zur Verfügung stehen, um die passive und aktive Rolle zu spielen. Zu diesem Zweck kann eine Teilnehmerin der Gruppe es übernehmen, den anderen mitzuteilen, wenn jeweils ein Viertel der vorgesehenen Zeit verstrichen ist. Zur Massage einer Hand braucht man mindestens fünf Minuten.

Wie bereits erwähnt, können die Hände nicht gut loslassen, wenn zu viel Spannung in den Schultern ist. Beginnen Sie also mit dem rechten Arm Ihrer Partnerin und stellen Sie fest, ob die Schultern verspannt sind. Das geht ganz einfach, indem Sie die rechte Hand ergreifen und den Arm ganz leicht wie ein Seil hin- und herschwingen lassen. Wenn er nicht mitschwingt, gehen Sie folgendermaßen vor: Unterstützen Sie den Arm mit der rechten Hand und dem Unterarm, umfassen Sie die Schulter mit der linken Hand und lockern Sie sie, so gut Sie können.

Im Allgemeinen ist es nicht sinnvoll, die Partnerin auf verspannte Muskeln oder Atemprobleme aufmerksam zu machen. Hält sie den Atem an, können Sie darauf reagieren, indem Sie selbst tief und hörbar atmen. Sollten die Schultern sich überhaupt nicht entspannen, lassen Sie sie einfach so, wie sie sind. Gehen Sie zum Arm über und drücken Sie ihn fest von der Schulter bis zum Handgelenk, bevor Sie mit der Handmassage beginnen. Je verspannter Ihre Partnerin am Anfang ist, desto geduldiger und offener müssen Sie sein. Wenn Sie das einfache Motiv der Freundlichkeit in sich entdecken und im Sinn behalten, wird die Entspannung nicht ewig auf sich warten lassen.

Während der Handmassage soll der Ellbogen der Partnerin bequem auf dem Boden, auf Ihrem Knie oder einem Kissen ruhen. Halten Sie zuerst einfach die Hand, nehmen Sie Kontakt auf und überlassen Sie es dann Ihren Händen, zu erkunden und zu entdecken. Experimentieren Sie mit allem, was Sie selbst als angenehm empfinden würden. Variieren Sie die Stärke des Drucks Ihrer Finger und bitten Sie Ihre Partnerin, sich zu melden, wenn irgendetwas sich nicht gut anfühlt. In manchen Fällen ist die Massage vielleicht zu kräftig, in anderen wird sie als zu leicht und »kitzlig« empfunden. Scheuen Sie sich nicht, jedes Mal eine Pause zu machen, wenn Sie das Gefühl haben, den Faden zu verlieren oder in Verwirrung zu geraten. Überprüfen Sie einfach Ihren Atem, Ihre Motivation und Ihre Körperhaltung, und fahren Sie dann fort, indem Sie gleichsam mit den Händen lauschen. Wenn Sie mit der rechten Hand fertig sind, setzen Sie sich auf die andere Seite und massieren die linke. Tauschen Sie dann die Rollen, damit jede von Ihnen eine vollständige Handmassage gibt und bekommt.

Zweite Einheit

Mit der Bedeutung des Atems und damit, wie wichtig es ist, sich des eigenen Atems bewusst zu werden, haben wir uns bereits kurz beschäftigt. Vor der nächsten Übung wollen wir ein wenig über das Wort »fühlen« nachdenken. Wir benutzen es auf verschiedene Weise. Auf einer Ebene bezieht es sich auf die Erfahrung eines breiten Spektrums physischer Wahrnehmungen. Wir fühlen – oder spüren – den Kontakt mit äußeren Phänomenen wie Regen, Wind, Feuer, Eis, Stein, Seide, Pudding und Plastik. Zum einen fühlen wir mit unseren Händen, zum anderen mit dem ganzen Körper, dessen Empfindungen uns Informationen über unsere Umgebung vermitteln. Andere Menschen und Tiere tauchen vor uns auf, geben Geräusche von sich, die wir hören können, berühren uns vielleicht. All dies lässt eine Vielzahl von Sinnesempfindungen in uns aufsteigen. Wie wir diese erfahren, ist allerdings höchst subjektiv. Zum Beispiel kann der eine es als sehr angenehm empfinden, eine samtige Oberfläche zu berühren, während dieselbe Berührung für jemand anderen unangenehm ist. Ob etwas ein angenehmes, unangenehmes oder neutrales Gefühl verursacht, hängt also stark von der individuellen Situation ab.

Wir fühlen auch Dinge, die sich ausschließlich in unserem Inneren abspielen, wie etwa den Atem, der in den Körper einströmt und ihn wieder verlässt. Andere Gefühle beziehen sich auf den Kreislauf, die Verdauung, Körperbewegungen, die Aktivität des Nervensystems und vieles mehr. Manche dieser Empfindungen sind äußerst subtil und flüchtig. Oft ist es schwierig, sie zu benennen oder sicher zu wissen, dass sie tatsächlich da sind. Auch diese Empfindungen können als angenehm, unangenehm oder neutral erfahren werden.

Von Fühlen sprechen wir auch in einem emotionalen Sinne. Wir fühlen uns glücklich, traurig, wütend, zärtlich, hilflos, verwirrt und so weiter. Bewusst oder unbewusst sind diese Emotionen häufig mit körperlichen Empfindungen verbunden. Zum Beispiel atmen wir oft hektisch und verkrampfen uns, wenn wir Angst haben, oder es kommt vor, dass wir einen Schmerz im Magen spüren und erst später merken, dass wir uns über irgendetwas aufgeregt haben. Es kann also lohnend sein, auf solche Verbindungen zwischen körperlichen und emotionalen Empfindungen zu achten. Wenn wir es vermeiden, diese beiden Bereiche gewaltsam voneinander zu trennen, erhalten wir einen wichtigen Schlüssel zur Entspannung und Selbstheilung.

Gefühle können sich schließlich auch auf Intuitionen oder Instinkte beziehen, wie etwa in dem Ausdruck: »Ich habe das Gefühl …« Selbst diese Art Gefühl kann eine körperliche Komponente haben, die allerdings subtil bleibt.

Was unsere Gefühle gegenüber anderen betrifft, spielen viele Dinge mit, doch es ist nicht zu leugnen, dass die Art und Weise, wie wir andere Menschen und Tiere wahrnehmen und auf sie reagieren, eine starke Wirkung auf unsere Erfahrungen hat. Dasselbe gilt für unsere Wirkung auf andere. Nun ist es oft nicht gerade einfach, diese Gefühle mit Worten auszudrücken. So sagen wir manchmal, dass wir jemanden mögen oder lieben, wenn wir meinen, dass er oder sie uns irgendwie ein gutes Gefühl vermittelt, das heißt Empfindungen und Emotionen weckt, die wir im Großen und Ganzen als angenehm wahrnehmen. Jemand, den wir nicht mögen, kann uns hingegen im wortwörtlichen Sinne auf die Nerven gehen. Wir könnten hier davon sprechen, dass wir ein Gefühl *von* einem anderen Menschen haben, das sich allerdings rasch verändern kann. Es gibt aber auch eine andere Art Gefühl, die wir das Gefühl *für* einen anderen Menschen nennen könnten, und dieses ist nicht so leicht veränderlich. Es ist die Fähigkeit, uns in andere einzufühlen und wirklich um sie besorgt zu sein, ohne dass wir uns dadurch besser oder schlechter fühlen. Dieses Gefühl für andere bildet die Grundlage des wahren Mitgefühls.

Atmen und Spüren

Der erste Teil der folgenden Übung beschäftigt sich erneut mit dem Atem; ihr zweiter Teil ist eine natürliche Fortführung des ersten. Mit der subtilen Wahrnehmung, die Sie inzwischen entwickelt haben, werden bei jeder Phase eines jeden Atemzugs immer mehr Einzelheiten spürbar sein. Sinneszellen im Inneren des Organismus, die so genannten Propriorezeptoren, informieren uns über im Körper auftretende Empfindungen. Genauso, wie wir mehr und genauer sehen können, wenn wir unseren Gesichtssinn schärfen, können wir auch mehr und genauer empfinden, wenn wir diese Tiefensensibilität trainieren.

Bei dieser Übung führt unsere Forschungsreise uns auf das Gebiet unserer eigenen Empfindungen. Das ist ein wenig so, wie einen Wassertropfen anzuschauen. Mit bloßem Auge sehen wir bestenfalls einen trüben Spritzer Wasser. Unter dem Mikroskop erkennen wir bei schwacher Vergrößerung schon, dass sich Lebewesen und allerhand Schmutzteilchen darin befinden. Bei stärkerer Vergrößerung machen wir dann die Bekanntschaft von ebenso seltsamen wie bemerkenswerten Lebewesen, deren Anwesenheit wir uns nicht hätten träumen lassen. Geben wir uns aber nicht die Mühe, ganz ruhig zu werden und aufmerksam und beharrlich hinzuschauen, sehen wir überhaupt nichts von alledem. Doch auch wenn wir zu begeistert über unsere neuen Freunde im Wassertropfen sind, verlieren wir die Fähigkeit, sie genau zu beobachten. Dasselbe gilt für die Beobachtung von Körperempfindungen. Solange der Körper ruhig ist, ist der Geist wach, gleichzeitig aber auch ruhig und entspannt. Ohne etwas hineinzuphantasieren, sogar ohne den bewussten Versuch, uns zu entspannen, bemerken und beobachten wir dann mit unserer Tiefensensibilität genau das, was wir momentan empfinden, während wir unsere Aufmerksamkeit einem bestimmten Körperteil zuwenden.

✧ *Atemübung*

Studieren Sie noch einmal die Anweisungen für die erste Atemübung auf Seite 37–39. Folgen Sie dieser Übung wie dort beschrieben, aber mit der folgenden Variation, um die Entspannung zu vertiefen.

Statt drei Mal ein- und auszuatmen und nach dem Einatmen jeweils innezuhalten, machen Sie nun einundzwanzig Atemzüge, die nur geringfügig langsamer und tiefer sind als normal. Halten Sie am Ende jeder Ausatmung und jeder Einatmung einen Moment inne, und zählen Sie jeden Zyklus – Ausatmen, Pause, Einatmen, Pause – als einen Atemzug. Stellen Sie sich wieder vor, dass Sie bei jedem Ausatmen ein Glas schmutziges Wasser ausgießen, das jede Art von Schmerz, Spannung und Ärger, ja alles mit sich fortnimmt, was Sie nicht brauchen.

Kehren Sie dann zu Ihrem natürlichen Atemrhythmus zurück, wie auf Seite 38/39 beschrieben.

✧ *Spüren*

Bringen Sie Ihre Aufmerksamkeit nun behutsam von der Wahrnehmung des Atems zu den Empfindungen in den Füßen. Nehmen Sie wahr, was links und was rechts spürbar ist, ohne zu versuchen, es in Einklang zu bringen. Spüren Sie einfach, inwiefern die beiden Füße sich gleich anfühlen und was unterschiedlich zu sein scheint.

Wenden Sie Ihre Aufmerksamkeit jetzt den beiden großen Zehen zu. Nehmen Sie alles wahr, was dort zu spüren ist, ohne es zu beurteilen oder es als zu leicht oder zu stark, als gut oder schlecht zu bewerten. Bemerken Sie Wärme? Kühle? Ein Kribbeln? Irgendwelche Schmerzen? Nehmen Sie, selbst wenn Sie gar nichts zu spüren meinen, alles wahr, was da ist, und wenden Sie sich dann nacheinander den anderen Zehen beider Füße zu, bis Sie bei den kleinen Zehen angekommen sind. Lassen Sie Ihre Wahrnehmung dann behutsam die Füße emporwandern.

Erkunden Sie auf diese Weise langsam und aufmerksam auch die Knöchel, die Unterschenkel, die Knie, die Oberschenkel und Hüften. Wenn Sie zu einem Bereich kommen, wo Sie Schmerzen empfinden oder eine Erinnerung daran in Ihnen wach wird, versuchen Sie, nicht daran zu denken, wie diese Schmerzen entstanden sind oder was ihre Ursache sein könnte. Versuchen Sie, mit einer ruhig fließenden Aufmerksamkeit schrittweise durch den Körper zu wandern und alle Empfindungen immer genauer wahrzunehmen, ohne an irgendeiner Stelle stecken zu bleiben oder sich in bestimmten Empfindungen zu verfangen. Das ist wie ein Spaziergang durch einen Blumengarten – je ruhiger und offener der Geist ist, desto mehr werden Sie sehen und desto unbeschwerter können Sie bewundern, was Sie wahrnehmen.

Ist die Erforschung der Hüften abgeschlossen, bringen Sie Ihre Aufmerksamkeit in die Hände. Beginnen Sie mit den Daumen und wandern Sie mit der Wahrnehmung durch alle Finger. Erkunden Sie auf dieselbe Weise den Rest der Hände, die Handgelenke, Unterarme, Ellbogen, Oberarme und Schultern. Irgendwann kommen Sie vielleicht zu einem Bereich, der sich »tot« oder so blockiert anfühlt, dass es schwierig ist, sich durch ihn hindurchzubewegen. Versuchen Sie, nichts zu erzwingen. Wie bei allen besonders starken oder dynamischen Empfindungen ist es am besten, solchen Erfahrungen keine besondere Bedeutung zuzumessen. Versuchen Sie vielmehr, einen ganz offenen und ruhigen Geist zu bewahren. Bewerten Sie nichts, sondern bringen Sie Ihre Aufmerksamkeit behutsam wieder zu der Aufgabe zurück, alle Empfindungen in genau dem Moment zu beobachten, in dem sie aufsteigen. Lassen Sie während der Dauer der Übung alles los, was Sie sonst beschäftigt und was Sie erledigen müssen.

Gehen Sie mit Ihrer Aufmerksamkeit nun zur Wurzel des Rückgrats, also zum Ende des Steißbeins, und wandern Sie dann ganz langsam, Wirbel für Wirbel, das Rückgrat empor. Achten Sie auf alle Empfindungen im Rumpf auf Höhe des Wirbels, mit dem Sie sich gerade beschäftigen. Erkunden Sie zuerst den Beckenbereich, ohne dass Sie versuchen festzustellen, welche Empfindung woher kommt. Wandern Sie dann durch die Lendengegend und den Unterbauch, den Oberbauch und die Brust. Nehmen Sie dort, wo an den oberen Wirbeln der Hals beginnt, die Empfindungen in der

Kehle wahr und wenden Sie sich dann der Zunge zu. Erkunden Sie den Unterkiefer, das Innere des Mundes und die Stelle, an der das Rückgrat in die Schädelbasis übergeht. Gehen Sie dann zum Kopf und zum Gesicht über. Nehmen Sie die Empfindungen an der Oberfläche ebenso wahr wie jene tief im Inneren des Schädels. Lassen Sie Ihre Wahrnehmung schließlich ganz oben am Scheitelpunkt des Kopfes zur Ruhe kommen.

Von nun an fließt die Wahrnehmung in umgekehrter Richtung durch den Körper, von oben nach unten. Dabei geht es nicht mehr darum, den Körper Stück für Stück zu untersuchen, sondern ganze Empfindungsfelder zu erkunden. Hilfreich ist dabei die Vorstellung, der aufgerichtete Rumpf sei hohl und mit Wasser gefüllt. Ganz unten ist ein Loch, aus dem man gerade den Stöpsel gezogen hat. Folgen Sie den Empfindungen an der Wasseroberfläche, die sich im Körper langsam nach unten bewegt. Nehmen Sie aber in jedem Fall, auch wenn Sie dieses Bild nicht benutzen, den Körper als Einheit wahr. Beginnen Sie am Scheitelpunkt des Kopfes und lassen Sie Ihre Wahrnehmung gleichmäßig, aber eher zügig durch die Empfindungen der einzelnen Bereiche reisen. Zuerst kommt der Kopf, das Gesicht, der Hals, das Genick. Dann geht es hinab durch die Schultern und die Brust, durch den oberen Rücken, die Oberarme, das Zwerchfell, durch den Unterbauch und die Ellbogen, die Hüften, die Oberschenkel und Unterarme, die Handgelenke und Hände und schließlich durch die Knie zu den Füßen. Versuchen Sie dort wieder zu spüren, was in den einzelnen Zehen vor sich geht. Wahrscheinlich werden Sie feststellen, dass Ihre Fähigkeit, Empfindungen – besonders sehr feine – detailliert wahrzunehmen, sich bereits verbessert hat.

Beenden Sie die Übung damit, den Körper einfach als Ganzes wahrzunehmen. Öffnen Sie sich vollständig allen Gedanken und Gefühlen, die entstehen; lassen Sie diese frei kommen und gehen, ohne sie zu behindern oder zu interpretieren. Sobald Sie sich dazu bereit fühlen, strecken und dehnen Sie gründlich den ganzen Körper und nehmen sich so viel Zeit zum Aufsetzen, wie Sie brauchen.

Besonders am Anfang sind bei dieser Übung sehr unterschiedliche Erfahrungen möglich. Das eine Extrem sind Menschen, die überhaupt nichts spüren, das andere solche, die so viel spüren, dass sie es kaum ertragen können. Im ersten Fall ist es gut, zu deutlichen Empfindungen zurückzukehren, zum Beispiel zu dem Druck, den man an den Stellen spürt, an denen der Körper den Boden berührt, oder zur Bewegung des Unterbauchs. Wenn man weder in Panik gerät noch sich anstrengt, mehr oder etwas ganz anderes zu spüren, wird die Fähigkeit, subtilere Empfindungen wahrnehmen, sich allmählich verbessern.

Im zweiten Fall, also wenn zu starke Gefühle auftreten, ist es wichtig, langsam vorzugehen und die Übungsphasen kurz zu halten. Konzentrieren Sie sich darauf, langsam und gleichmäßig zu atmen, wenn zu viel Angst oder Erregung entsteht. Hilfreich ist es manchmal auch, die Übung im Sitzen statt im Liegen durchzuführen. Nach dem ersten Teil der Übung, in dem die Wahrnehmung den Körper emporwandert, haben manche Menschen zudem ein Gefühl des Schwindels und des Ungleichgewichts, als gehe im Kopf zu viel vor sich. Wenn auch Sie diese Erfahrung machen, sollten Sie die Übung immer andersherum durchführen, also von oben nach unten. Sie können dabei erst einmal sehr detailliert vorgehen und dann, beim zweiten Mal, zügiger. Das Gefühl eines Energiestaus im Kopf dürfte bei dieser Vorgehensweise nachlassen.

Die Übung, mit der wir uns gerade beschäftigt haben, ist ungeheuer wichtig. Mit uns selbst in Verbindung auf der Empfindungsebene zu sein und zu bleiben ist die Grundlage für Selbsterkenntnis und Selbstheilung. Viele von uns sind dazu erzogen worden (oder haben sich selbst dazu erzogen), die Empfindungen im Körper zu ignorieren oder zu leugnen, weil es einfacher oder bequemer ist, nicht mit ihnen umgehen zu müssen. Zum Beispiel haben wir in der Schule vielleicht gelernt, das Bedürfnis, auf die Toilette zu gehen, bis zur Pause zu unterdrücken, weil es uns peinlich war, um Erlaubnis zu bitten. Daraus kann sich die lebenslange Gewohnheit entwickeln, nicht darauf zu achten, wenn der Körper uns mitteilt, dass wir uns jetzt erleichtern sollten. Ähnlich ist es, wenn wir Angst davor haben, was geschehen könnte, wenn wir Wut oder Sehnsucht in uns spüren. Statt zu lernen, solchen Gefühlen zu begegnen und mit ihnen umzugehen, ignorieren oder leugnen wir dann die Signale unseres Körpers, die uns mitteilen, was wir in Wirklichkeit empfinden. Und wenn wir beispielsweise Angst vor Ärzten oder vor Krankheiten haben, sehen wir möglichen Problemen nicht ins Auge, sondern leugnen gerade die Empfindungen, die uns auf krankhafte Veränderungen im Körper hinweisen könnten.

Der Versuch, ein authentisches und erfülltes Leben zu leben, ohne wahrzunehmen, was wir in unserem Körper fühlen, gleicht dem Bemühen, ein Buch zu schreiben, ohne das Alphabet zu kennen. Unsere Fähigkeit, mit Hilfe der Tiefensensibilität alle in uns aufsteigenden Gefühle wahrzunehmen, hilft uns dabei, Ängste um unseren physischen Körper zu überwinden. Bleiben wir auf dieser einfachen Ebene mit uns in Kontakt, sind wir in der Lage, den Unterschied zwischen normalen, flüchtigen Veränderungen und solchen Problemen zu erkennen, die sich verschlimmern könnten und ärztlichen Rats bedürfen. Auch unsere Beziehung zu uns selbst kann sich verbessern, wenn wir erkennen, wie Körperempfindungen mit solchen Emotionen zusammenhängen, von denen wir lieber nichts wissen wollen. Welches Gefühl dahinter steht, wenn wir die Zähne zusammenbeißen, können wir schließlich erst erforschen, wenn wir die entsprechenden Empfindungen zulassen.

Unseren Empfindungen nachzuspüren ist zudem eine natürliche und auf natürliche Weise entspannende Beschäftigung. Dem Fluss unserer Körpergefühle zu folgen löst unsere Spannungen ebenso, wie wenn wir andere Naturerscheinungen beobachten, zum Beispiel einen Bach, eine Rose oder den Wind in den Bäumen. Die Fähigkeit zu spüren, was in uns vor sich geht, ohne darauf zu reagieren, ist die Grundlage dafür, dass wir uns selbst annehmen können.

✧ ✦ *Verwurzeltsein und langsames Gehen*

Die erste dieser beiden Übungen hilft uns dabei, unsere Beziehung zum Erdboden zu erkunden. Wenn wir von einem Ort zum anderen gehen, schweben wir nicht wie Astronauten auf dem Mond, sondern setzen im Einklang mit der Schwerkraft einen Fuß vor den anderen. Der einzigartige Körperbau des Menschen erlaubt es uns, aufrecht zu stehen und zu gehen. Gelenke, die ständig ihre Position verändern, verbinden unser Knochenskelett, gehalten von Millionen von Muskelfasern, denen das Zentralnervensystem über zahllose Nervenstränge Befehle übermittelt. Als Säugling benutzen wir unsere Beine instinktiv, um zu treten und zu schieben; wenig später lernen wir zu gehen. Wie nah wir dem Boden dabei immer noch sind, bezeugen die vielen kleinen Stürze, die diesen Lernprozess begleiten. Wenn man Kleinkinder beim Gehenlernen beobachtet, staunt man, wie rasch sie die Fähigkeit entwickeln, auf ihren zwei kleinen Füßen im Gleichgewicht zu bleiben. Der Boden und das, was darauf geschieht, ist noch immer der Hauptbezugspunkt des Kindes, wenn es den Armen seiner Mutter entwachsen ist, und obwohl seine Bewegungen so neu sind, haben sie etwas unglaublich Stabiles an sich. Es ist, als sei das Kind verwurzelt wie ein gut eingepflanzter junger Baum. Falls die Eltern sich nicht einmischen, wenn das Kind hinfällt, stellt es schnell von selbst den Kontakt zwischen Füßen und Boden wieder her und marschiert fröhlich weiter. Dieses Verwurzeltsein verlieren wir später oft durch die Art und Weise, wie wir Körper und Geist benutzen. Unsere Beziehung zur Erde, die uns trägt, und zur Schwerkraft, die eine lebenslange Herausforderung für uns bildet, ist dann gestört. Die erste Übung kann uns dabei helfen, das zu ändern.

Auch die zweite Übung, die separat oder im Anschluss an die erste durchgeführt werden kann, ist ein wirksames Gegenmittel gegen die Hetze, die Ablenkung und die Wurzellosigkeit des modernen Lebens. Beide Übungen stärken die Stabilität des Erdelements in uns, ohne dass wir die Bewegung und den Auftrieb verlieren, die uns unser Luftelement verleiht. Hat man sich mit der Übungsfolge einmal vertraut gemacht, kann sie sich im täglichen Leben als sehr praktisch erweisen.

Stellen Sie sich zum Beispiel vor, Sie seien ein paar Tage vor Weihnachten in ein riesiges Einkaufszentrum geraten. Aus allen Richtungen dröhnt kitschige Weihnachtsmusik, der von unten her eine Blaskapelle der Heilsarmee, von oben her ein Schulchor Konkurrenz machen. Horden von Kunden versuchen verzweifelt, durch den Kauf von Dingen für Menschen, die sie lieben, denen sie etwas schulden oder die sie beeindrucken wollen, irgendein inneres Bedürfnis zu befriedigen. Alle Geschäfte sind mit Glitzerschmuck und heimelig blitzenden Lichtern dekoriert. Was zum Verkauf ausliegt, ist schon durch viele Hände gegangen und nicht mehr da, wo es eigentlich sein sollte. Das festlich gekleidete Verkaufspersonal hat samt und sonders denselben glasigen Blick in den Augen. Kleine Kinder suchen nach dem Weihnachtsmann und brechen in Tränen aus, als man ihnen sagt, dass er schon am Vortag da gewesen ist. Inzwischen haben Sie vergessen, wonach Sie eigentlich suchen; Ihr Geist ist verwirrt und völlig überschwemmt von all dem, was es hier zu kaufen gibt. Wenn Sie nun einfach stehen bleiben, wo Sie sind, den Kontakt mit dem Boden wiederherstellen und spüren, wie Ihre Füße sich darin verwurzeln, schaffen Sie es vielleicht, nicht in Panik und Verzweiflung zu geraten. Außerdem können Sie langsam und zielstrebig zu dem Laden gehen, zu dem Sie wirklich wollen, oder das Getümmel durch den nächsten Ausgang verlassen.

Verwurzeltsein

Stehen Sie mit den Füßen in Schulterbreite. Die Zehen zeigen nach vorn. (Die Übung ist leichter, wenn man sie barfuß, in Socken oder Schlappen durchführt.) Richten Sie die Aufmerksamkeit auf die Füße und spüren Sie, wie sich der Kontakt der Füße mit dem Boden, auf dem Sie stehen, anfühlt. Experimentieren Sie damit, das Gewicht behutsam auf die Fußballen und zurück auf die Fersen zu verlagern, dann von der Außenkante zur Innenkante. Bleiben Sie bei minimalen Bewegungen und achten Sie auf die veränderten Gefühle, die in den Füßen, Knöcheln, Knien und Hüften entstehen. Experimentieren Sie auch mit dem Beugen der Knie. Wie fühlt es sich an, wenn sie durchgedrückt sind, und wie, wenn sie relativ stark gebeugt sind? Probieren Sie dann mehrere Zwischenpositionen aus, bis Sie die ausgeglichenste und bequemste Position gefunden haben.

Stellen Sie sich nun, während Sie behutsam das Gewicht verlagern, vor, dass die Fersen und dann die Zehen Wurzeln schlagen.

Spüren Sie, wie ein ganzes Netzwerk feiner Wurzeln immer tiefer in die Erde wächst. Spüren Sie die Stabilität Ihrer Wurzeln und testen Sie diese dann langsam und vorsichtig, indem Sie den Körper in alle möglichen Richtungen bewegen, ohne die Füße ganz vom Boden zu heben. Verweilen Sie in diesem Gefühl des Verwurzeltseins, während Ihr Körper sich dreht und wiegt und schwankt wie die Äste eines Baumes im Sturm.

Langsames Gehen

Verlagern Sie nun ganz langsam das gesamte Gewicht auf den rechten Fuß. Bleiben Sie sich dabei des Wurzelwerks bewusst, das aus den Fersen und Zehen wächst und sich unter den Füßen in die Breite und Tiefe ausdehnt. Stellen Sie sich dann vor, dass der linke Fuß auf magische Weise von seinen Wurzeln befreit wird. Stattdessen sind an seiner Oberseite ein paar kleine Heliumballons befestigt, die ihn langsam und mühelos zu einem hohen, fließenden Schritt emporziehen. Treten Sie mit dem linken Fuß dann langsam wieder auf und nehmen Sie wahr, welche Empfindungen beim erneuten Kontakt mit dem Boden entstehen. Verlagern Sie schließlich das gesamte Gewicht auf den linken Fuß und spüren Sie, wie er sich verwurzelt. Stellen Sie sich anschließend vor, dass der rechte Fuß von seinen Wurzeln befreit und von Ballons in die Höhe gehoben wird. Gehen Sie auf diese Weise, so langsam Sie können, mindestens ein paar Minuten durch den Raum, und achten Sie genau auf die verschiedenen Phasen des Gehens. Benutzen Sie die Gelegenheit, abwechselnd das Gefühl von Schwere und Stabilität zu erkunden, wenn Sie den Fuß auf den Boden senken, und das Gefühl von Leichtigkeit und Auftrieb, wenn Sie die Füße heben. Probieren Sie auch aus, wie es ist, wenn Sie beim Heben der Füße einatmen und beim Aufsetzen ausatmen. Diese zeitlupenhafte Bewegung, bei der Sie sich aller damit verbundenen Gefühle bewusst bleiben, wird das Gehen ganz flüssig und leicht machen. Sobald Sie im Rhythmus sind, brauchen Sie den schwebenden Schritt nicht mehr zu übertreiben. Werden Sie allmählich schneller, ohne das Bewusstsein für sämtliche Empfindungen beim Gehen zu verlieren.

Aufwärmen

Kehren Sie zur ersten Einheit zurück und wiederholen Sie so viele der Übungen für die Schultern, Arme und Handgelenke, wie nach Ihrem Gefühl notwendig sind (siehe Seite 40–46).

✧ *Selbstmassage der Füße*

Die Selbstmassage der Füße wird ganz ähnlich durchgeführt wie die der Hände, was aber beim ersten Mal womöglich nicht so klar erkennbar ist. Zuerst müssen Sie eine bequeme Körperhaltung finden, in der Sie jeweils einen Ihrer Füße halten und massieren können. Wenn Sie daran gewöhnt sind, mit gekreuzten Beinen auf einem Kissen am Boden zu sitzen, ist das eine gute Position. Sonst können Sie sich beim Sitzen auf dem Boden mit dem Rücken an die

Selbstmassage der Füße

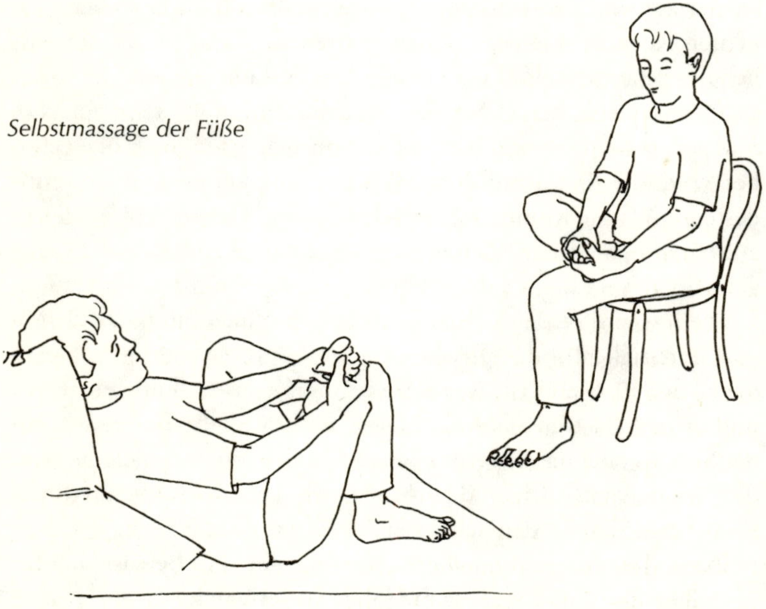

Wand lehnen; das Bein, das gerade nicht massiert wird, bleibt ausgestreckt. Oder Sie setzen sich auf einen Stuhl und legen den Knöchel des einen Beines auf das Knie des anderen. Wenn Sie sich nicht wohl fühlen oder sehr müde sind, ist es vielleicht angenehmer, sich auf dem Boden halb liegend an mehrere große Kissen zu lehnen. Stellen Sie dann einen Fuß auf, ergreifen Sie den anderen und legen ihn über das aufgestellte Knie. So können Sie ihn gut erreichen und halten, während Schultern, Kopf, Hals und Rücken bequem gestützt sind. Versuchen Sie in jeder dieser Positionen den Rücken und die Schultern so gut wie möglich zu entspannen, während Sie mit den Händen Ihre Füße kennen lernen und deren Druckpunkte bearbeiten.

Fußmassage

Um die Füße auf die Massage vorzubereiten, ist es gut, sie erst einmal zu lockern. Fassen Sie also den ersten Fuß mit beiden Händen knapp über dem Knöchel und schütteln Sie ihn sehr rasch, so dass er »flattert« wie die Hände in der ersten Einheit. Wie bei der Handmassage geht es nun darum zu erkunden, wie viel Bewegung und Dehnung im Knöchel, im Fuß und in den Zehen möglich sind. Dafür sollte man sich Zeit lassen, weil wir mit unseren Füßen meist wesentlich weniger vertraut sind als mit unseren Händen. Immerhin hat die Fußmassage den großen Vorteil, dass man beide Hände frei hat und einsetzen kann. Experimentieren Sie mit verschiedenen Handhaltungen, da es sich sehr gut anfühlt, die Füße mit beiden Händen zu umfangen.

Studieren Sie nun noch einmal die ausführlichen Anweisungen und Ratschläge für die Handmassage auf Seite 50–52 und wenden Sie sie auf die Füße an. Besondere Betonung sollte auf einer wirklich gründlichen Erkundung liegen. Gehen Sie langsam vor, um wirklich spüren zu können, was sich abspielt. Wahrscheinlich werden Sie feststellen, dass die Fußsohle mehr Druck verträgt als die Handfläche, aber Sie brauchen sich dabei nicht anzustrengen.

Besondere Aufmerksamkeit sollten Sie den Punkten an der Innenkante des Fußes widmen. Beginnen Sie am Rand des großen

Zehs und wandern Sie am knochigen Spann entlang zur Innenseite der Ferse. Ein starker Druck auf die Punkte hier wirkt laut Reflexzonentherapie besonders stark aufs Rückgrat. Ist die Berührung an denselben Stellen hingegen leicht wie eine Feder, ist das sehr entspannend für den ganzen Körper. Kleine Kinder schlafen bei einer solchen Massage oft rasch ein.

Erkunden Sie nun die Punkte an der Rückseite der Ferse, entlang der Achillessehne und am ganzen Knöchel. Streichen Sie schließlich von den Zehen aus zwischen den Sehnen am Fußrücken entlang.

Wenn Sie feststellen, dass die Fußmassage Ihnen gut tut, werden Sie sich vielleicht näher mit der Fußreflexzonenmassage beschäftigen wollen. Es gibt viele gute Bücher zu diesem Thema; einige davon finden Sie in der Literaturliste im Anhang. Allerdings besteht kein Grund zur Eile. Je mehr Sie zuerst allein entdecken, desto geringer ist die Gefahr, dass Sie sich mehr mit der Theorie beschäftigen als mit der Praxis.

Nehmen Sie sich, wenn Sie mit dem ersten Fuß fertig sind, ein wenig Zeit, um den Unterschied zwischen den beiden Füßen zu erfühlen. Aktivieren Sie Ihre Tiefensensibilität und stellen Sie fest, was in jedem der beiden Füße zu spüren ist. Versuchen Sie dasselbe dann im Stehen. Möglicherweise wird der eine Fuß sich warm, entspannt und wach anfühlen, der andere hingegen relativ leblos. Gehen Sie dann zur Massage dieses Fußes über.

Inzwischen ist Ihnen vielleicht bewusst geworden, dass Sie Ihre Füße bisher immer ein wenig vernachlässigt haben. Die Füße sind wunderbar kraftvolle Teile des menschlichen Körpers, die meist einen Großteil der Last des menschlichen Lebens tragen und dafür nur sehr wenig Anerkennung erhalten. Viele Menschen schämen sich ihrer Füße, besonders wenn sie Schuhe und Strümpfe ausgezogen haben. Wenn Sie sich angewöhnen, die Füße regelmäßig mit etwas Öl oder Lotion zu massieren, tun Sie nicht nur etwas für diese sonst so stiefmütterlich behandelten Körperteile, die uns tragen und mit der Erde verbinden, sondern arbeiten auch daran, den ganzen Körper zu entspannen und ins Gleichgewicht zu bringen. So etwas braucht keinen feierlichen Rahmen. Zum Beispiel könnten Sie, wenn Sie abends zur Entspannung vor dem Fernseher sitzen, sich dabei die Füße massieren. Das macht auch die Hände kräftiger und geschickter und ist womöglich sinnvoller, als nur in die Röhre zu schauen. Besonders angenehm ist es, die Füße vor der Massage in warmem Wasser zu baden, dem man ein paar Tropfen Pfefferminz- oder Lavendelöl zugegeben hat. Sie werden dadurch weicher, und Öl oder Lotion können besser in die Hornhaut eindringen.

Wenn Sie sich auf diese Weise mit den Füßen beschäftigen, merken Sie vielleicht, dass es angebracht wäre, zur Fußpflege zu gehen, um verwachsene Zehennägel schneiden oder Hühneraugen und Schwielen entfernen zu lassen. Vielleicht kommen Sie auch zu dem Schluss, dass Ihr derzeitiges Schuhwerk den Füßen nicht gut tut und dass es an der Zeit ist, sich nach Schuhen umzusehen, die ein wenig mehr Halt geben. Lernen Sie, die Füße als treue Freunde zu schätzen und zu pflegen. Sie werden Ihnen dafür dankbar sein.

Wenn Sie Ihre Füße regelmäßig massieren, werden Sie feststellen, dass dies eine der wirksamsten Methoden der Selbstheilung und der Entspannung darstellt.

Dritte Einheit

Visualisierung

Am Anfang dieses Kapitels wollen wir uns zuerst mit den Visualisierungsübungen beschäftigen, die in diesem Buch vorgestellt werden. Viele Leute denken, Visualisierung sei etwas sehr Kompliziertes. In Wirklichkeit ist die Fähigkeit des Geistes, Bilder zu erzeugen, etwas ganz Gewöhnliches, das ständig und ohne dass wir angeleitet würden geschieht. Rufen zum Beispiel die Worte Mickymaus nicht sofort irgendein flüchtiges Bild in Ihrem Geist hervor? Das Ziel aller Visualisierungen, mit denen wir uns hier beschäftigen, ist die Selbstheilung. Indem wir vor dem geistigen Auge bewusst reine und schöne Bilder entstehen lassen, können wir die Tendenz in uns verstärken, positive Veränderungen im Körper, im Gefühlsleben und im Geist zu bewirken.

Das gängigste Problem bei der Visualisierung ist, dass man sich zu sehr anstrengt, ein plastisches Bild zu erzeugen. Es liegt jedoch in der Natur dieser Art des Sehens, dass das Bild eher transparent ist als plastisch. Außerdem führt größere Anstrengung, verbunden mit einer stärkeren Konzentration, nicht zu mehr Klarheit. Hilfreich ist vielmehr ein beweglicherer und entspannterer Geist. Jede der hier vorgestellten Visualisierungen geht von der unmittelbaren, gegenwärtigen Erfahrung aus. Das, was wir von den Empfindungen unseres physischen Körpers, unseren Stimmungen und Emotionen und unserem Geisteszustand wahrnehmen, bildet das Rohmaterial für die positive Transformation, die durch die Visualisierung reiner Farben entstehen kann. Diese Farben sind zwar durchaus nicht willkürlich gewählt, doch können sie auch andere Bedeutungen haben als hier angegeben. Es ist jedoch wichtig, volles Vertrauen zu dem zu haben, was man momentan visualisiert, statt sich von der Suche nach anderen Möglichkeiten ablenken zu lassen. Hat man eine bestimmte Übung abgeschlossen, ist es durchaus möglich, eine andere Visualisierung durchzuführen, bei der dieselben Farben andere Bedeutungen haben.

Die Übung »Spüren« auf Seite 62–66, bei der wir in engen Kontakt mit den Empfindungen unseres physischen Körpers kommen, ist die beste Vorbereitung für die folgenden Übungen. Nützlich ist es, gleich zu Beginn dieser Selbstheilungsübungen die eigene Motivation zu überprüfen. Ohne zu versuchen, irgendetwas zu erzwingen, sollte man dabei ernsthaft den Wunsch in sich entstehen lassen, frei von Schmerzen, Wut, Angst oder all dem zu sein, woran man mit Hilfe der Visualisierung arbeiten möchte. Wie tief und von ganzem Herzen man diesen Wunsch verspürt, kann sogar der wichtigste Faktor dafür sein, wie stark die Praxis wirkt. Außerdem ist es hilfreich, wenn man auch allen anderen Menschen immer das Beste wünschen kann und genau darauf achtet, dass da nicht irgendeine bestimmte Person ist, die man bewusst von diesen guten Wünschen ausschließt. Diese Haltung bildet eine gute Basis für eigene Fortschritte und sorgt gleichzeitig dafür, dass die Wirkung sich allmählich immer weiter ausdehnt.

Visualisierungsübungen

Die Visualisierung des weißen Lichts ist die erste von drei Übungen, die nach demselben Muster ablaufen. Das weiße Licht bezieht sich besonders auf die Heilung des physischen Körpers, das rote Licht dient vor allem dazu, emotionale Schmerzen und eine blockierte Ausdrucksfähigkeit zu heilen, das blaue Licht konzentriert sich auf die Heilung von Angst, Unruhe und geistigen Störungen aller Art. Jedes der drei Lichter kann auch die Arbeit der anderen beiden leisten; eine starre Trennung gibt es nicht. In vielen Fällen dürfte es allerdings sinnvoll sein, sich einzeln auf diese drei Problembereiche zu konzentrieren.

Als Rahmen für die drei Visualisierungen dient ein vollkommen offener Himmel, in dem eine vollkommene Kugel aus wirbelnden

Regenbogenfarben erscheint, die Kugel der fünf reinen Elemente. Dargestellt werden diese Elemente von den fünf Farben des Regenbogens. Sie sind ein symbolischer Ausdruck des dynamischen Gleichgewichts zwischen den Elementen, aus denen das ganze Universum besteht, einschließlich der Erde und unseres menschlichen Körpers. Die Regenbogenkugel erscheint als leuchtender Ball mit fünf juwelengleichen Farben: goldgelbes Licht ist die Essenz der Erde, strahlend weißes, diamantenes Licht die Essenz des Wassers, rubinrotes Licht die Essenz des Feuers, smaragdgrünes Licht die Essenz der Luft, tiefblaues Licht die Essenz des Raumes.

Diese fünf Farben sind zwar gleichberechtigt vorhanden, doch ändert sich ihre Verteilung innerhalb der Kugel beständig wie die Farben einer Seifenblase. Dabei werden sie immer lebendiger und klarer. Der tiefere Sinn dieser wunderschönen Erscheinung ist ihre Reinheit und Vollständigkeit. Sie enthält die Essenz all dessen, was segensreich und wohltuend ist. Nichts fehlt. Bezüglich der Elemente gibt es viele Aspekte zu erkunden und zu entdecken, aber darum geht es bei dieser Visualisierung nicht. Wer sich näher damit beschäftigen möchte, findet weitere Informationen in meiner Schrift *Mit den Elementen arbeiten* (siehe Literaturliste). Bei den drei Visualisierungsübungen, mit denen wir uns hier beschäftigen, verschmelzen alle fünf reinen Elemente in Form der fünf Farben mit all ihren Eigenschaften und Kräften zu einer einzigen Farbe. Die weiße Lichtkugel zum Beispiel hat nun keinen besonderen Bezug zum Wasserelement mehr. Sie ist jetzt die Quintessenz aller fünf Elemente, verschmolzen zu der Form, die sich zur Heilung des physischen Körpers am besten eignet.

Bei Visualisierungsübungen können sehr unterschiedliche Erfahrungen möglich sein, und keine davon ist notwendig richtig oder falsch. Dazu kommt, dass eine von derselben Person zehnmal durchgeführte Übung jedes Mal anders verlaufen wird. Anderswo wird bei solchen Übungen oft sehr detailliert beschrieben, was der Übende sehen oder erfahren soll. Die Visualisierungen in diesem Buch sind jedoch von anderer Art. Sie bleiben bei einer ganz einfachen Beschreibung der Farben der Lichter, ihrer Position, ihrer Bedeutung und ihrer Wirkungen. Alles, was Sie sonst noch »sehen«

werden, wird weitgehend von Ihrer eigenen Erfahrung abhängen und davon, wie Ihr Geist arbeitet.

Aus diesem Grund empfiehlt es sich, die eigenen Erfahrungen nicht mit denen anderer Anfänger zu vergleichen, sondern vielmehr zu lernen, alles, was auf Sie zukommt, zu akzeptieren und zu verarbeiten. Wenn Sie das Bedürfnis haben, über Ihre Erfahrungen zu sprechen, sollten Sie das lieber mit jemandem tun, der sich schon lange mit solchen Übungen beschäftigt. Wenn Sie niemanden kennen, können Sie sich an eine Person aus dem Kreis der Tara Rokpa-Therapeutinnen und Therapeuten wenden (Adressen am Ende dieses Buches).

Wirkungen des weißen Lichts

Wenn wir unter körperlichen Krankheiten leiden, fühlen wir uns sehr oft vollkommen hilflos, weil wir nicht wissen, was wir dagegen tun sollen. Selbst wenn eine medizinische Behandlung möglich und bezahlbar ist, sind wir womöglich unsicher, welche Medikamente wir wirklich brauchen. Wenn bei der Behandlung Nebenwirkungen auftreten, fragen wir uns, ob der Arzt das Richtige empfohlen hat. Handelt es sich um kein gewichtiges Problem, machen wir uns Gedanken darüber, ob es nicht besser sei, uns einfach nicht weiter darum zu kümmern. Aber was ist, wenn es schlimmer wird? Sind wir lebensbedrohlich erkrankt, so sind die Sorgen und Ängste, die sich ums Kranksein drehen, um die Behandlung, um unsere Familie und die Verantwortung, der wir nicht mehr nachkommen können, und schließlich um den Tod, oft sehr viel quälender als die Krankheit selbst.

Die Visualisierung des weißen Lichts gibt uns ein Mittel an die Hand, um die Bedingungen für eine Heilung zu verbessern, ganz gleich, worum es gehen mag. Manche Menschen machen die Erfahrung, dass ihre Schmerzen durch den Einfluss dieser Übung nachlassen. Anderen fällt auf, dass sie weniger ängstlich und dafür entspannter sind, so dass sie sowohl die Krankheit wie die Behandlung leichter nehmen. Wieder andere stellen fest, dass sie durch ihre

Krankheit die Chance erhalten, das Leiden anderer zu erkennen, über das man in gesundem Zustand leicht hinwegsehen kann. Dadurch kann die Fähigkeit wachsen, andere Menschen richtig zu würdigen und besser zu verstehen, was uns alle verbindet. Diese Empathie bildet die Grundlage eines tiefen Mitgefühls.

Wie für alle Übungen in diesem Buch gilt auch für die Visualisierungen, dass sie »unser Eigenes« werden, wenn wir mit ihnen sehr vertraut geworden sind. Dann können wir sie wie eine gute Gefährtin überallhin mitnehmen und auf formelle wie informelle Weise anwenden. Zum Beispiel kann das Wartezimmer einer Ärztin ein großartiger Ort für eine verkürzte Version der folgenden Übung sein. Oder wie wäre es, sie zu praktizieren, wenn Sie gerade irgendwo in einer Schlange stehen, niesen und das Gefühl haben, Sie hätten sich erkältet? Das weiße Licht ist ein allumfassend heilender Freund, der immer da ist, wenn wir uns an ihn erinnern.

Um besser mit den Visualisierungen arbeiten zu können, sollten Sie sich deren einzelne Stufen vorab einprägen. In einer Gruppe kann ein Teilnehmer die Anweisungen vorlesen. Eine weitere Möglichkeit ist, den Text der Übungen auf eine Kassette zu sprechen. Die Entspannungsübungen dieses Buches finden sich auch auf einer bei Tara Rokpa Deutschland erhältlichen Audiokassette.

✧ Das weiße Licht

Vorbereitung

Finden Sie am Anfang der Übung eine entspannte Körperhaltung im Liegen oder Sitzen und lassen Sie Körper und Geist von selbst zur Ruhe kommen. Machen Sie dann eine der beiden Atemübungen aus den vorhergehenden Einheiten, um die Entspannung des Atems zu vertiefen. Kehren Sie anschließend zu einem natürlichen Atemrhythmus zurück und nehmen Sie einfach wahr, wie der Atem in den Körper eintritt. Bei jedem Ausatmen lassen Sie den Geist sich entspannen. Da Sie schon etwas Erfahrung damit haben, sich in den Körper hineinzufühlen, wird Ihre Tiefensensibilität leichter zu aktivieren sein. Sobald Sie sich in der Lage fühlen, Ihre Empfindungen wahrzunehmen, ohne zu stark abgelenkt zu sein, sind Sie bereit, die Wahrnehmung durch den Körper wandern und alle Empfindungen erforschen zu lassen, die dort zu finden sind.

Sie können dabei dem festen Schema der Übung »Spüren« folgen oder freier vorgehen. Versuchen Sie aber, bei der Erkundung alle Bereiche des Körpers einzubeziehen. Hilfreich ist dabei die Vorstellung, von einem tief fliegenden Flugzeug aus die Landschaft zu beobachten – nur geht es hier nicht um Flüsse, Hügel und Bäume, sondern um Wärme, Schmerzen, Vibrationen und Druck. Für diese Einstimmung sollte man mindestens zehn Minuten einplanen; vielleicht brauchen Sie aber auch wesentlich mehr Zeit, um zu spüren, dass Sie mit allem in Kontakt sind, was auf sämtlichen Empfindungsebenen des Körpers vor sich geht.

Die Visualisierung

Stellen Sie sich einen grenzenlos offenen Himmel vor, wie man ihn von einem Berg oder Turm aus sieht. Es ist entweder ein vollständig klarer und wolkenloser blauer Taghimmel oder ein Nachthimmel, an dem Millionen von Sternen funkeln. Lassen Sie zuerst einfach den Geist zur Ruhe kommen und blicken Sie in den offenen Raum. Nun taucht in der Mitte des Raumes ein Lichtpunkt auf. Während er näher kommt, sehen Sie deutlich, dass er aus den fünf Farben des Regenbogens besteht, in denen sich die Kräfte und Eigenschaften der fünf Elemente in ihrer zutiefst essentiellen Form ausdrücken, also als Licht. Jedes der Elemente ist ganz rein, leuchtend und hell:

- die Erde mit ihren essentiellen Eigenschaften der Festigkeit und Schwere in Form von goldgelbem Licht;
- das Wasser mit seinen essentiellen Eigenschaften der Feuchtigkeit, des Zusammenhalts und des Fließens in Form von funkelndem, kristallklarem weißem Licht;
- das Feuer mit seinen essentiellen Eigenschaften des Reaktionsvermögens, der Helligkeit und der Wärme in Form von funkelnd rubinrotem Licht;

- die Luft mit ihren essentiellen Eigenschaften der Bewegung und der Intelligenz in Form von funkelnd smaragdgrünem Licht;
- der Raum mit seinen essentiellen Eigenschaften der Offenheit und Grenzenlosigkeit in Form von leuchtend tiefblauem Licht.

Während die Kugel der Elemente vor Ihnen schwebt, bewegen und verändern sich alle fünf Farben unablässig, sind dabei aber immer im Gleichgewicht und in Harmonie. Lassen Sie das Gefühl entstehen, dass Ihnen in der wunderschönen Erscheinung der Regenbogenkugel die gesamte heilende Kraft des Universums zur Verfügung steht.

Nun lösen sich alle fünf Farben mit all ihren Eigenschaften und Kräften, die die essentielle Form der Elemente darstellen, in das weiße, kristallene Licht auf.

Die Kugel aus strahlend weißem Licht, die Sie nun vor sich sehen, besitzt die besondere Fähigkeit, den physischen Körper zu heilen. Stellen Sie sich vor, dass das weiße Licht auf Sie zuströmt und durch einen Punkt in der Mitte der Stirn in den Körper eintritt. Es strömt frei durch den Körper und lässt ein Gefühl der Leichtigkeit und Entspannung entstehen. Wo das Licht auf Bereiche voll Schmerz, Spannung und Krankheit trifft, entsteht ein Gefühl der Linderung. Die Schlacken dieses Heilungsprozesses (Schmerz, Spannung, Unwohlsein oder Krankheit), die durch den Kontakt mit dem weißen Licht aufgewirbelt werden, verlassen den Körper beim Ausatmen in Form von dichtem schwarzem Rauch. Wenn dieser Rauch den Körper mit dem Atem verlassen hat, löst er sich etwa dreißig Zentimeter vom Körper entfernt einfach auf. Er kann die Umwelt also nicht verschmutzen.

Fällt Ihnen die Vorstellung, dass das Licht durch die Stirn in den Körper eintritt, aus irgendeinem Grunde schwer, können Sie sich stattdessen vorstellen, dass das Licht zusammen mit dem Atem eindringt und sich dann im Körper verbreitet. Es kann auch wie ein sanfter Regen aus reinem weißem Licht herabfallen, der überall widerstandslos in den Körper einströmt.

Welche dieser drei Vorstellungen man auch wählt, die Wirkung ist dieselbe. Während das strahlend weiße Licht, das die reine Essenz aller Elemente enthält, sich im Körper verbreitet, wirkt es heilend auf physisches Leiden und dessen Ursachen. Beim Ausatmen werden die Schlacken dieses Vorgangs aus dem Körper ausgestoßen, der allmählich leichter und weniger fest wird. Auch der ausströmende Rauch ist immer weniger dicht. Nach und nach wächst das Gefühl, dass der ganze Körper aus reinem weißem Licht besteht. Nun gleicht der austretende Atem dem reinen weißen Licht, das mit dem Atem in den Körper eintritt. Setzen Sie diesen Prozess fort, bis Sie das Gefühl haben, dass er abgeschlossen ist. Solange die Übung Ihnen noch schwer fällt, kann das auch das Gefühl sein, dass es vorläufig genug ist.

Wenn Sie spüren, dass die Praxis für Sie nützlich war, können Sie nun an andere denken, die unter großen Schmerzen oder anderen körperlichen Beschwerden leiden. Stellen Sie sich vor, dass das Licht auch diese Menschen erreicht und ihnen hilft.

Nun wird das Licht, das zu Ihnen und anderen Menschen ausgestrahlt ist, allmählich wieder von der im Raum schwebenden Kugel aus reinem weißem Licht absorbiert. Dabei verwandelt diese sich wieder in die Kugel der Elemente mit den fünf Farben, die in all ihrer Klarheit und Intensität funkelt. Während Sie diese wunderschöne Erscheinung betrachten, wissen Sie, dass Sie sie immer ins Bewusstsein rufen können, wenn Sie es wollen oder brauchen, für sich selbst und andere. Dann entfernt sich die Kugel in den Raum, bis sie verschwunden ist. Lassen Sie den Geist vollständig zur Ruhe kommen. Dehnen Sie, wenn Sie dazu bereit sind, ausgiebig den Körper und setzen Sie sich auf.

Das Spiel »Schlaff«

»Schlaff« ist ein Spiel für zwei Personen. Soweit ich weiß, haben meine Schwester und ich es erfunden, als wir sechs beziehungsweise neun Jahre alt waren. Ich erinnere mich, dass mir dieser erste Kontakt mit einer bewussten Entspannung viel Spaß gemacht hat. Bei diesem Spiel lernen Sie auf unterhaltsame Weise, Ihre Bereitschaft, unter den Händen eines anderen Menschen loszulassen, zu überprüfen und anschließend zu verbessern.

Will man das Spiel in einer Gruppe oder mit jemandem spielen, den man nicht sehr gut kennt, sollte man sich unbedingt bewusst sein, dass manche Menschen sich bedroht fühlen, wenn sie die Kontrolle über ihren Körper aufgeben sollen. Eventuell ist das sogar unmöglich für sie. Wie immer darf man auch hier nicht vergessen, dass niemand zu etwas gezwungen oder gedrängt werden sollte, bei dem er oder sie sich nicht wohl fühlt. Wenn wir lernen wollen, uns besser zu entspannen, gehört dazu auch, mit einer Weigerung oder Zurückweisung von Seiten eines potenziellen Partners fertig zu werden. Genauso wichtig ist es, nein zu sagen, wenn wir bei etwas mitmachen sollen, aber kein gutes Gefühl dabei haben. Zu lernen, diese verschiedenen und sich verändernden Rollen mit wachsendem Vertrauen und Humor zu spielen, ist ein lohnender Aspekt der Arbeit an uns selbst. »Schlaff« kann man so oft und so lange spielen, wie man will. Kinder lieben dieses Spiel – schließlich haben sie es erfunden!

✦ *Das Spiel*

Partner A legt sich auf dem Boden auf den Rücken, streckt Arme und Beine von sich und lässt los, so gut er kann. Hilfreich ist die Vorstellung, eine lebensgroße Stoffpuppe zu sein, die keine Kontrolle über ihre Glieder hat. Die Glieder dürfen sich bewegen, aber nur, wenn jemand anders sie bewegt.

Partner B kann jeden Körperteil von Partner A anders hinlegen, kreisen lassen, anheben, herumschwenken, verlagern und biegen, wie immer er will, solange das so geschieht, dass dabei mit Sicherheit kein Schaden entsteht. Erlaubt ist zum Beispiel, das Bein des Partners sechzig Zentimeter anzuheben und wieder fallen zu lassen, wenn der Partner auf einer dicken Unterlage liegt. Das Bein aus gleicher Höhe auf den nackten Boden fallen zu lassen ist hingegen nicht erlaubt.

Das Ziel von Partner A ist, im Zustand einer Stoffpuppe zu verweilen, also keine eigenen Bewegungen zu machen und keinen

Widerstand zu bieten, solange Partner B sich an die Spielregeln hält und nichts tut, was Schmerzen verursacht.

Das Ziel von Partner B ist, Partner A dazu zu bringen, sich gegen eine Bewegung zu »wehren«, oder dazu, selbst eine Bewegung zu machen.

Sobald Partner B seinen Partner dabei »erwischt«, dass er sich von sich aus bewegt oder Widerstand leistet, werden die Rollen getauscht. Nun legt B sich hin und spielt die Stoffpuppe.

Am Anfang sollte B sehr tolerant auf Widerstände und eigene Bewegungen von Seiten As reagieren, weil das Spiel sonst oft gar nicht erst in Gang kommt. Viele Menschen lernen bei diesem Spiel jedoch zunehmend loszulassen, weil es sehr entspannend und angenehm ist, sich auf so gefahrlose Weise bewegen zu lassen. Das Spiel ist auch eine gute Übung für die zwei Rollen, die wir bei der Massage spielen. In der passiven Rolle erfahren wir aus erster Hand, wie schön es ist, uns zu entspannen, und was uns dabei behindert. Zudem lernen wir auf spielerische Weise, wie wichtig es ist, Vertrauen zu haben. In der aktiven Rolle lernen wir, mit den verschiedenen Gliedmaßen eines anderen Menschen unbefangen, aber auch mit dem angemessenen Respekt umzugehen. Vielleicht lernen wir sogar, ohne Worte zu vermitteln, wie vertrauenswürdig wir selbst sind. Das wiederum hängt von unserer Fähigkeit ab, die Botschaften zu empfangen, die unser Partner aussendet.

Gegenseitige Fußmassage

Wie bei jeder Partnermassage sollten die Beteiligten anfangs feststellen, wie viel Zeit sie gemeinsam zur Verfügung haben, und sich dann darauf einigen, wie dieser Zeitraum aufgeteilt werden soll. Eine halbe Stunde ist das absolute Minimum, da schon dabei weniger als zehn Minuten auf jeden Fuß entfallen. Realistischer ist es, eine ganze Stunde für die gemeinsame Arbeit einzuplanen.

Die aktive Partnerin sollte sich kurz vorbereiten, indem sie ihre Motivation, ihren Atem und ihre Körperhaltung überprüft und ihre Hände aufwärmt (siehe Seite 39–46). Die passive Partnerin kann

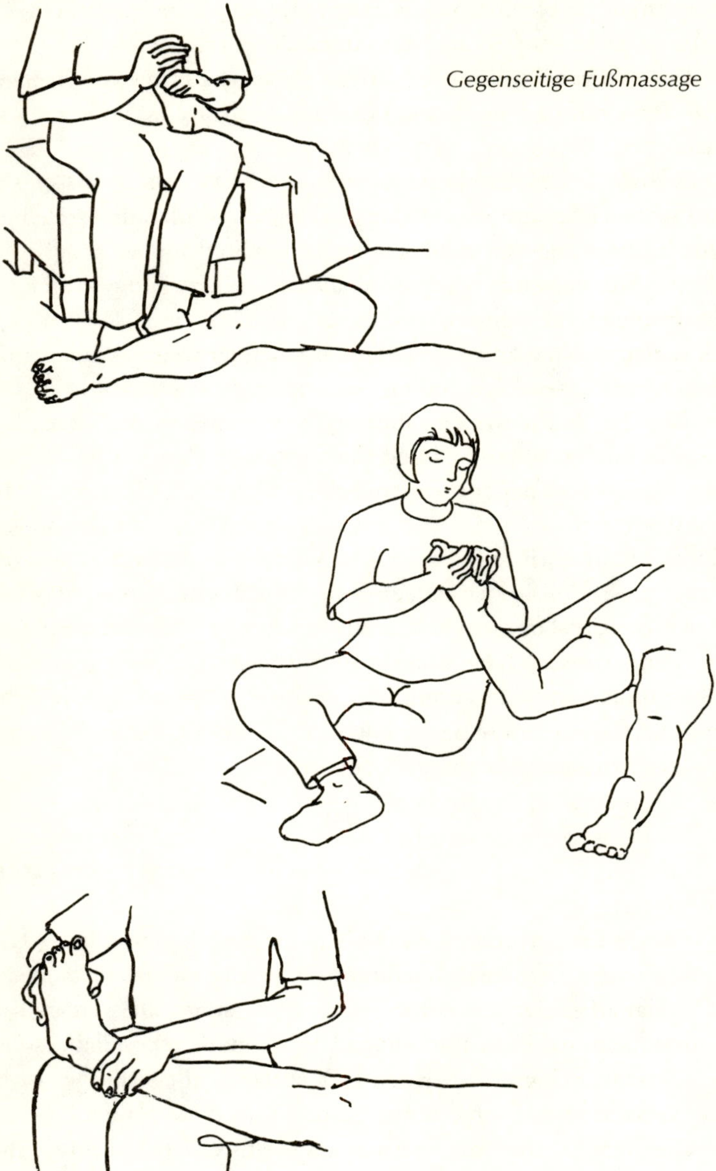

Gegenseitige Fußmassage

erst einmal nachschauen, ob ihre Füße sauber sind, und es sich dann bequem machen und den Atem ruhig werden lassen.

In der Verantwortung der aktiven Partnerin liegt es, dafür zu sorgen, dass die passive Partnerin es bequem und vor allem warm genug hat. Wenn man mehr als zehn Minuten entspannt daliegt, kühlt man leicht aus. Je nach Temperatur sollte also eine leichte Decke bereitliegen. Sobald die passive Partnerin bequem daliegt, sollten alle nötigen Bewegungen ausschließlich von der aktiven ausgehen. Wer massiert wird, sollte sich dabei so sehr wie eine Art Stoffpuppe fühlen dürfen wie irgend möglich. Die aktive Partnerin muss sich also darauf vorbereiten, ihre Position immer so zu verändern, dass der jeweilige Fuß gut erreichbar ist.

Was die Position der beiden Partnerinnen bei der Fußmassage betrifft, gibt es mehrere Möglichkeiten. Sie können mit den folgenden Alternativen experimentieren:

- Beide sitzen auf Stühlen, die im rechten Winkel zueinander stehen. Wer massiert wird, legt jeweils einen Fuß in den Schoß der Partnerin. Das gehobene Bein sollte dabei so unterstützt werden, dass das Knie nicht durchgedrückt ist, weil es sonst zu stark belastet wäre. Meist reicht dazu ein Kissen auf dem Schoß der aktiven Partnerin. Ähnlich ist die abgebildete Position, bei der beide sich auf einem Sofa befinden.
- Die passive Partnerin liegt am Boden auf dem Rücken, hat ein Bein angewinkelt und legt den Fuß auf den Oberschenkel der aktiven, die auf einem niedrigen Hocker sitzt (siehe Abbildung).
- Beide Partnerinnen befinden sich auf dem Boden. Die aktive Partnerin sitzt im Schneidersitz oder lehnt sich mit dem Rücken an die Wand und streckt die Beine aus. Die passive liegt bequem auf dem Rücken und legt jeweils einen Fuß in den Schoß der aktiven Partnerin. Wie das Ganze genau aussieht, kann variieren; es geht nur darum, dass die Position für beide bequem ist. Im Allgemeinen empfiehlt es sich, eine Position einzunehmen, die so viel Raum und Bewegungsfreiheit lässt wie möglich. Gleich beide Füße der passiven Partnerin nah am

Bauch in den eigenen Schoß zu legen fühlt sich am Anfang vielleicht ganz gemütlich an, aber dann wird es einem oft zu eng. Am meisten Raum bleibt, wenn man sich mehr oder weniger im rechten Winkel zur liegenden Partnerin hinsetzt und die beiden Füße nacheinander behandelt.

- Beide befinden sich auf dem Boden. Die passive Partnerin liegt auf einer Matte oder ein paar Decken auf dem Bauch; unter ihre Brust kommt ein weiches Kissen, damit der Hals durch den zur Seite gedrehten Kopf nicht zu stark belastet wird. Die aktive Partnerin kann sich nun einfach an die Seite der passiven setzen, deren Bein am Knie beugen und den Fuß auf jede gewünschte Höhe bringen (siehe Abbildung). Bei dieser Methode ist die aktive Person am flexibelsten; sie hat aber den Nachteil, dass es schwierig ist, den Gesichtsausdruck der passiven zu beobachten, der oft am schnellsten Rückschlüsse auf die Wirkung der Massage zulässt.
- Die passive Partnerin liegt auf dem Rücken auf einer Massageliege, die aktive sitzt auf einem Stuhl am Fußende.

Tipps für die gegenseitige Fußmassage

Grundsätzlich werden die Füße der Partnerin so massiert wie die eigenen. Gehen Sie also vor, wie auf Seite 70–73 beschrieben. Viele Menschen meinen allerdings, ihre Füße seien besonders kitzlig, weshalb es sich empfiehlt, den jeweiligen Fuß zuerst mit den Händen zu umfassen und ganz festzuhalten. Noch besser ist es, zu Anfang und Ende der Massage beide Hände mit beiden Füßen in Kontakt zu bringen. Scheuen Sie sich nicht, die Hände dabei ein oder zwei Minuten einfach da zu lassen, wo sie sind; ihre Partnerin kann sich in dieser Zeit daran gewöhnen, dass jemand ihre Füße berührt. Außerdem haben Sie Zeit, sich die drei Schlüsselbegriffe Motivation, Atmung und Körperhaltung in Erinnerung zu rufen, bevor Sie weitermachen (siehe Seite 21–28).

Immer wenn Sie zu einem neuen Handgriff übergehen, sollten Sie ruhig und behutsam, aber zugleich entschlossen Kontakt aufnehmen und, falls möglich, einen Übergang zu dem herstellen, was Sie bisher getan haben. Wie bei der Handmassage werden Sie merken, dass die Intensität des Drucks, der noch als angenehm empfunden wird, sich von Partnerin zu Partnerin stark unterscheidet. Sie müssen also darauf vorbereitet sein, Ihre Technik entsprechend der jeweiligen Rückmeldung anzupassen.

Wenn Sie sich bereits ausführlich mit den eigenen Füßen beschäftigt haben, dürfte das eine gute Grundlage sein, um auch jemand anderem die Füße zu massieren. Ansonsten lautet der beste Rat, den ich Ihnen geben kann: Üben, üben, üben. Je mehr Erfahrung Sie sammeln, desto mehr wird auch das Vertrauen in Ihre Fähigkeit wachsen, anderen Menschen in verschiedenen Situationen eine Fußmassage anzubieten, ohne sich dabei befangen zu fühlen. Üben sollte man allerdings auch, es nicht persönlich zu nehmen, wenn jemand ein solches Angebot ablehnt, und sich davon nicht abschrecken zu lassen, es ein andermal wieder zu versuchen. Irgendwann werden Sie wissen: Eine Fußmassage, wie ich sie gebe, wirkt entspannend und kann vielleicht auch auf andere Weise wohltuend sein. Dann ist ein Stadium erreicht, in dem es für Sie möglicherweise sehr interessant und nützlich ist, ein paar Bücher zu diesem Thema zu lesen und sich entsprechend weiterzubilden.

Vierte Einheit

An dem Tag, an dem unsere Vorfahren sich entschlossen, auf zwei statt auf vier Beinen umherzuspazieren, hatte der menschliche Rücken wenig Grund zur Freude. Im Gegenteil: Hier fand eine evolutionäre Entwicklung statt, die dem menschlichen Körperbau unnatürliche Strapazen zumutete, von denen sich spätere Generationen menschlicher Rücken nie ganz erholt haben. Als wir unsere Arme noch als Vorderbeine benutzten, war das Gewicht gleichmäßig aufs Rückgrat verteilt, so dass der untere Rücken wesentlich weniger beansprucht und zusammengedrückt wurde. Diese Situation wird heute durch berufliche Belastungen, aber auch durch viele Freizeitaktivitäten noch verschlimmert, wodurch verschiedene Probleme entstehen, die nicht gerade zu einer besseren Lebensqualität führen. Wie wäre es also, gleich jetzt ein wenig Zeit damit zu verbringen, einfach auf Händen und Knien herumzukrabbeln? Tun Sie Ihrem Rücken einen Gefallen; spulen Sie Ihr evolutionäres »Tonband« zurück zu Ihrer tierischen Vergangenheit.

Wenn Sie bereit sind, das entweder in Ihrer Entspannungsgruppe oder zu Hause auszuprobieren, sollten Sie darauf achten, dass ein Teppich oder eine Decke auf dem Boden liegt, sonst müssen Sie die Wohltaten für Ihren Rücken womöglich mit wunden Knien bezahlen. Spüren Sie, wie natürlich und angenehm es ist, sich so umherzubewegen – die Schwerkraft ist gleichmäßiger verteilt, Zug und Druck auf verschiedene bewegliche Teile sind vermindert. Außerdem können wir in dieser Position auch engeren Kontakt mit der Erde aufnehmen. Unsere Hoffnungen und Ängste, unsere Gedanken und Träume sind oft sehr weit vom Erdboden entfernt und damit auch von der Basis und Realität unseres Zustands.

Viele unserer Rückenprobleme würden sich merklich bessern,

wenn wir mehr Zeit auf dem Boden verbrächten – nicht indem wir dort einfach sitzen oder liegen, sondern indem wir uns umherbewegen, uns strecken, Bewegungsmöglichkeiten erkunden. Fühlt der Rücken sich müde oder schmerzend an, weil wir beim Lesen, bei der Arbeit oder sozialen Aktivitäten stehen oder auf Stühlen oder Sesseln sitzen, kann man sich immer überlegen, ob man die betreffende Aktivität nicht besser auf den Boden verlagern sollte, wo man mehr Körperhaltungen zur Auswahl hat. Vom Boden aufzustehen und sich auf ihm niederzulassen unterstützt die allgemeine Koordinationsfähigkeit und die Beweglichkeit, vor allem in den Beinen. Natürlich ist so etwas in vielen Situationen fehl am Platze – aus gesellschaftlichen Gründen oder weil der Boden zu hart, zu kalt oder zu schmutzig ist. Aber wenn Sie es als angenehm empfinden, gibt es keinen Grund, warum Sie bestimmte Bereiche Ihrer Wohnung nicht für den Aufenthalt am Boden herrichten sollten. Selbst Menschen mit gesundem Rücken finden es oft angenehm, jeden Tag ein wenig Zeit auf dem Boden zu verbringen, allein oder mit Freunden.

Für Beschwerden im unteren Rücken und in den Hüften ist häufig unser kühles Klima verantwortlich. Besonders in der Übergangszeit ist es daher wichtig, sich warm zu halten. Vermeiden Sie Zug, vor allem beim Schlafen. Tragen Sie einen langen Pullover oder einen Nierenwärmer, wickeln Sie sich einen Schal um die Hüften oder sorgen Sie auf andere Weise dafür, dass der untere Rücken immer schön warm bleibt.

Atmen und Spüren ✧

Inzwischen dürften Sie mit den Atem- und Spürübungen aus der ersten und zweiten Einheit vertraut sein und feststellen, dass sie Ihnen allmählich leichter fallen und mit zunehmender Praxis wirksamer werden. Beginnen Sie die vierte Einheit also mit den Übungen auf Seite 62–66 und lassen Sie sich so viel Zeit wie nötig, um einen entspannten, wachen und angenehmen Zustand zu erreichen. Wie in der zweiten Einheit erwähnt, spüren manche Menschen, dass ihnen ein wirres, unklares und unausgeglichenes Gefühl in den

Kopf steigt, wenn sie die Wahrnehmung von unten her durch den Körper wandern lassen. Das kann an einem Ungleichgewicht des Luftelements liegen und ist im Allgemeinen vermeidbar, wenn man in der anderen Richtung, also von oben nach unten, vorgeht.

Gruppenarbeit

Die folgende, von Akong Rinpoche entwickelte Übung hilft uns dabei, unsere Ängste vor dem zu überwinden, was unbekannt und ungesehen hinter unserem Rücken lauert. Außerdem können wir lernen, mehr Zutrauen und Selbstvertrauen zu haben. Am wirksamsten ist sie, wenn sie im Stehen ausgeführt wird. Ist einer der Partner wesentlich größer oder kleiner als der andere oder hat einer von beiden irgendwelche Probleme in den Knien oder im unteren Rücken, ist auch eine vereinfachte Version im Sitzen möglich. Die Übung folgt keinem festen Schema, sondern besteht aus einem spontanen Austausch von Bewegungen.

Das Ganze kann viel Spaß machen und ist, ähnlich wie die Freundlichkeitsübung, besonders gut für die Gruppenarbeit geeignet. Je nachdem, wieviel Zeit zur Verfügung steht, ist in der Gruppe zu empfehlen, die Übung nacheinander mit bis zu drei Partnern durchzuführen. Man kann dabei erkennen, wie unterschiedlich sich verschiedene Menschen bei einer solchen Aktivität fühlen und bewegen. Dadurch lernt man, diese Unterschiede zu beurteilen und zu akzeptieren, sowohl innerhalb der Gruppe wie darüber hinaus. Bei der Massage zum Beispiel kann man viel besser auf die Bedürfnisse des Partners eingehen, wenn man mit dem Energiefluss und den interaktiven Eigenheiten anderer Menschen vertraut ist. Außerdem kann die Übung, wie Akong Rinpoche gern sagt, auch dabei helfen, die Angst vor dem zu überwinden, was hinter dem eigenen Rücken wohl so alles vor sich geht. Wie bei allen Übungen gilt jedoch: Wer sich unwohl bei der Vorstellung fühlt, so etwas auszuprobieren, sollte einfach darauf verzichten.

Rücken an Rücken ✦

Stehen (oder sitzen) Sie Rücken an Rücken und nehmen Sie zunächst einfach wahr, wie sich dieser Kontakt mit dem Partner anfühlt. Prüfen Sie wieder Ihre Motivation und versichern Sie sich des Wunsches und der Absicht, dem Partner gut zu tun und dabei selbst zu lernen und zu genießen. Achten Sie darauf, frei zu atmen. Wenn Sie beide bereit sind, können Sie damit beginnen, sich zu bewegen. Versuchen Sie, dabei ein Gleichgewicht aufrechtzuerhalten, so dass beide Partner Bewegungen einleiten und darauf reagieren, ohne den anderen zu dominieren. Wer eine Bewegung initiiert, muss darauf achten, dass beim Partner dadurch keine Schmerzen entstehen. Wenn Sie Ihre Wahrnehmung frei fließen lassen, werden Sie an entstehenden Spannungen spüren können, wenn der andere mit dem, was Sie tun, nicht zurechtkommt.

Versuchen Sie, nur durch Bewegungen und Empfindungen miteinander zu kommunizieren, ohne Worte und Mienenspiel. Sie können sich anlehnen und wiegen, sich winden und drehen und den Bewegungsradius dabei allmählich ausdehnen. Die einzigen »Regeln« sind Sensibilität und Achtung vor dem Partner. Teilen Sie ihm deshalb auch mit, wenn er Ihnen irgendwie wehtut. Sie lernen schließlich gerade, sich zu entspannen, und nicht, zum Märtyrer zu werden. Manche Menschen haken bei dieser Übung automatisch die Arme ineinander. Das kann zu Belastungen führen und die Bewegungsfreiheit einschränken, aber wenn beide Partner es mögen, ist es in Ordnung.

Selbsthilfe für den Rücken ✧

Da selbst die wohligste Ausführung der Übung »Rücken an Rücken« ein paar Teile des Rückens in Anspruch genommen haben dürfte, die Sie eine Zeit lang nicht benutzt haben, wollen wir hier dem Rücken selbst ein paar mitfühlende Gedanken widmen. Wenn schon Hals und Nacken unter den Belastungen und Strapazen des modernen Lebens leiden, so ist der Bereich von den Schultern bis zur Hüfte anfällig für ein noch breiteres Spektrum an Beschwerden. Sollten also während einer der folgenden Übungen ernsthafte Verkrampfungen oder regelrechte Schmerzen auftreten, kommt es darauf an, nichts zu erzwingen. Gehen Sie dann entweder zur nächsten Übung ohne Warnsymbol über oder machen Sie einen Tag Pause, um festzustellen, wie Sie sich dann fühlen.

Bei hartnäckigen Rückenbeschwerden sollte natürlich immer fachkundiger Rat eingeholt werden, aber viele der bei einer neuen oder ungewohnten Übung auftretenden Schmerzen gehören zum Übungs- und Lernprozess. Achten Sie daher auf jeden Protest oder Widerstand des Körpers gegen die Übungen und machen Sie geduldig weiter. Seien Sie so freundlich sich selbst gegenüber, wie Sie es gegenüber anderen wären. Liegen keine alten Rückenverletzungen oder chronischen Schwachpunkte vor, dürften die folgenden Übungen an und für sich in keiner Weise Schaden anrichten.

✦ *Aus der Hüfte schwingen und den Oberkörper nach vorn hängen lassen*

Stellen Sie sich aufrecht hin. Die Knie sind leicht gebeugt, die Füße in Schulterbreite. Sorgen Sie dafür, dass Sie genug Platz haben, um die Arme seitlich schwingen zu lassen. Lassen Sie die Arme nun wie dicke Seile von den Schultern herabhängen und beginnen Sie, den Oberkörper leicht und rhythmisch von einer Seite zur anderen zu drehen. Diese Drehung soll um eine stabile aufrechte Achse erfolgen. Während Sie sich aus der Hüfte nach links drehen, folgen die lose herabhängenden Arme der Bewegung. Ist die Grenze der Drehung nach links erreicht, geht es zurück nach rechts. So entsteht eine flüssige Wechselbewegung, bei der die Arme locker mitschwingen.

Stellen Sie sich nun mit leicht gebeugten Knien hin, achten Sie auf einen festen Stand und lassen Sie den an der Hüfte abgeknickten Oberkörper nach vorn hängen. Die Arme können entweder locker herabhängen oder verschränkt werden, wenn sich das angenehmer anfühlt. Bewegen Sie den lose hängenden Oberkörper nun leicht nach rechts und links, nach oben und unten. Strengen Sie

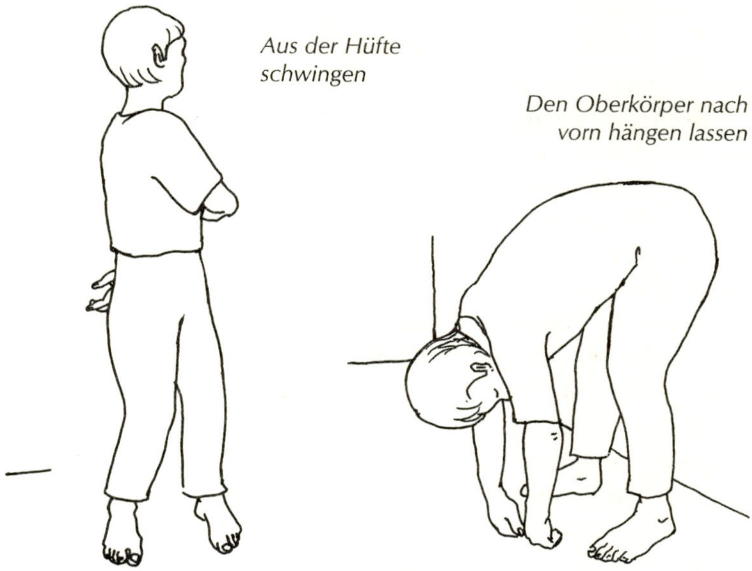

sich dabei nur minimal an und bleiben Sie so locker und entspannt wie möglich. Wenn es sich gut anfühlt, kann die Seitwärtsbewegung zu einem weit ausholenden Pendeln werden, soll dabei aber immer locker bleiben.

Wenn Sie spüren, dass Sie genug gependelt haben oder dass die Bewegung sich nicht gut anfühlt, lassen Sie den Oberkörper einfach eine Zeit lang von der Hüfte aus nach vorn hängen. Noch entspannender ist es, wenn Sie sich dabei mit dem Gesäß an die Wand lehnen. Die Fersen bleiben ein Stück weit von der Wand entfernt. Lassen Sie sich nun einfach mit gefalteten oder losen Armen nach vorn hängen. Halten Sie die Arme entweder ruhig oder lassen Sie sie sanft hin- und herschaukeln. Diese wunderbar entspannende Haltung kann man fast immer und überall für ein paar Minuten einnehmen. Praktiziert man sie regelmäßig, verlängern sich allmählich die Kniesehnen, wodurch die Spannung im unteren Rücken abnimmt. Besonders wohltuend ist diese Haltung, wenn man stundenlang am Schreibtisch oder am Computer gesessen hat.

Knie zur Brust

Die nächsten beiden Übungen, »Knie zur Brust« und »Beckenheben«, klingen sehr gymnastisch, sind aber nichts dergleichen. Gerade Menschen mit Problemen im unteren Rücken werden sie als besonders wohltuend empfinden, weil es sich um ganz sanfte Bewegungen handelt. Nützlich sind sie auch, wenn man mit steifem Rücken aufwacht. Folgen Sie, solange keine heftigen oder plötzlichen Schmerzen auftreten, einfach den Anweisungen.

Breiten Sie eine Matte oder eine zusammengefaltete Decke auf dem Boden aus und legen Sie sich auf den Rücken. Der Nacken ist leicht gedehnt, das Kinn zur Brust geneigt. Vielleicht brauchen Sie ein kleines Kissen unter dem Kopf oder ein zusammengerolltes Handtuch unter dem Nacken, damit der Kopf ohne Anstrengung in dieser Position bleibt. Ziehen Sie die Beine an, bis die Füße in einem angenehmen, ein Gefühl des Gleichgewichts vermittelnden Winkel aufgestellt sind. Heben Sie nun das rechte Knie und lassen Sie es ganz langsam in Richtung Brust wandern. Legen Sie dann behutsam die Arme darum und bringen Sie es dadurch noch ein wenig näher an die Brust. Versuchen Sie dabei, Kopf, Hals und Schultern so locker und entspannt zu lassen wie möglich. Spüren Sie, was in der Lendengegend geschieht, und nehmen Sie die Dehnung wahr, die dort stattfindet. Lassen Sie den Vorgang dann rückwärts ablaufen, bis der gehobene Fuß wieder auf dem Boden steht, und spüren Sie, wie der Körper loslässt.

Ruhen Sie sich einen Augenblick in der Ausgangsposition aus und wiederholen Sie die Bewegung dann, diesmal aber noch langsamer. Ziehen Sie das Knie ein ganz klein wenig näher zur Brust als beim ersten Mal und lassen Sie es wieder nach unten sinken. Tun Sie das noch ein oder zwei Mal und bringen Sie das Knie jedes Mal ganz ohne Anstrengung ein wenig näher zur Brust. Wenn irgendwo ein Gefühl der Steifheit auftritt, kann es helfen, dort »hineinzuatmen«: Beim Einatmen durchflutet der Atem den Problembereich, beim Ausatmen nimmt er Spannung und Schmerzen mit sich fort.

Versuchen Sie dieselbe Bewegung nun mit dem linken Knie. Gehen Sie jedes Mal ganz sanft und behutsam vor und lassen Sie das Bein nach jeder Dehnung zur Ruhe kommen. Wer häufig mit steifem Rücken aufwacht, wird merken, wie wohltuend es ist, vor dem Aufstehen ein paar Mal so die Knie zur Brust zu ziehen. Die Übung ist eine sehr entspannende Methode, um sanft den Tag zu beginnen.

Beckenheben

Das Beckenheben hat eine ähnliche Wirkung wie die vorangehende Übung: Es entspannt und stärkt die Muskeln in Unterbauch und Rücken. Legen Sie sich wieder mit dem Rücken auf eine Matte und stellen Sie die Füße auf. Die Arme liegen jetzt aber lang neben dem Körper, die Handflächen sind zum Boden gewandt. Schieben Sie nun ganz langsam das Steißbein nach unten und heben Sie es vom Boden ab. Heben Sie das Becken so hoch wie möglich, solange sich das angenehm und mühelos anfühlt. Nehmen Sie dabei wahr, wie jeder Wirbel sich abhebt und dann, während das Becken langsam in die Ausgangsposition absinkt, wieder den Boden berührt. Ruhen Sie sich anschließend eine gute halbe Minute entspannt aus. Wiederholen Sie die Bewegung dann, so oft Sie wollen, aber erzwingen Sie nichts und machen Sie nicht zu schnell.

Der Schaukelstuhl ✦

Diese Übung kann sehr erfrischend wirken, muss jedoch mit etwas Vorsicht angegangen werden. Erst einmal brauchen Sie mehr als nur eine Matte auf dem Boden. Empfehlenswert ist eine gefaltete Decke oder ein dicker Teppich, da das Schaukeln auf einem harten Untergrund den Wirbeln überhaupt nicht gut tut. Während der Übung muss man daher darauf achten, nicht von der weichen Unterlage auf den harten Boden zu geraten.

Setzen Sie sich mit locker gekreuzten Beinen auf den Boden und fassen Sie die Zehen des linken Fußes mit der rechten Hand, die des rechten Fußes mit der linken Hand. Senken Sie das Kinn auf die Brust und lassen Sie den Körper so weit vorwärts und rückwärts schaukeln, wie es sich gut anfühlt. Gehen Sie bei der Rückwärts-

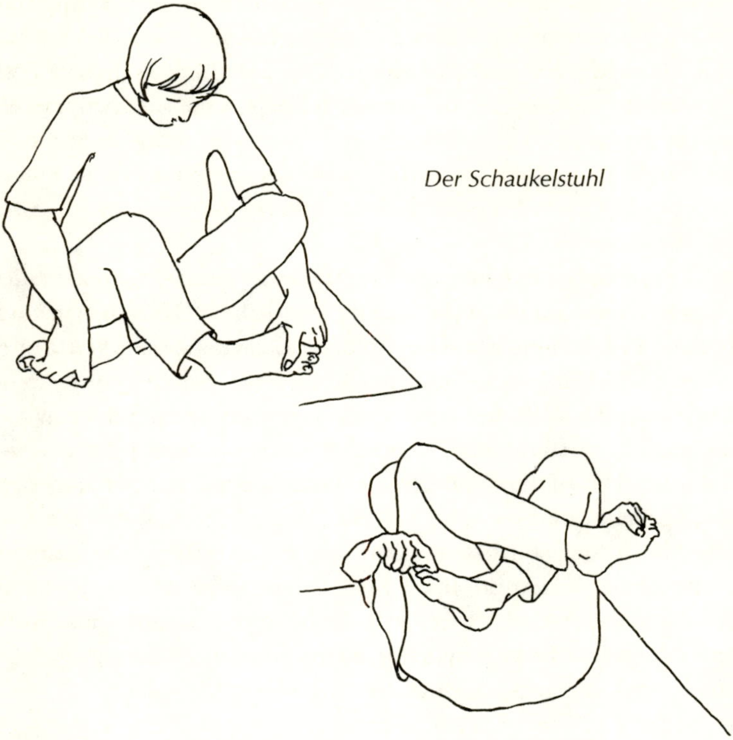

Der Schaukelstuhl

bewegung so weit, dass der Körper ins Gleichgewicht kommt; an diesem Punkt ergibt es sich ganz natürlich, wieder nach vorn zu schaukeln. Beim Vorwärtsschaukeln bewegt der Kopf sich auf den Boden zu, bevor der Körper wieder sanft in die Gegenbewegung gebracht wird. Machen Sie weiter, solange Sie sich gut dabei fühlen oder, wie schon gesagt, erfrischt. Unternehmungslustige Naturen mit einem kräftigen Hals und starken Schultern können sogar so weit gehen, dass die Füße beim Rückwärtsschaukeln hinter dem Kopf bis zum Boden kommen. Die meisten Menschen finden es aber schon aufregend genug, vom Steißbein bis zu den Schultern zu schaukeln.

Spüren Sie, wie der Kreislauf und die Rückenmarksnerven angeregt werden, während Sie in dieser bequemen Position vor und zurück schaukeln. Die Übung ist ideal, um sich nach einer langen Periode der Untätigkeit zu entspannen. Man könnte sie auch als Selbstmassage des Rückens bezeichnen. Wie bei allen derartigen Aktivitäten wird der Körper Ihnen genau mitteilen, was gut für Sie ist und was nicht. Versuchen Sie die Übung also zum Beispiel nicht nach einer schweren Mahlzeit! Wenn die Bauchmuskeln zu schwach sind und die Bewegung gar nicht richtig in Gang kommt, können Sie diese, falls die Schwäche keine pathologischen Ursachen hat, nach und nach durch so genannte Sit-ups kräftigen: Legen Sie sich dazu auf den Rücken, verschränken Sie die Hände unter dem Hinterkopf und heben Sie langsam den Oberkörper.

Drehung im Liegen ✦

Auch bei dieser Übung muss man aufhören, wenn ein heftiger oder plötzlicher Schmerz auftritt. Ansonsten ist sie gut geeignet, Steifheit zu beseitigen, und kann sehr entspannend wirken.

Legen Sie sich auf den Rücken. Die Arme liegen auf Schulterhöhe im rechten Winkel zum Rumpf lang auf dem Boden; die Beine liegen nebeneinander. Ziehen Sie nun zuerst das rechte Bein

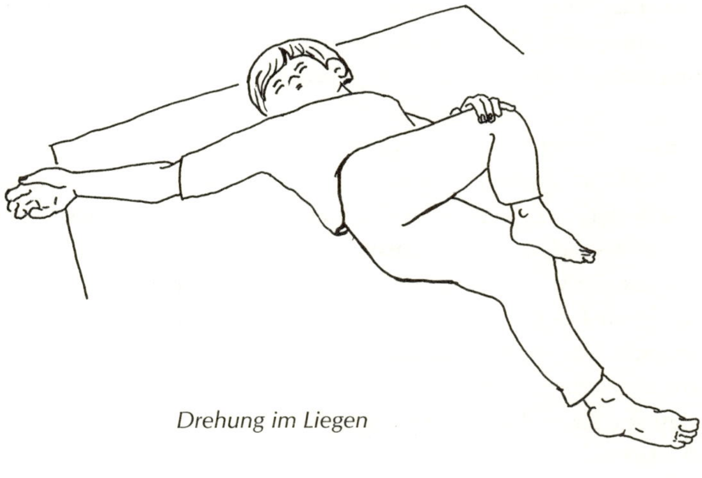

Drehung im Liegen

an und stellen Sie den rechten Fuß auf das linke Knie. Lassen Sie den rechten Arm ausgestreckt liegen, während Sie mit der linken Hand das rechte Knie fassen und langsam versuchen, das Knie nach links zum Boden hin zu bewegen. Dabei dreht sich das Rückgrat, um die Bewegung zu unterstützen.

Versuchen Sie, die rechte Schulter am Boden zu lassen und Hals und beide Schultern zu entspannen. Zerren Sie nicht am rechten Knie; benutzen Sie vielmehr das Gewicht des linken Arms, um das Knie sanft zum Boden hinab zu locken. Spüren Sie, wie das Rückgrat dadurch auf ganzer Länge in eine Drehung kommt. Wenn es sich irgendwo steif und unnachgiebig anfühlt, atmen Sie in diese Stelle hinein. Während Sie spüren, wie der Atem in den Problembereich hineinströmt, können Sie vielleicht ein wenig mehr loslassen.

Geben Sie sich dieser Position zwei oder drei Minuten lang entspannt hin, kehren Sie dann zur Ausgangsposition zurück (Beine und Arme sind ausgestreckt) und spüren Sie die Stabilität und die nicht mehr vorhandene Drehung im Rückgrat. Wiederholen Sie das Ganze mit dem linken Fuß auf dem rechten Knie; nun zieht der rechte Arm das linke Knie in Richtung Boden. Arbeiten Sie auch hier wieder mit dem Atem; lassen Sie ihn im Körper wirken und lassen Sie allmählich immer mehr los. Egal ob Sie allein oder in einer Gruppe üben, es sollte auf keinen Fall ein Gefühl von Anstrengung oder Ehrgeiz aufkommen. Es geht darum, mehr Bewegungsfreiheit und Energie im Rückgrat zu entdecken, das ist alles.

In einer Gruppe kann es sinnvoll sein, mit einem Partner zu üben. Während Partner A sein rechtes Knie mit dem linken Arm auf den Boden zu bewegt, kann Partner B einen sanften, aber festen Druck auf As rechte Schulter ausüben, um sie am Boden zu halten. Das erhöht die Wirksamkeit der Dehnung. Partner B kann Partner A auch beim Loslassen helfen, indem er mit der Handfläche über den am stärksten beanspruchten Bereich am Kreuz reibt, um dort Wärme zu erzeugen. B muss allerdings darauf achten, die Dehnung nicht zu forcieren. Die Bewegung sollte völlig unter der Kontrolle von A bleiben.

Auch wenn man allein übt, kann man die Wirkung der Dehnung erhöhen. Man schiebt die rechte Schulter einfach unter ein schweres Möbelstück (zum Beispiel ein niedriges Bett, eine Kommode oder ein Sofa), während man das rechte Knie behutsam in Richtung Boden bewegt. Das linke Bein soll dabei so gerade wie möglich bleiben, ohne zu sehr angespannt zu sein.

Wie bei vielen Übungen in diesem Buch gilt, dass erst nach vielen Wiederholungen spürbar wird, wie positiv diese Dehnung und Drehung wirkt.

Beinstreckung an der Wand ✦

Die Übung ist nicht ganz so anstrengend, wie sie klingt, aber sehr wirksam, um einen sanften Zug auf das Rückgrat auszuüben. Sie sollte behutsam und sanft durchgeführt werden. Tritt irgendwo ein heftiger Schmerz auf, sollte man sie sofort abbrechen. Auch wenn durch eine Operation oder aus anderen Gründen irgendwelche Wirbel, die sich normalerweise frei bewegen, blockiert sind, sollte man die Übung auslassen oder zumindest den Rat eines Osteopathen, Chiropraktikers oder Orthopäden einholen.

Legen Sie sich mit dem Rücken auf den Teppich oder auf eine Decke und bringen Sie das Becken an eine Wand, an der auf einer Breite von etwa eineinhalb Metern nichts hängt. Lassen Sie die

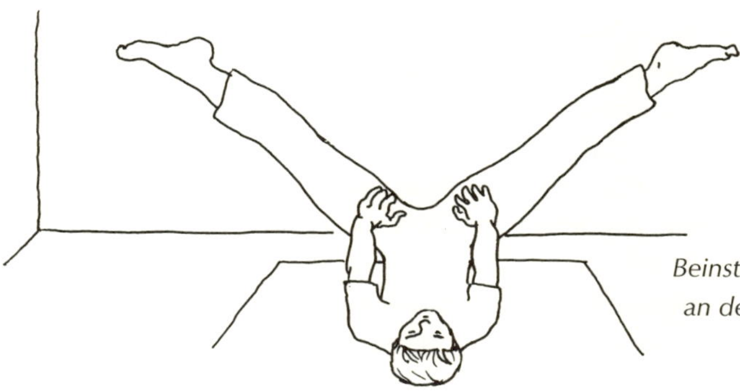

Beinstreckung an der Wand

nach oben ausgestreckten Beine nun v-förmig gerade so weit auseinander fallen, wie das auf natürliche Weise und ohne Anstrengung geschieht. Ist diese Dehnung am Anfang schmerzhaft für die Innenseite der Oberschenkel, können die Beine nach oben ausgestreckt bleiben. Je weiter sich die Beine aber auseinanderdehnen, desto stärker ist die Streckung und Lockerung der verkürzten Oberschenkelmuskeln und die Lockerung des Beckens.

Legen Sie die Hände möglichst nah am Rumpf an die Oberschenkel. Strecken Sie dann allmählich die Arme, bis Sie die Dehnung im Rückgrat spüren. Versuchen Sie, den Körper gut zu entspannen und atmen Sie tief und ganz langsam fünf bis sechs Mal ein und aus. Drücken Sie dann beim Ausatmen mit den Armen ein wenig stärker. Wenn der untere Rücken ganz locker bleibt, werden Sie spüren, wie die Dehnung das ganze Rückgrat erfasst. Besonders stark ist sie im unteren Teil, der oft sehr angespannt ist. Wenn Sie bereit sind, diese Streckung regelmäßig über mehrere Monate hinweg zu üben, wird sich eine größere Flexibilität im Lendenbereich und in den Beinen einstellen. Wahrscheinlich fällt Ihnen dann auch der Schneidersitz leichter.

Der Frosch

Der »Frosch« ist eine einfache, aber sehr wertvolle Übung, die mit ein wenig Praxis ebenso zum täglichen Bewegungsrepertoire werden kann wie das Sitzen auf einem Stuhl. Ist man sich allerdings noch nicht bewusst geworden, welche Bereiche des Körpers besonders angespannt sind, wird man möglicherweise gerade bei dieser Übung darauf aufmerksam gemacht. Am Anfang ist es daher sinnvoll, mehrere Kissen unterzulegen, um gezielt auf solche Schwachpunkte einzugehen.

Knien Sie sich auf eine gefaltete Decke, den Teppich oder eine Matte. Treten Schmerzen an den Knöcheln auf, weil die kontrahierten Muskeln sich dagegen wehren, so gedehnt zu werden, kann man ein zusammengerolltes Handtuch unter die Knöchel legen. Bringen Sie nun die Knie so weit wie möglich auseinander, ohne zu übertreiben. Die großen Zehen bleiben zusammen. Setzen Sie sich auf

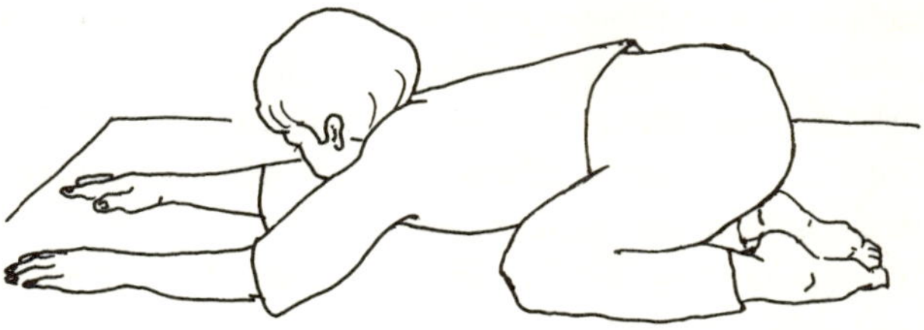

Der Frosch

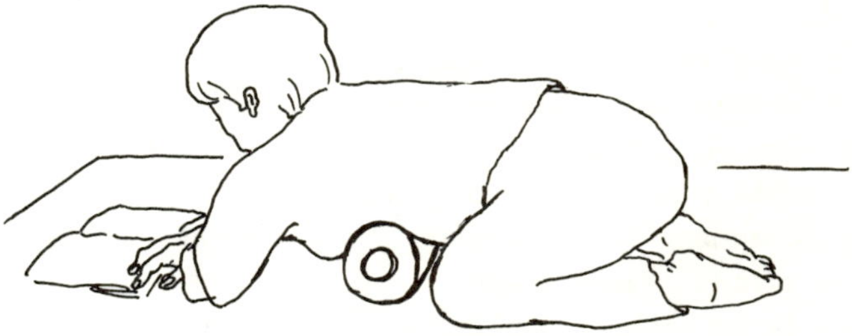

die Fersen zurück und machen Sie eine Pause. Achten Sie darauf, dass der Körper aufrecht und im Gleichgewicht ist. Dies ist eine sehr intensive Sitzhaltung. Wenn sie sich angenehm anfühlt, können Sie die Handflächen auf den Oberschenkeln ruhen lassen und einfach eine Zeit lang sitzen bleiben.

Heben Sie dann die Arme über den Kopf und dehnen Sie sie zur Decke, bevor Sie sich langsam von der Hüfte aus vorbeugen. Das Becken bleibt dabei im Kontakt mit den Fersen. Stellen Sie sich vor, dass der Bauch bald flach auf dem Boden liegen wird. Natürlich wird es nicht so weit kommen, aber die Vorstellung kann Ihnen helfen, die richtige Streckung zu erreichen. Wenn die Hände und Arme am Boden liegen, dehnen Sie sie dort so weit wie möglich von sich weg.

Halten Sie die Armdehnung ein paar Momente, lassen Sie dann los und kreuzen Sie die Arme unter der Stirn, für die sie nun ein Kissen bilden. Ruhen Sie sich in dieser Position aus. Der Oberkörper liegt locker und entspannt auf den Oberschenkeln. Treten starke Spannungen auf, können Sie ein oder zwei Kissen unter die Brust legen, um mit der Streckung fortzufahren. Spüren Sie, wie die Dehnung des unteren Rückgrats die gewöhnlich zusammengedrückten Wirbel entlastet. Atmen Sie in schmerzende Zonen hinein und lassen Sie allmählich immer mehr los.

Besonders wohltuend ist der »Frosch«, wenn man bei der Arbeit viel sitzen oder stehen muss, was im Kreuzbereich oft Schmerzen und ein wundes Gefühl verursacht. Ruhen Sie sich nach der Rückkehr von der Arbeit deshalb in dieser Position ein wenig aus, bevor Sie etwas anderes unternehmen. Die Innenseite der Oberschenkel und die Knöchel werden am Anfang möglicherweise etwas protestieren, aber ein wenig sanfte Dehnung schadet ihnen nichts, und bald werden Sie auch dort spüren, dass die Froschhaltung zu mehr Beweglichkeit und Fitness beiträgt, besonders wenn Sie sie regelmäßig einnehmen. Fühlt die entspannte Endhaltung sich bequem an, kann man in ihr sogar lesen.

Noch besser wirkt die Übung, wenn man sich dabei ein wenig massiert. Bringen Sie dazu eine Hand auf den Rücken und bearbeiten Sie verhärtete Zonen mit der Handfläche. Wenn das nicht geht, kann vielleicht jemand anders Ihnen helfen. Eine andere Möglichkeit ist, im »Frosch« eine Wärmflasche oder ein Heizkissen auf die Problembereiche im Rücken zu legen. Verbringen Sie jedenfalls möglichst viel Zeit mit entlastetem Rücken und achten Sie immer darauf, ihn warm zu halten. In den zwanzig Jahren, in denen ich mich mit Massage und Entspannung beschäftige, habe ich oft erlebt, wie Menschen mit chronischen Schmerzen im unteren Rücken durch den »Frosch« als wichtigstes Heilmittel gelernt haben, besser damit umzugehen. Zudem ist er eine Körperhaltung, die sehr beruhigend und tröstend wirkt.

✦ *Schulterstand*

Der aus dem Hatha-Yoga stammende Schulterstand kann eine außerordentlich positive Wirkung auf den oberen Rücken und die Schultern haben. Will man die Beine vollständig in die Luft strecken, empfiehlt es sich allerdings, vorher jemanden mit entsprechender Yoga-Erfahrung um Rat zu fragen. Meiner Ansicht nach ist eine modifizierte Version jedoch genauso gut geeignet, um die Spannungen im oberen Rücken zu lindern.

Bei dieser vereinfachten Ausführung liegen Sie auf dem Rücken und ziehen die Knie an. Strecken Sie die Beine dann langsam über den Kopf und stützen Sie den Rücken dabei mit beiden Händen ab, während er sich in einem Winkel von etwa 45 Grad von der Matte hebt. Bringen Sie die Ellbogen auf der Matte so nah wie möglich zusammen. Indem Sie die Position der Beine verändern – sie strecken, beugen, heben, dehnen –, können Sie die Intensität und den Wirkungsbereich des Drucks auf die Schultern und den oberen Rücken variieren und dort viel Spannung abbauen. Wie beim »Schaukelstuhl« muss das unbedingt auf einer gut gepolsterten Unterlage geschehen (mindestens eine einfach gefaltete Decke), auf der beide Ellbogen Platz finden. Alle Bewegungen müssen ganz langsam und kontrolliert sein, um eine versehentliche Zerrung der Muskeln zu vermeiden. Gehen Sie also, wenn Sie nicht sehr gelenkig sind, langsam an die Sache heran. Versuchen Sie, immer frei und gleichmäßig zu atmen. Wenn Sie feststellen, dass Ihnen diese Übung gut tut, können Sie sich bei einem Menschen mit viel Yoga-Erfahrung erkundigen, wie der volle Schulterstand ausgeführt wird.

Zwei einfache Entspannungstechniken

Die beiden folgenden Methoden gegen Stress und Spannungen im Oberkörper können jederzeit und mehr oder weniger überall zum Einsatz kommen. Ein Beispiel: Sie haben den ganzen Tag gebeugt vor dem Computer oder einer anderen Maschine gesessen, oder Sie haben vor einer Besprechung oder einem Seminar ein paar Minuten Zeit. Sie fühlen sich müde, steif, gelangweilt, gestresst oder haben einfach alles satt. Wie auch immer – verbringen Sie diese paar Minuten einfach damit, die Arme vor der Brust zu verschränken und kreisen zu lassen, nach oben und unten, nach rechts und links, genau wie bei den Aufwärmübungen auf Seite 39–45.

Die andere Möglichkeit wäre, sich mit dem Rücken an ein schweres Möbelstück, den Türrahmen oder eine andere stabile vertikale Oberfläche zu lehnen und all die Körperteile, die sonst unerreichbar sind, daran zu drücken und zu reiben. Natürlich ist das nicht so gut wie eine Massage, kann angespannte, steife Schultern aber trotzdem ganz gut lockern.

✦ *Gegenseitige Massage des Oberkörpers*

Bei der folgenden Massage geht es um Hände, Arme, Schultern und den Rücken. Es ist eine gemeinsame Aktivität, die keinerlei besondere Umstände erfordert und die man problemlos Freunden, Kolleginnen und Familienmitgliedern vorschlagen kann – bei der Arbeit, zu Hause, ja überall, wo sich ein entsprechendes Bedürfnis meldet. Gebraucht werden nur ein Stuhl und jemand, der sich massieren lässt, sonst nichts.

Herauszufinden, ob jemand an körperlichen Spannungen leidet, ist ziemlich einfach. Oft ist eine gebeugte oder steife Haltung ein Hinweis auf Spannungen im Nacken und in den Schultern, die prompt auf eine sanfte, liebevolle Massage reagieren. Wenn man erst einmal weiß, wie leicht es ist, solche Spannungen zu lindern, kann es sogar ziemlich bedrückend sein, im selben Zimmer mit jemandem zu sitzen, der darunter leidet, ohne dass eine Situation gegeben wäre, in der man seine Hilfe anbieten könnte. Sobald man etwas Mitgefühl für andere entwickelt hat, fällt es leichter, die Natur des Problems zu bestimmen und zu wissen, was man am besten dagegen tun kann. Dann ist es nur ein kurzer Schritt, auf eine Weise Hilfe anzubieten, die weder bedrohlich wirkt noch arrogant, peinlich oder unangebracht. Über die Jahre hinweg habe ich festgestellt, dass nur sehr wenige Menschen es übel nehmen, wenn man ihnen eine Schultermassage anbietet, sofern dieses Angebot behutsam vorgebracht wird. Dazu die folgende Anekdote aus einem Entspannungskurs, den ich vor ein paar Jahren in Washington geleitet habe.

An einem der Abende sprach ich darüber, dass wir bereit sein sollten, unseren Mitmenschen anzubieten, sie zu massieren, wenn sie das gerade brauchen. Einer der Kursteilnehmer war ein Kampfsportfan, der zum Kurs in seinem Karateanzug erschien. Er war groß und stämmig und wirkte auf mich so bedrohlich wie ein noch nicht ganz ausgewachsener Bernhardiner. Am nächsten Übungsabend erschien er etwas früher, um mir zu erzählen, er habe beim letzten Mal wirklich eine Menge gelernt. Besonders beeindruckt hatte ihn die Idee, im Einklang mit der Motivation, anderen zu helfen, in jeder Situation bereit zu sein, eine Massage zu geben.

Ein paar Tage vorher war er offenbar in eine Kneipe geraten, in der ein Betrunkener versuchte, sämtliche Gäste zu einer Schlägerei zu provozieren. Unser Kampfsportmeister trat zu ihm und erklärte ihm, statt sich zu prügeln sollte er lieber lernen, sich ein wenig zu entspannen. Und dann – inmitten dieser ziemlich üblen Kneipe – massierte er dem Mann die Schultern. Die Aggression des Mannes platzte wie ein Luftballon. Tränen traten ihm in die Augen, und innerhalb weniger Minuten hatte er sich beruhigt.

Ein derart couragiertes Vorgehen hatte ich zwar nicht im Sinn gehabt, doch ist tatsächlich alles möglich, wenn sich die richtige Motivation mit dem nötigen Selbstvertrauen verbindet. Sobald man mehr Vertrauen zu sich selbst und der Fähigkeit bekommen hat, anderen Menschen mit den eigenen Händen zu helfen, stellt man erstaunt fest, wie oft eine gewohnheitsmäßige gesellschaftliche Distanz sich auflösen kann, als habe sie nie existiert.

In vielen Situationen, besonders im Kontakt mit Menschen, die alt sind, gerade erst von einer Krankheit genesen, deprimiert oder frustriert von ihrer Lebenssituation, können sich aus einer solchen Haltung heraus wunderbare Massagen ergeben, weil man spontan und ungezwungen einfach tut, was nötig ist.

Trotz alledem gibt es viele Situationen, in denen Hilfe nicht erwünscht ist, so gut gemeint sie auch sein mag. Wir müssen lernen, sensibel zu reagieren und darauf zu verzichten, Menschen, die lieber allein gelassen werden wollen, mit unserem Enthusiasmus zu überfahren. Lernen müssen wir auch, es dem anderen leicht zu machen, unser Angebot abzulehnen. Geben Sie nie jemandem das Gefühl, er müsse unsere Zuwendung annehmen, obwohl er das eigentlich gar nicht will.

Die Arme

Der passive Partner setzt sich auf einen Hocker oder seitlich auf einen Stuhl, während Sie als aktiver Partner sich die Hände durch die Übung wärmen, die Sie passend finden.

Stellen Sie sich zuerst auf die rechte Seite Ihres Partners, fassen Sie mit der linken Hand seine rechte Hand und heben Sie seinen Arm. Unterstützen Sie den Arm dann behutsam, indem Sie ihn mit der rechten Hand lose unten am Ellbogen fassen, so dass der Unterarm auf Ihrem Unterarm ruht. Legen Sie die linke Hand dann um das Schultergelenk Ihres Partners und fordern Sie ihn auf, sich zu entspannen und Ihnen die Arbeit zu überlassen. Lassen Sie dabei sanft das Schultergelenk kreisen, indem Sie den Arm am Ellbogen bewegen.

Da Sie bereits Erfahrung mit dem Spiel »Schlaff« (Seite 81–83) haben, müssten Sie beurteilen können, ob Ihr Partner sich während dieses ersten Kontakts entspannen kann. Ist das nicht der Fall, ermutigen Sie ihn mit dem nötigen Taktgefühl, das doch zu versuchen. Drücken Sie mit der ganzen Handfläche auf die Schulter, wandern Sie mit der Hand dann nach unten und tun Sie dasselbe mit dem ganzen Oberarm. Der Druck soll leicht sein, um Wärme zu übertragen und den wohlwollenden Charakter Ihrer Motivation zu vermitteln. Wenn möglich, sollte ein Austausch von Empfindungen stattfinden, so dass die Massage nicht zur Einbahnstraße wird. Entwickeln Sie ein Gespür für die Stärken wie für die Verletzlichkeiten des Partners, um besser in der Lage zu sein, genau die Art von Hilfe zu leisten, die gebraucht wird. Sobald ein gewisses Maß an Vertrautheit und Zutrauen entstanden ist, können Sie zur nächsten Stufe übergehen.

Die Massage vertiefen

Legen Sie die linke Hand auf die rechte Schulter Ihres Partners und ergreifen Sie mit der Rechten seine rechte Hand, als wollten Sie sie schütteln. Schwingen Sie nun den Arm aus dem Handgelenk behutsam hin und her, dehnen und lockern Sie ihn ein wenig. Sobald

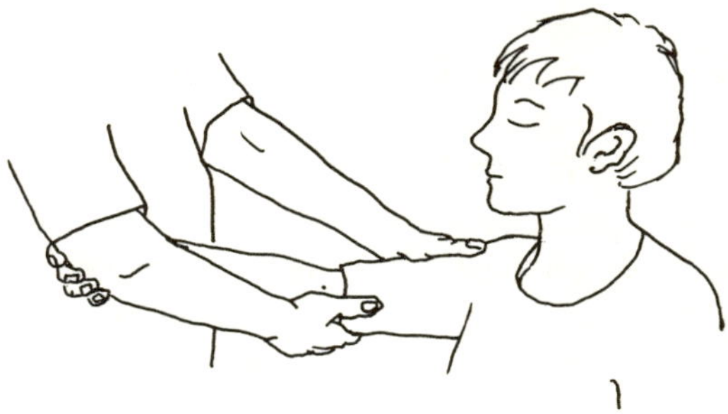

Unterstützung des Arms mit einer Hand beim Massieren mit der anderen

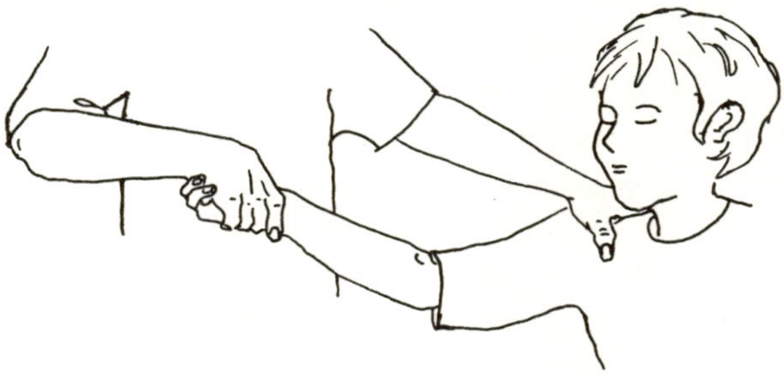

er sich freier anfühlt, können Sie ihn durch die Bewegungen und Positionen steuern, die sich natürlich und leicht ergeben. Versuchen Sie nie, etwas zu erzwingen, und lassen Sie sich von Ihrer Erfahrung leiten. Was Sie bislang am eigenen Körper als angenehm empfunden haben, werden Andere wahrscheinlich auch so empfinden – und umgekehrt. Achten Sie auf jede eingeschränkte Bewegungsmöglichkeit und auf Anzeichen von Beschwerden, die mit gesundheitlichen Problemen – sogar in anderen Körperteilen – verbunden sein können. Wo ein Widerstand oder eine Versteifung spürbar ist, treten womöglich auch Schmerzen auf. Gehen Sie deshalb behutsam vor. Wenn Sie Zweifel haben, ob das, was Sie tun, Ihrem Partner auch tatsächlich gut tut, fragen Sie ihn einfach.

Legen Sie nun den Ellbogen des rechten Arms in ihre hohle rechte Hand, um ihn zu unterstützen, und massieren Sie mit der Linken den Oberarm. Gut tut vor allem ein kreisförmiges Kneten, bei dem Sie das Gewebe leicht mit Daumen und Zeigefinger fassen. Sie können auch großflächigere Bewegungen mit der Handfläche und dem Handballen ausprobieren. Soll es hingegen um ein feineres Spüren gehen, benutzen Sie die Fingerspitzen, um behutsam an den Muskeln entlangzustreichen und die Komplexität des Ellbogens zu erkunden. Aus den Erfahrungen mit dem eigenen Körper werden Sie wissen, wo sich empfindliche Stellen wie der so genannte Musikantenknochen (am Ellbogengelenk) befinden. Wenn Sie sich Ihrer eigenen Körperempfindungen immer unterschwellig bewusst bleiben, lernen Sie allmählich zu registrieren, wie weit Sie in der Massage Ihres Partners bereits gekommen sind. Sie wissen dann genau, wo und wie Sie weitermachen sollten.

Gehen Sie nun mit der Handfläche und den Fingern zum Unterarm über. Die Bewegungen sollten dabei den Blutkreislauf in gegenläufiger Richtung stimulieren, also das Blut zum Herzen schicken. Sie beginnen die Armmassage zwar am Oberarm, gleichen den Energiefluss jedoch aus, indem Sie von den Gliedmaßen auf das Herz zu massieren.

Als Nächstes massieren Sie mit den Fingern das Handgelenk und abschließend die Hand. Gehen Sie dabei wie bei der Handmassage auf Seite 45/46 vor, jedoch nicht so detailliert. Wenn Sie damit fertig sind, übergeben Sie den Arm behutsam wieder seinem Eigentümer.

Tipps für eine bessere Massage

Bei einer recht umfangreichen Massage wie dieser ist es wichtig, die verschiedenen Körperteile gleichmäßig zu berühren und zu behandeln, damit der Partner deren Verbundenheit spüren kann. Wir neigen oft dazu, die physische Welt als Abfolge von Vorgängen zu erfahren, die sich isoliert ereignen. Im einen Moment müssen wir jemanden anrufen und dabei Hand, Ohr und Mund benutzen, im nächsten wollen wir eine Mahlzeit in den Magen schicken. Manche Körperfunktionen kommen häufig oder sogar exzessiv zum Einsatz, andere können mangels Übung leicht verkümmern. Eine gute großflächige Massage kann dieses Ungleichgewicht beseitigen und die Verbindung mit den verschiedenen Kontaktpunkten zur Außenwelt einigermaßen wiederherstellen.

Entdecken die Hände bei der Reise über den Körper des Partners also eine Schwäche oder einen Bereich, an dem Beschwerden auftreten, ist es wichtig, dort nicht zu lange zu verweilen. Egal, ob viel oder wenig Zeit zur Verfügung steht, sollte man dem ganzen Arm dasselbe Maß an Aufmerksamkeit widmen: seiner linken und rechten Seite, dem Ober- und Unterarm, ja sogar den einzelnen Fingern. Geschieht dies, wird der Partner die empfangene Hilfe leichter integrieren können, und die Massage wird eine umfassendere Wirkung auf sein ganzes Wesen haben.

Gehen Sie nun zum linken Arm über und behandeln Sie ihn wie den rechten. Dazu müssen Sie sich auf die andere Seite des Partners begeben, um sich in einem bequemen Winkel zu seinem Körper irgendwo zwischen seinem linken Knie und seiner Schulter aufzustellen. Folgen Sie den obigen Anweisungen mit demselben Tempo und mit demselben Grad an Festigkeit.

Schultern und Rückgrat

Sobald beide Arme entspannt sind, treten Sie hinter Ihren Partner und legen die gewölbten Hände um seine Schultergelenke. Die Finger liegen auf den Schultern und stellen eine Verbindung zwischen den Körperteilen her, mit denen Sie sich gerade beschäftigt haben, und denen, die nun an der Reihe sind. Streichen Sie mit den Händen jetzt mit einer langen, langsamen Bewegung über die Schultern bis zum Halsansatz. Halten Sie dort nicht inne, sondern fahren Sie mit den Handflächen am Rückgrat entlang bis hinab zum Steißbein. Wiederholen Sie das mehrmals, um eine intensive Verbindung zwischen den Armen und dem unteren Rückgrat herzustellen.

Bevor Sie sich dem Rücken ausführlicher widmen, müssen Sie eine bequeme Position finden, in der Sie ein stabiles Gleichgewicht haben und zugleich gut an Ihren Partner herankommen. Vielleicht ist es dazu angenehmer, auf einem Kissen zu knien. Als Rechtshänder platzieren Sie sich zur Linken des Partners, als Linkshänder zur Rechten. So können Sie den ganzen Rücken mit Ihrer Lieblingshand erreichen.

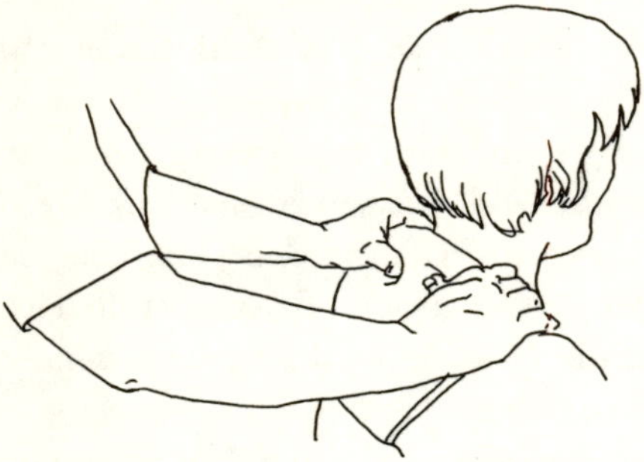

Von den Schultern zum Kreuzbein streichen

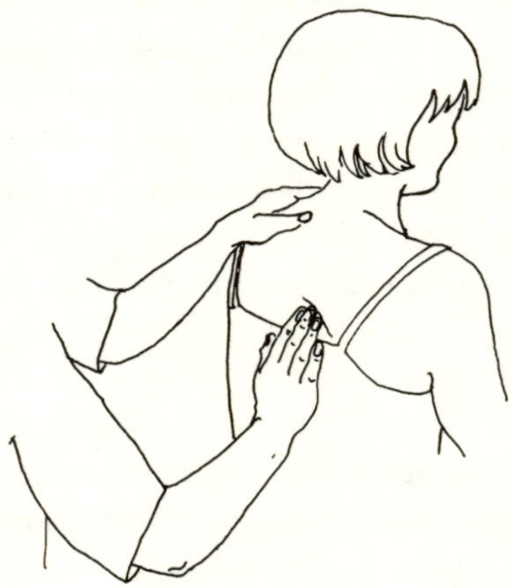

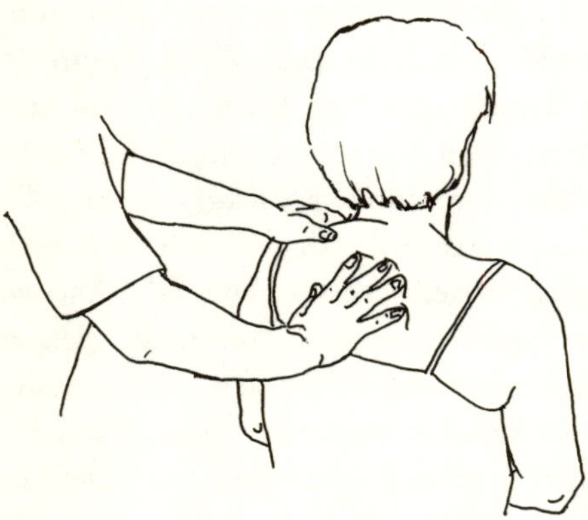

Die Wirbel erkunden

Der Rücken

Beginnen Sie direkt an der Schädelbasis. Legen Sie die Zeige- und Mittelfinger beider Hände an beide Seiten der Wirbel und streichen sie sanft reibend am Rückgrat entlang, auf und nieder. Achten Sie auf die Vertiefungen zwischen den einzelnen Wirbeln und üben Sie dort behutsam ein wenig Druck aus. Bei Menschen, die alt, sehr jung oder krank und deshalb empfindlich sind, sollte es bei einem federleichten Streicheln bleiben. Ist ein Körper hingegen dick mit Fett oder Muskeln bepackt, findet man womöglich nur ab und zu Hinweise darauf, wo die Wirbel sich befinden. Unabhängig davon wird die Massage mit Sicherheit eine wohltuende Wirkung haben, sofern sie mit Geduld und der richtigen Motivation vorgenommen wird.

Arbeiten Sie sich langsam und methodisch an den Erhöhungen und Vertiefungen entlang bis zum Kreuzbein vor, wo die Wirbel an der Verbindung mit den Beckenknochen breiter werden. Stellen oder knien Sie sich direkt hinter den Partner, legen Sie die Hände an seine Hüften und lokalisieren Sie mit den Daumen die leicht erhöhten Fortsätze der fünf zum Kreuzbein verschmolzenen Wirbel. Lassen Sie die Daumen leicht an den Beckenknochen entlang vom Kreuzbein bis zu den Hüften kreisen. In diesem Bereich sammelt sich viel Spannung an, weshalb Sie der Daumenmassage festere, größere Kreise mit der Fläche Ihrer kräftigeren Hand folgen lassen. Es ist sehr wohltuend, bei diesem Kontakt möglichst viel Wärme durch die Hand fließen zu lassen, da der Bereich oft durch Kälte Schaden genommen hat.

Es dürfte nicht allzu schwierig sein, Mitgefühl für uns arme Bewohner kühler Länder aufzubringen. Schließlich sind wir gezwungen, mit einer Vielzahl eigentlich unnatürlicher Körperhaltungen durchs Leben zu gehen und dabei den Stress, den Lärm und die Umweltverschmutzung des modernen Lebens zu ertragen, vom Wetter ganz zu schweigen. Ist es da ein Wunder, dass die Bewohner von südlicheren, klimatisch begünstigteren Ländern es leichter haben zu lächeln? Wie der Hals und die Schultern ist auch der untere Rücken eine unerschöpfliche Quelle von Beschwerden und

Schmerzen. Außerdem ist Ihr Partner sich vielleicht nicht einmal bewusst, wie viel Spannung sich dort unten angesammelt hat, bis eine sanfte Massage die Muskeln lockert und etwas Druck von ihnen nimmt. Gehen Sie deshalb auf keinen Fall zu schnell vor. Lassen Sie die Hand eine Zeit lang warm und stützend auf dem Kreuzbein ruhen, damit die Spannung sich in ihrem eigenen Tempo auflösen kann.

Ist die Gesundheit Ihres Partners angegriffen, ist er schwach oder häufig müde, kann es hilfreich sein, die Massage noch einmal in der Gegenrichtung durchzuführen, bis wieder die Schädelbasis erreicht ist. Die meisten Menschen verfügen jedoch über mehr als genug aufsteigende Energie und profitieren deshalb am meisten davon, wenn man sie von oben nach unten massiert.

Zum Abschluss

Beenden Sie die Massage an den Schultern. Stellen Sie sich hinter den Partner, legen Sie ihm die Hände auf die Schultern und kneten Sie mit den Handflächen und Daumen die oberen Schultermuskeln entlang ihrer Fasern. Suchen Sie die empfindlichen Punkte zwischen dem Rückgrat und dem Bogen der Schulterblätter; drücken und reiben Sie sie nacheinander. Üben Sie dabei so viel kontrollierten Druck aus, wie es dem Partner angenehm ist. Diese Punkte befinden sich zwischen dem Halsansatz und der unteren Spitze der Schulterblätter.

Dort, wo Sie auf Muskeln treffen, die sich angespannt oder verknotet anfühlen, müssen Sie ein wenig sanfter vorgehen. Beschreiben Sie Kreise mit den Daumen oder den Fingerflächen; arbeiten Sie sich in diese Stellen vor und entwirren Sie die Knoten geduldig, als lösten Sie vom Wind zerzaustes Haar. Üben Sie nur mäßigen Druck aus und richten Sie sich dabei nach Ihrer Empfindung, wie die Massage ankommt. Wenn Sie mit Geduld und Feingefühl vorgehen, wird das Gewebe sich allmählich lockern; aber vernachlässigen Sie es nicht, auf die Reaktion Ihres Partners zu achten. Versuchen Sie, nicht in einen monotonen Dämmerzustand zu geraten.

Wenn Ihr Partner etwas sagen will, kann ihm das unter Umständen sogar beim Entspannen helfen. Vermeiden Sie es aber unbedingt, ein entstandenes Schweigen mit eigenem Geplauder zu füllen, da Sie dadurch wahrscheinlich abgelenkt werden und Ihrem Partner auf die Nerven gehen. Wie immer gibt es natürlich auch Ausnahmen. Manchmal werden Sie es mit jemandem zu tun haben, der sich bei einer Massage extrem unwohl fühlt. Sein Schweigen ist dann ein Ausdruck unerträglicher Beklemmung. In solchen Fällen ist es wahrscheinlich besser, über irgendein unverfängliches Thema zu plaudern, das Ihnen gerade in den Sinn kommt, statt angespannt zu schweigen. Gerade in solchen Momenten ist es außerdem wichtig, den Atem frei und offen fließen zu lassen, begleitet von Ihrem Gefühl für den Partner. Die Empathie – Ihre Fähigkeit, sich in andere Menschen einzufühlen – wird Ihnen Anhaltspunkte dafür geben, wie Sie Ihrem Partner am besten dabei helfen können, sich wohl zu fühlen.

Um die Massage abzuschließen, können Sie mit den Händen vielleicht ein paar Mal fließend an den Schultern und den Armen entlangstreichen, dann entlang der Schultern und wieder am Rückgrat hinab. Es ist gut, die Massage so sanft und respektvoll zu beenden, wie man sie begonnen hat, und den Partner so behutsam zu verlassen, wie man kann.

Eine Rückenmassage bekommen

Wenn Sie an der Reihe sind, massiert zu werden, genießen Sie die Erfahrung und geben Sie sich ihr entspannt hin. Denken Sie daran, frei weiterzuatmen, und benutzen Sie die Gelegenheit, um zu spüren, wie die verschiedenen Bewegungen Ihres Partners von Ihrem eigenen Körper aufgenommen werden. Vielleicht lernen Sie dabei Dinge, an die Sie nicht gedacht haben, die sich jedoch gut anfühlen, und können sich andere Bewegungen merken, die offenbar nicht so gut funktionieren. Wenn wir lernen, uns zu entspannen, ist das ein kontinuierlicher Prozess. Ihre Offenheit gegenüber einem Menschen, den Sie heute noch nicht einmal kennen, der eines Tages aber vielleicht Ihre Hilfe brauchen wird – oder der Ihnen einmal helfen kann –, bedeutet, dass dieser Lernprozess kein Ende hat.

Fünfte Einheit

Denken Sie einmal ein paar Augenblicke nach. Können Sie von sich sagen, Sie seien mit Ihrem Leben völlig zufrieden? Keine Klagen? Keine Zweifel bezüglich bestimmter Familienmitglieder oder Beziehungen? Das Wort »Unzufriedenheit« ist fast zu einer Definition des menschlichen Zustands geworden. Vielen von uns ist klar, dass wir gern gerade so, wie wir sind, glücklich wären, aber das ist nicht gerade einfach, oder? Nun, wie die Visualisierung des weißen Lichts körperliches Leiden lindern kann, ist die folgende Visualisierung des roten Lichts dazu gedacht, den emotionalen Aufruhr zu verringern, der aus der Unzufriedenheit entsteht.

Es gibt so viele Gründe für unangenehme Gefühlszustände, wie es Quellen für Trost und Freude auf der Welt gibt. Die Samen des Leidens für uns alle liegen schon im Kreislauf von Geburt, Alter, Krankheit und Tod begründet. Aber es ist die Art und Weise, wie wir auf Veränderungen im Leben reagieren, die unseren Gemütszustand im gegenwärtigen Moment bestimmt. Was ist also das Problem? Weshalb sind wir so oft nicht in der Lage, loszulassen und die Dinge so zu akzeptieren, wie sie wirklich sind?

Zuerst einmal wissen wir zwar intellektuell, dass dieses Leben vergänglich ist, verhalten uns aber, als würden wir ewig leben. Alles, was schief geht, wird zu einem sehr soliden und bedeutsamen Problem. Mit einer derart fest gefügten Wahrnehmung von uns selbst, die wir auch auf andere Menschen, Tiere und unsere Umwelt projizieren, erschaffen wir die Bedingungen für Konfrontation und Konflikt. Außerdem neigen wir dazu, die Welt und das, was in ihr geschieht, dahingehend zu beurteilen, wie wir persönlich davon betroffen sind. Deshalb betrachten wir manche der Dinge, die geschehen, als gut, günstig und positiv für uns, andere hingegen, die wir lieber anders hätten, als schlecht, ungünstig und negativ. Leider bekommen wir eben nicht immer, was wir wollen, oder wir bekommen gar, was wir nicht wollen. In beiden Fällen kann die Realität in Konflikt mit unseren Hoffnungen, Träumen und Erwartungen kommen, was zu Enttäuschung führt.

Die Samen eines großen Teils unserer Unzufriedenheit werden in der Kindheit gesät. Beträchtliche Auswirkungen können dabei die familiäre Situation und die soziale Umwelt haben; andere Umstände sind erblich bedingt. Zum Beispiel sind wir klein, obwohl wir lieber groß wären, oder wir sind nicht so hübsch oder gut aussehend, wie wir gern wären. Wir sehnen uns nach Bildung, Erfolg, einer Familie, und wenn solche Errungenschaften uns nicht glücklich machen, wünschen wir uns womöglich, wir hätten jemand anderen oder überhaupt nicht geheiratet. Wir wollen, dass man uns schätzt, uns in Erinnerung behält, uns liebt; wir wollen etwas in der Welt darstellen. Das ist verständlich. Was sonst erscheint real und wertvoll in einer Welt sich ständig verändernder Gewissheiten, als geliebt und bewundert zu werden und für andere so wichtig zu sein, wie wir es für uns selbst sind?

Wenn es jedoch nicht so läuft, wie wir gern hätten, kann ein emotionales Leiden entstehen, das zu Groll und Zorn führt – zu Zorn auf Menschen und Situationen, die uns ärgern oder erniedrigen, zu Neid, Eifersucht und Schmerz. Was als vage Unzufriedenheit mit unserem Leben beginnt, kann leicht zu einer Haltung werden, die von Aggression, Depression oder anderen negativen Reaktionen geprägt ist. Zu allem Überfluss fühlen wir uns womöglich auch noch schuldig wegen dieser Emotionen und deshalb nur noch schlechter.

Visualisierung

Eine Methode, mit solchen Emotionen umzugehen, ist, sie zu unterdrücken oder zu leugnen, damit wir uns erst gar nicht mit ihnen beschäftigen müssen. Womöglich rechtfertigen wir das damit, wir könnten so ihre negativen Auswirkungen einschränken. Eine solche

Absicht, andere vor unserer Negativität zu schützen, ist durchaus lobenswert – wenn man anderen schon nicht helfen kann, sollte man ihnen wenigstens nicht schaden –, aber es gibt einen vernünftigeren Weg.

Die Visualisierung des roten Lichts kann uns für das Gegengift zu unserer Unzufriedenheit öffnen, indem sie ein Gefühl der Erfüllung und Befriedigung erzeugt, das Empfindungen von Mangel und Selbstmitleid verhindert. Die Vorstellung, dass unser Leben reich und wertvoll sein kann, tritt zwar zuerst nur auf der Ebene der Visualisierung in Erscheinung, doch wenn unser Vertrauen in diese Erfahrung wächst, können wir auch im Alltag zunehmend eine unendlich tiefe Zufriedenheit entdecken. Die Erfahrung, wie Freude aus unserem Inneren aufsteigt, führt dazu, dass wir auch die außerhalb von uns liegenden Ursachen von Glück immer besser erkennen und schätzen lernen.

Das rote Licht bezieht sich auch auf unsere Fähigkeit, uns auszudrücken. Viele Menschen fühlen sich in ihrem Streben nach Glück enttäuscht oder behindert, weil sie entweder nicht in der Lage sind, gleichberechtigt mit anderen zu kommunizieren – also zum Beispiel ernst genommen zu werden –, oder weil sie sich nicht kreativ ausdrücken können. Das rote Licht hilft dabei, solche Blockaden aus dem Weg zu räumen, so dass wir uns zunehmend auf verschiedenen Ebenen ausdrücken können.

Was Visualisierungen bewirken können

Einer der Hauptunterschiede zwischen den Menschen in Asien und denen im Westen liegt, so wird vielfach gesagt, darin, dass man in Asien das Leiden im Leben als unvermeidlich akzeptiere und dankbar für jeden Moment des Glücks sei, während man im Westen Anspruch auf Zufriedenheit und Glück zu haben glaube und mit allem anderen unzufrieden sei. Daraus folgt: Wenn wir unsere Enttäuschung im Zaum halten, indem wir sie als natürlich ansehen statt als grausam und ungerecht, oder wenn wir sie in Rauch verwandeln, der sich in Luft auflöst, können wir viele emotionale

Störungen und die daraus resultierenden körperlichen Symptome lindern.

Wie solche Übungen auch anderen Menschen Nutzen bringen, ist weniger offensichtlich, doch mit zunehmender Praxis und dem dadurch erweiterten Bewusstsein werden Belege dafür unschwer zu finden sein. Natürlich hat jede positive Veränderung unserer Einstellung ganz konkret eine wohltuende Wirkung auf die Menschen, die uns nahestehen und die wir lieben, wie auch ein herzliches Lächeln um die ganze Erde reisen kann, vorausgesetzt, die Kette wird von niemandem unterbrochen. Doch Visualisierungen können auch auf subtileren Ebenen wirken. Welche Kraft ein freundlicher oder gehässiger Gedanke hat, den wir bezüglich eines räumlich weit von uns entfernten Menschen hegen, ist nicht zu unterschätzen. Stellen wir nicht immer wieder fest, dass uns jemand anruft, an den wir gerade gedacht haben, oder dass jemand an uns gedacht hat, während wir ihr einen Brief geschrieben haben? Meist ist unser Leben so voller Hektik und Ablenkungen, dass wir diese Signale verpassen und meinen, es habe sich um bloßen Zufall gehandelt. Aber wenn ein geliebter Mensch in irgendeinem fernen Land krank würde, hätten wir dann nicht den Impuls, für ihn zu beten oder ihm ermutigende Gedanken zu senden? Wenn das so ist, dann können diese Übungen auch in diesem Sinne von Nutzen sein. Schaden anrichten werden sie jedenfalls nicht.

Aus diesen Gründen ist auch die richtige Motivation von so großer Bedeutung. Es tut allen gut, wenn wir in uns eine wohlwollende Haltung gegenüber Menschen erzeugen, die in Not sind, und ihnen herzliche Gedanken und liebende Güte senden. Je mehr Praxis und Erfahrung wir haben, desto mehr kann diese Güte anwachsen und sich ausdehnen, so dass sie immer mehr fühlende Wesen mit ihrer Wärme und ihrem Licht umfängt.

Praktiziert man die Visualisierung des roten Lichts, können möglicherweise starke Emotionen entstehen oder aufgewühlt werden, besonders da, wo es um lange unterdrückte Erinnerungen und Gefühle geht. Das ist ganz normal und muss nicht als Bedrohung empfunden werden. Bleiben Sie einfach ruhig, während der Aufruhr in Ihnen vorübergeht, und lassen Sie das Licht die Heilung tun, zu der Sie es erzeugt haben. Erzwingen müssen Sie dabei nichts.

Das Licht ist also das, was man daraus macht. Es ist kein buddhistisches, islamisches oder christliches Licht – obwohl es das sein kann, wenn Sie es so wollen. Denn obgleich die stärkende Wirkung von Licht und Liebe universeller Natur ist, erschaffen Sie selbst die Sphäre, in der es heilt. Diese Sphäre aber steht für das, was Sie als rein und gut empfinden. Es geht also mehr darum, Vertrauen zu haben als irgendwelche spezifischen Überzeugungen.

Mit Vertrauen und Geduld können wir auf diese natürliche, sanfte Weise an all den Problemen und Störungen arbeiten, die sich ein ganzes Leben lang angesammelt haben. Zudem kann die Visualisierungspraxis auch die Art und Weise verändern, wie wir äußere Ereignisse und unsere Mitmenschen wahrnehmen. Sie erscheinen dann weniger festgefügt, aufdringlich und bedrohlich. Wir wiederum werden weniger unsicher und bekommen mehr Abstand zu unangenehmen Situationen, so dass sie nicht mehr so viel Macht haben, Zorn, Schmerz und Stress in uns hervorzurufen.

✧ Das rote Licht

Suchen Sie sich – wie schon bei der Visualisierung des weißen Lichts – erst einmal einen ruhigen, gemütlichen Platz, machen Sie es sich bequem und überprüfen Sie Ihre Motivation. Lassen Sie sich viel Zeit, um Ihren Körper und das Ein- und Ausströmen des Atems wahrzunehmen, damit Ihr Geist zur Ruhe kommen kann. Natürlich werden weiterhin Gedanken und Impulse entstehen, aber das ist in Ordnung – es ist nicht nötig, sie zu unterdrücken oder zu zensieren.

Bei dieser Übung geht es um die Unzufriedenheit. Lassen Sie also all die verschiedenen Situationen in Ihrem Leben Revue passieren, die Ihren Idealen und Erwartungen nicht entsprochen haben. Denken Sie an die Hoffnungen und Träume, die sich nicht erfüllt haben, und an die Gefühle des Leids, des Bedauerns oder des Zorns, die damit verbunden waren oder sind. Erinnern Sie sich an die Gefühle von Neid und Eifersucht gegenüber jenen, die besitzen oder bekommen haben, was Sie selbst haben wollten. Diese Erinnerungen können tief verwurzelt oder relativ neu sein, sie können intensiv sein oder vage. Es geht nur darum, sie wahrzunehmen, ohne zu reagieren.

Denken Sie dann auch an Dinge, die Sie eigentlich sagen oder tun wollen, die bislang aber blockiert worden sind. Das kann der Wunsch sein, einem bestimmten Menschen etwas mitzuteilen, oder das Bedürfnis, etwas auf kreative Weise auszudrücken. Beobachten Sie, welche Körperempfindungen mit der dadurch entstandenen Unzufriedenheit verbunden sind. Erinnern Sie sich daran, wie Ihr Körper reagiert hat, als Sie das letzte Mal so enttäuscht wurden. Haben Sie innerlich gekocht, geschwitzt, sich verkrampft oder geweint? War ein Druck in der Brust spürbar, ein Kloß im Hals? Forcieren Sie nichts und leben Sie das Gefühl nicht aus; nehmen Sie es einfach wahr und kehren Sie ruhig zum Körper und zum Atem zurück. Lassen Sie alle Gefühle zu, die aufsteigen, ohne etwas zu erzwingen. Verweilen Sie in einer entspannten, flexiblen Haltung, auch wenn Sie auf schmerzhafte Erinnerungen stoßen. Es mag wehtun, an solche Erfahrungen zu rühren, aber machen Sie sich keine Sorgen. Das, was Sie gerade tun, wird Ihnen und deshalb auch anderen dabei helfen, loszulassen. Ihr Ziel ist positiv. Lassen Sie daher ruhig zu, sich gut damit zu fühlen.

Die Visualisierung

Stellen Sie sich nun wie bei der Visualisierung des weißen Lichts vor, dass sich ein weit offener Himmel vor Ihnen ausbreitet, wie man ihn von einer erhöhten Warte aus sieht. Es ist entweder ein vollständig klarer und wolkenloser blauer Taghimmel oder ein Nachthimmel mit Millionen von Sternen. Entspannen Sie den Geist und blicken Sie mit dem inneren Auge einfach in diesen klaren, offenen Raum hinaus.

Aus der Mitte dieses Raumes nähert sich ein Lichtpunkt. Er wird größer und heller, bis er in einer Distanz stehen bleibt, die Sie als angenehm empfinden. Sehen Sie ihn als funkelnde Kugel, zusammengesetzt aus den fünf Regenbogenfarben des Lichts für die fünf Elemente in ihrer essentiellen Form. Denken Sie, während die Kugel sich dort im Raum dreht, daran, dass dieses Licht alle heilenden und kräftigenden Eigenschaften des gesamten Universums enthält. Die Farben und Elemente sind in ständiger Bewegung und Veränderung begriffen und dennoch immer im Gleichgewicht und in Harmonie.

Nun lösen sich das Gelb der Erde, das Weiß des Wassers, das Rot des Feuers, das Grün der Luft und das Blau des Raumes mit all ihren Kräften und Eigenschaften in ein einheitliches, warm leuchtendes Licht von voller roter Farbe auf. Dieses rote Licht ist eine ganz besondere, wunderschöne Erscheinung. Es ist kein schweres oder grelles Rot, sondern leicht und freudig – ein liebevolles Rot, das Gefühle der Wärme und Offenheit aufsteigen lässt, wie Sonnenlicht, das auf einen roten Luftballon fällt oder sich im Herzen eines makellosen Rubins fängt.

Das Licht kommt auf Sie zu und tritt beim Einatmen durch einen Punkt unterhalb der Kehle in den Körper ein. Von dort aus verbreitet es sich im ganzen Körper und erfüllt alle Zellen mit seinem tröstlichen Leuchten. Spüren Sie, wie es die Nester der Unzufriedenheit verwandelt, die Sie lokalisiert haben, wie es den Schmerz lindert und die Frustrationen schmelzen lässt, die dort entstanden sind, wo ein Bedürfnis, etwas auszudrücken, blockiert wurde. Anstelle der Erinnerung daran, nicht geliebt worden zu sein, entsteht ein Gefühl der Freundlichkeit und Zärtlichkeit, das Sie ganz ausfüllt. Dort, wo geringe Selbstachtung und mangelndes Selbstvertrauen auftauchen, verwandelt das rote Licht jedes Gefühl der Wertlosigkeit und Verwundbarkeit in ein Gefühl der Erfüllung und Ganzheit. Atmen Sie, während Ihre Unzufriedenheit durch den Kontakt mit dem roten Licht erst verdünnt und dann gereinigt wird, langsam und vollständig aus. Damit verlässt auch Ihre Unzufriedenheit in Form von dichtem, rotbraunem, trübem Rauch den Körper.

Dieser Rauch nimmt alle im Körper vorhandene Negativität mit sich fort, so dass Sie am Ende nur noch von dem warmen, rubinroten Licht der Freude und Zufriedenheit erfüllt sind. Ihr Ausatem wird allmählich immer weniger trübe, Ihr Körper fühlt sich weniger solide an, die Emotionen werden freudvoller. Nun atmen Sie dasselbe reine rubinrote Licht aus, das Sie einatmen.

Denken Sie, wenn möglich, auch an andere Menschen, die emotional leiden oder in ihrem Ausdruck blockiert sind. Stellen Sie sich vor, wie das rote Licht sie überall im Universum aufsucht und ihr Leiden auf dieselbe Weise reinigt. Verweilen Sie eine Zeit lang in dem entstandenen Gefühl der Erfüllung.

Die Visualisierung abschließen

Am Ende strömt das rote Licht in die leuchtende Kugel zurück und wird von deren Röte absorbiert. Nun werden wieder die fünf reinen Elemente in Form der fünf Lichter des Regenbogens sichtbar. Umherwirbelnd und sich drehend, befinden sie sich beständig in harmonischem Fluss. Betrachten Sie diese reine Erscheinung aus heilender Lichtenergie und denken Sie daran, dass Sie dieses Bild immer dann in sich entstehen lassen können, wenn Sie es wollen oder brauchen, für sich selbst oder zum Nutzen anderer.

Nun entfernt sich die Kugel in den Raum, bis sie zu einem Lichtpunkt in der weiten blauen Ferne geworden ist und dann verschwindet. Lassen Sie den Geist vollständig zur Ruhe kommen. Strecken Sie sich nach einer Weile ausgiebig und kommen Sie langsam zum Sitzen. Welche Erfahrungen haben Sie gemacht? Manche Menschen empfinden die Visualisierung des weißen Lichts als wirksamer, weil sie sich mehr auf den physischen Ausdruck von Unbehagen und Schmerz bezieht. Andere fühlen sich mehr zum roten Licht hingezogen. Natürlich enthält jede Farbe die Kraft aller fünf Elemente und kann die Funktion der anderen mit übernehmen, doch da die einzelnen Farben unterschiedliche Ebenen und Aspekte der Heilung betonen, ist es sinnvoll, von Zeit zu Zeit mit jeder separat zu arbeiten.

✧ *Selbstmassage von Kopf und Nacken*

Im folgenden Teil dieser Einheit geht es um die Selbstmassage von Schultern, Nacken und Kopf. Besonders nützlich sind diese Übungen für Menschen, die bei der Arbeit oder auch in der Freizeit Dinge tun, bei denen sich in diesen Körperbereichen Spannungen aufbauen. Büroarbeit und andere Aktivitäten, bei denen man lange sitzt, ohne sich zu bewegen – wie etwa Fabrikarbeit, das Studium von Büchern und zu viel Fernsehen –, verursachen oft Spannungen, Beschwerden und Steifheit im oberen Teil des Körpers. Glücklicherweise können die folgenden Übungen nicht nur in einem extra dafür zu schaffenden Rahmen praktiziert werden, sondern immer und überall, wo das Bedürfnis danach entsteht.

Wärmen Sie zunächst wie gewohnt die Hände an (siehe Seite 45/46); wenn die Zeit knapp ist, schütteln Sie sie einfach aus. Reiben Sie am Ende auf jeden Fall die Handflächen aneinander, bis die Hände warm, locker und wach sind. Für die Schultern empfehlen sich die Übungen auf Seite 40–45. Außerdem kann es sehr entspannend sein, mit den Fingerspitzen die Schultermuskeln zu massieren und alle dort vorhandenen Spannungen aufzulösen, nicht zuletzt auch die im Schultergelenk.

Die Brust

Daumen und Fingerspitzen passen gut in die Druckpunkte, die zwischen den oberen und unteren Rändern der Rippen zu finden sind. Gerade durch einen Druck auf die Punkte direkt unterhalb des Schlüsselbeins ist es oft möglich, durch Erschöpfung und Angstzustände hervorgerufene Spannungen zu lösen. Atmen Sie gegen den Druck Ihrer Finger; das kann Ihnen helfen, den oberen Brustbereich für den Atem zu öffnen.

Direkt im Zentrum des Brustbeins befindet sich ein Punkt, der oft recht empfindlich ist, besonders bei Rauchern und bei Menschen, die gerade versuchen, diese schädliche Angewohnheit aufzugeben. Eine sanfte Massage dieses Punktes kann dazu beitragen, im Körper angesammelte Giftstoffe aufzulösen. Da der Körper dadurch an den Schaden erinnert wird, den der Tabak verursacht, wird womöglich auch der Drang zu rauchen schwächer.

Der Nacken

Die Selbstmassage des Nackens ist immer mit einem funktionellen Problem verbunden, da schon das Heben der Arme, um zum Hals zu kommen, Spannungen in den betroffenen Muskeln verursacht. Dagegen hilft die Froschhaltung. Nehmen Sie diese Haltung, wie auf Seite 100–102 beschrieben, ein und lassen Sie Stirn und Ellbogen bequem auf einem Kissen ruhen, so dass die Hände frei bleiben, um den Nacken ohne Anstrengung zu erreichen. Wenn Sie sich in dieser Haltung nicht richtig wohl fühlen, können Sie sich auch an einen Tisch setzen. Beugen Sie sich über die Tischplatte und lassen Sie Stirn und Ellbogen auf einem gefalteten Handtuch oder einem dünnen Kissen ruhen.

Beginnen Sie damit, den Nacken zu drücken, wie man es manchmal bei Hunden tut. Konzentrieren Sie sich ohne jede Eile darauf, alle Bewegungen so entspannt und entspannend auszuführen wie irgend möglich. Benutzen Sie zuerst die rechte Hand, deren Druck durch die darauf liegende Linke verstärkt wird; wechseln Sie dann die Hände. Wandern Sie anschließend mit den Händen über die Schultern, um die Muskeln abwechselnd zu drücken und zu kneten.

Nacken- und Schultermassage

Benutzen Sie immer die Hand, die für den betreffenden Bereich am besten zu passen scheint, und gleichen Sie deren Gewicht mit der anderen Hand aus. Bearbeiten Sie beide Seiten ausgiebig, bevor Sie sich den Halswirbeln zuwenden. Drücken Sie mit den Fingerspitzen zwischen die Wirbel, aber behutsam, da dieser Bereich oft von verschiedenen strukturellen und durch Belastung entstandenen Schwächen betroffen ist. Wenn Sie empfindliche Stellen finden, lassen Sie die Finger einfach ein wenig darauf ruhen. Massieren können Sie mit einem leichten Druck der Fingerspitzen.

Die Schädelbasis

Dieser Bereich bedarf einer intensiveren Behandlung. Je nachdem, wie empfindlich er ist, können Sie nicht nur die Finger- sondern auch die Daumenspitzen von unten her dort kreisen lassen, wo sich Hals und Schädel vereinigen. Hier sammeln sich nicht nur Spannungen an, sondern auch giftige Rückstände, die im Allgemeinen auf übermäßiges Essen und Trinken und auf Sorgen und Ängste zurückzuführen sind. Bei der Arbeit an der Schädelbasis kann man oft mehrere Punkte entdecken, durch deren Massage Hals und Kopf erheblich freier werden.

Einer dieser Druckpunkte sollte allerdings nie mehr als ein paar Sekunden ununterbrochen gedrückt werden. Diese hochempfindliche Stelle befindet sich oben unter der Mitte der Schädelbasis und sollte immer behutsam behandelt werden.

Daumen- und Fingerdruck auf die Punkte an der Schädelbasis

Der Hals

Richten Sie am Ende der vorangegangenen Phase den Oberkörper ganz langsam wieder auf, damit Ihnen nicht schwindlig wird. Nun ist es erst einmal nötig, den Unterschied zwischen Hals und Nacken zu definieren. Im Rahmen der Massage umfasst der Nacken den hinteren Bereich zwischen den Ohren, der stärkeren Druck verträgt als der vordere Bereich, den wir als Hals bezeichnen. Dieser ist sehr empfindlich und muss deshalb vorsichtiger behandelt werden. Sowohl im Nacken wie im Hals befindet sich ein komplexes Netzwerk aus Bahnen, die zum Transfer von Blut, Luft, Nervenimpulsen, aber auch von Nahrung und Flüssigkeiten dienen. Beide Bereiche sollten deshalb immer behutsamer massiert werden als robustere Körperteile. Verwenden Sie besonders am Hals also eher die Finger als die Daumen und üben Sie nur leichten Druck aus.

Bestimmte Punkte am Hals zu stimulieren kann eine beruhigende, entspannende Wirkung haben. Legen Sie die rechte Hand auf die linke Wange. Der Daumen zeigt nach oben, die Finger berühren das Ohr und den oberen Nacken. Streichen Sie mit der Hand dann ganz langsam ein paar Mal über den Hals bis hinunter zu dessen unterem Ansatz. Wenn Sie wollen, können Sie von da aus auch über die Brust streichen. Durch diese Berührung bringen Sie die Energie des Luftelements ins Gleichgewicht, die oft unverhältnismäßig stark in den Kopf steigt. Locken Sie diese Energie also behutsam und langsam nach unten, um das Gleichgewicht wiederherzustellen. Wiederholen Sie die Bewegung mit der linken Hand auf der rechten Wange.

Eine Selbstmassage muss keinen festen Regeln folgen; sie ist naturgemäß eine persönliche, individuelle Angelegenheit. Erarbeiten Sie sich also ein Repertoire an Techniken, die sich für Sie richtig und angemessen anfühlen. Die Abfolge dieser Techniken darf sich sogar zu einem Ritual entwickeln, solange das, was Sie tun, immer wirklich entspannend wirkt.

Machen Sie mit der jeweils gegenüberliegenden Hand nun im Uhrzeigersinn ein paar kleine Kreisbewegungen an den Seiten des Halses, vom Ohrläppchen bis hinab zum Schlüsselbein. Die Finger sind dabei zusammen und üben leichten Druck aus. Lassen Sie die Finger in die Höhlung zwischen Hals und Schlüsselbein wandern wie auch in die Höhlung unterhalb des Schlüsselbeins. Auch hier kann ein wenig sanfter Druck eine befreiende Wirkung haben. Er stimuliert den Kreislauf und fördert die Klarheit des Denkens.

✦ *Den Kopf kreisen lassen*

Abgesehen von den bereits erwähnten Funktionen müssen Hals und Nacken auch ein Objekt tragen, das im Grunde ein schwerer, kugelförmiger Behälter aus Knochen ist. Er birgt das Gehirn, zum ganzen Körper führende Nerven, Flüssigkeiten, Sinnesorgane, Gedanken, Impulse, Emotionen, Sorgen und Ängste. Außerdem trägt er eine Maske, die wir als Gesicht bezeichnen und die nach Meinung vieler Menschen deren wahre Identität widerspiegelt. All das kann eine schwere Last sein! Bei vielen Menschen ist die Beweglichkeit des Halses deshalb oft schon im Alter von fünfundzwanzig Jahren eingeschränkt, weshalb die erste Übung mit Vorsicht ausgeführt werden muss. Den Kopf kreisen zu lassen kann vielfältige Spannungen auflösen und ist eine gute Übung, um den Tag zu beginnen. Gehen Sie aber unbedingt ganz langsam vor und halten Sie bei jeder deutlichen Blockade inne. Berücksichtigen Sie außerdem sämtliche klinischen Beschwerden, die sich bisher am Hals oder dessen Wirbeln gezeigt haben. In solchen Fällen sollten Sie vor der Übung ärztlichen Rat einholen. Die Übung muss immer ganz langsam und behutsam ausgeführt werden und sich in den Grenzen bewegen, die vom individuellen Zustand des Halses gesetzt werden. Zwar ist am Anfang immer zu erwarten, dass es irgendwo knirscht und quietscht und dass die Muskeln protestieren, aber wenn ein jäher Schmerz auftritt, will der Körper damit sagen, dass es jetzt genug ist.

Lassen Sie den Kopf langsam auf die Brust sinken. Beginnen Sie dann ganz behutsam, den Hals nach rechts zu drehen, und achten Sie dabei auf jeden Widerstand. Am Anfang ist das ein wenig so, wie wenn man langes Haar auskämmt: Kämmt man zu stark, werden die Knoten nur fester, doch mit Behutsamkeit und Geduld

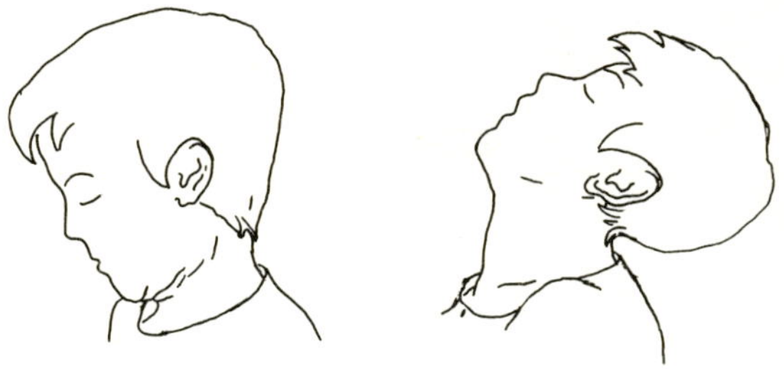

Einbiegen und Zurücklegen des Kopfes

kann man sie langsam lösen. Gehen Sie nur so weit, wie die Dehnung sich angenehm anfühlt, im Extremfall bis zu dem Punkt, an dem Sie über die rechte Schulter blicken. Lassen Sie den Kopf dann in umgekehrter Richtung kreisen, bis Sie gegebenenfalls über die linke Schulter blicken. Das Kinn bleibt dabei so nah wie möglich an der Brust.

Die Übung kann im Sitzen und im Stehen durchgeführt werden; wichtig ist aber in beiden Fällen, die Schultern locker zu lassen und zu versuchen, konstant und ebenmäßig weiterzuatmen. Beginnen Sie nun noch einmal mit dem Kinn auf der Brust und lassen Sie den Kopf jetzt zunächst nach links und dann nach rechts kreisen, bis der Kopf sich ganz gelöst anfühlt. Die Übung ist nicht nur gleich nach dem Aufwachen nützlich, sondern kann auch sonst immer und überall ausgeführt werden, um Steifheit, Spannungen und verschiedene Arten von Kopfschmerzen zu lindern.

An sich ist das Kopfkreisen schon ein komplettes Training für den Hals. Bei chronischen Spannungen kann dieser aber zusätzlich mit Hilfe einer weiteren Technik gelockert werden. Legen Sie dazu zunächst den Kopf in den Nacken, so weit es geht. Lassen Sie das Kinn dann langsam nach unten sinken, bis es den Hals berührt. Drücken Sie nun das Genick nach hinten, während das Kinn unten bleibt. Halten Sie diese Position etwa zehn Sekunden lang. Legen Sie dann den Kopf wieder so weit wie möglich in den Nacken und halten Sie dort wieder inne.

Wiederholen Sie diese Sequenz zwei bis vier Mal. Gehen Sie dabei ganz langsam von einer Position zur anderen über. Um einen steifen Hals loszuwerden, sollten Sie das mehrmals täglich tun.

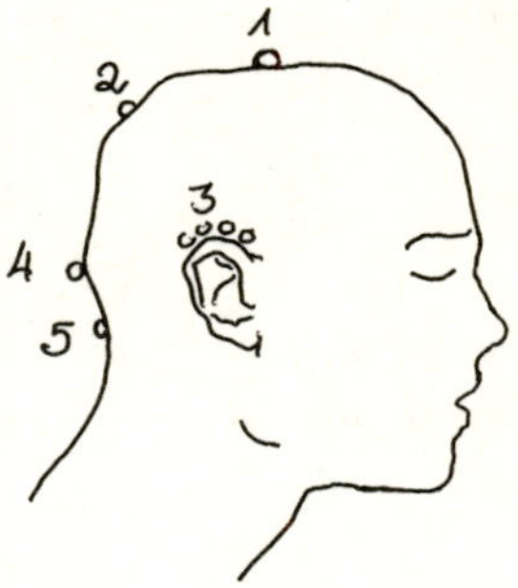

Druckpunkte bei Kopfschmerzen

Der Kopf

Es gibt natürlich so viele Arten von Kopfschmerzen, wie es Köpfe gibt. Wie bei unseren Gedanken und anderen mentalen Phänomenen ist es zudem oft schwierig, die Ursachen dafür zu finden. Noch schwieriger ist es, herauszubekommen, was man dagegen tun könnte. Bei bestimmten Arten von Kopfschmerzen, vor allem solchen, die auf eine Überanstrengung der Augen oder auf körperliche und mentale Spannungen zurückzuführen sind, kann die folgende Übung jedoch meist Linderung bringen.

Tun Sie am Anfang so, als würden Sie sich kräftig den Kopf einschäumen. Die Daumen und Fingerspitzen wecken dabei die Kopfhaut und treten in Kontakt mit dem Schädel. Drosseln Sie anschließend Ihren Schwung, weil es nun darum geht, bestimmte Punkte zu lokalisieren und ebenso behutsam wie geschickt zu drücken. Danach dürfte Ihr Kopf sich klarer und ausgeglichener anfühlen.

1. Der erste Punkt liegt direkt am Scheitelpunkt des Kopfes in der Mitte der vorderen Fontanelle. Suchen Sie diese leichte Vertiefung mit beiden Zeigefingern und üben Sie ein paar Sekunden behutsam Druck darauf aus.
2. Die hintere Fontanelle befindet sich am hinteren Teil der Schädeldecke, dort wo das Haar einen Wirbel bildet. Nehmen Sie auch hier die Zeigefinger, um den Punkt ein paar Sekunden lang sanft zu drücken.
3. Als Nächstes geht es zu den Wülsten über den Ohren, die oft auch dann empfindlich sind, wenn sie nicht regelrecht wehtun.

Biegen Sie vier Finger fest ein und drücken Sie mit einer Kreisbewegung in die leichte Vertiefung unterhalb der Wülste.

4. In der Mitte des unteren Hinterkopfes befindet sich ein harter Knochenwulst. Drücken Sie ihn ganz fest.
5. Gleich unterhalb davon befindet sich der bereits erwähnte empfindliche Punkt unter der Mitte der Schädelbasis. Drücken Sie ihn wesentlich leichter und nicht mehr als ein paar Sekunden.

Die Augen

Vielerorts, im öffentlichen Raum wie auch am Arbeitsplatz, ist das Licht oft ziemlich grell. Darauf reagieren unsere Augen ebenso empfindlich wie auf verschmutzte Luft und auf bestimmte Emotionen. Außerdem zwingen wir sie oft, viele Stunden lang monotone oder sonst wie anstrengende Aufgaben auszuführen. Natürlich müssen diese Dinge erledigt werden, doch wenn wir die Augen etwas liebevoller behandeln, können wir Überanstrengung und damit verbundene Kopfschmerzen reduzieren oder ganz vermeiden.

Bei körperlichen Tätigkeiten gibt es meist, was den Grad der Belastung angeht, Spitzen und Tiefen. Zum Beispiel ergibt sich bei jedem Schwingen einer Axt oder Schaufel automatisch eine Ruhephase. Bei der Benutzung der Augen hingegen neigen wir oft dazu, starr auf eine bedruckte Seite, einen Bildschirm oder die Straße vor uns zu blicken. Diese Anstrengung wird nur durch ein gelegentliches Blinzeln kompensiert. Es ist also gut, diese Konzentration zwei bis drei Mal pro Stunde zu reduzieren, und zwar nicht durch den Wechsel zu einer anderen visuellen Aktivität, sondern durch eine wirksame Entspannung der Augen. Beim Autofahren ist es natürlich ratsam, den Wagen dazu an den Straßenrand zu lenken.

Schließen Sie die Augen und warten Sie, bis die Lider sich beruhigt haben. Stellen Sie sich dann vor, dass die Dunkelheit sich als weit offener, leerer Raum vor Ihnen – besser noch: um Sie herum – ausbreitet. Dieser Raum hat genau denselben Luftdruck und dieselben Eigenschaften wie der Raum in Ihrem Kopf. Es sollte kein Widerstand zwischen Innen und Außen vorhanden sein, ja überhaupt kein Unterschied.

Die Augen bleiben nun geschlossen, während Sie die Augäpfel kreisen lassen, die sich in ihrem Raum drehen, als schwebten sie darin. Rollen Sie sie dreimal nach rechts und dreimal nach links; beschreiben Sie dabei möglichst große Kreise, ohne sich anzustrengen. Öffnen Sie dann die Augen, verbleiben Sie aber in dem Gefühl des Schwebens. Versuchen Sie, nichts zu fixieren, während Sie einen ganz leichten Druck auf die folgenden Stellen ausüben: Zunächst drücken Sie mit den Daumen auf die inneren Augenwinkel; dann fahren Sie, wieder mit den Daumen, mit etwas stärkerem Druck unterhalb der Brauen am geschwungenen Knochen der Augenhöhle entlang; und schließlich streichen Sie mit den zusammengelegten Zeige- und Mittelfingern von den inneren Augenwinkeln aus am unteren Knochenwulst entlang in Richtung der Schläfen.

Durch Überlastung und Stress hervorgerufene Spannungen scheinen sich besonders an den Schläfen zu sammeln. Massiert man diese mit einer speziellen Technik, kann man einen Teil der überschüssigen Luftenergie aus dem Kopf entfernen. Schließen Sie wieder die Augen und legen Sie die Finger flach an die Schläfen. Beschreiben Sie dann mit festem, aber gleichmäßigem Druck relativ große kreisende Bewegungen nach hinten unten, langsam und etwa ein Dutzend Mal. Reiben Sie anschließend die Hände aneinander und legen Sie die warmen Handballen auf den unteren Rand der Augenhöhlen. Die Finger liegen gespreizt auf der Stirn. Versuchen Sie, die Augen völlig zu entspannen, und ruhen Sie sich so lange aus, wie es sich gut anfühlt – oder mindestens so lange, wie Sie Zeit dafür haben.

Die ganze Übung hat wahrscheinlich nur ein paar Minuten gedauert. Versuchen Sie sich nun, bevor Sie die Augen wieder öffnen und beanspruchen, genau daran zu erinnern, was Sie vor der Pause fixiert haben. Visualisieren Sie möglichst genau die Stelle – also zum Beispiel die Buchzeile –, an der Sie Ihre Tätigkeit abgebrochen haben, und lassen Sie die Augen, wenn Sie zu Ihrer Arbeit zurückkehren, dort so sanft wie möglich wieder aufgehen. Ein großer Teil der gewonnenen Entspannung kann verloren gehen, wenn die Augen sofort dazu benutzt werden, hektisch nach einer bestimmten Stelle in einem Text zu suchen. Kehren Sie also nicht abrupt zu der

Tatsache zurück, dass Sie eine bestimmte Aufgabe zu erledigen haben, sondern versuchen Sie, einen Teil der Weite und Entspannung der Übung mitzunehmen. Kopfschmerzen und eine Überbeanspruchung der Augen werden oft durch eine Art Tunnelblick hervorgerufen. Deshalb ist es gut, ab und zu loszulassen, nicht nur während eines entspannenden Übungsabends, sondern immer dann, wenn man ein wenig Zeit dafür hat.

Auch die folgende Übung nimmt nur wenige Minuten in Anspruch. Dabei geht es darum, den Blick abwechselnd auf ein nahes und ein entferntes Objekt zu richten. Diese Technik kann den negativen Auswirkungen einer monotonen Beanspruchung entgegenwirken, unter der man zum Beispiel bei der Bildschirmarbeit oder beim Ausführen einer Präzisionsaufgabe leidet. Schließen Sie zunächst die Augen und lassen Sie sie etwa eine Minute lang ruhen, öffnen Sie sie dann wieder und blicken Sie auf, am besten in die weite Ferne oder zumindest auf ein möglichst weit entferntes Objekt. Warten Sie, bis die Augen sich auf diese Distanz eingestellt haben, und richten Sie den Blick dann auf die offene Handfläche, die Sie so nah wie möglich vor das Gesicht halten. Betrachten Sie einen Moment lang die Handlinien und blicken Sie dann wieder auf in die Weite des Raumes. Ruhen Sie sich anschließend etwa eine Minute mit möglichst locker geschlossenen Augen aus, bevor Sie ruhig wieder zu Ihrer Arbeit zurückkehren. Während längerer Arbeitsphasen, in denen man stark auf Details achten muss, ist es sinnvoll, diese Übung etwa alle zwanzig Minuten zu wiederholen.

Gut tut es auch, die geschlossenen Augen in kühlem, wenn auch nicht kaltem Wasser zu baden. Außerdem lohnt sich die Beschäftigung mit der Frage, ob der Arbeitsplatz adäquat gestaltet ist. Zum Beispiel werden viele der mit den Augen verbundenen Spannungs- und Stresszustände durch eine grelle oder unzureichende Beleuchtung verursacht. Dazu kommt, dass bestimmte Heizungs- und Klimaanlagen nicht nur die Augen strapazieren, sondern auch den Hals und die Nebenhöhlen. Solche Missstände kann man oft abstellen. Auch Dinge wie die Luftfeuchtigkeit, die Temperatur und die Anordnung der Möbel sind korrigierbar. Die notwendigen Veränderungen sind natürlich leichter zu verwirklichen, wenn man zu

Hause oder im eigenen Büro arbeitet. Ist das nicht der Fall, kann man die Mängel identifizieren und die Betriebsleitung freundlich darauf aufmerksam machen. Möglicherweise hat man sie dort noch gar nicht bemerkt.

Das Gesicht

Zum Abschluss dieses Selbstmassagezyklus wollen wir uns ein wenig um das Gesicht kümmern. Es ist unsere persönlichste und wirksamste Verbindung mit dem, was wir im Allgemeinen als die Außenwelt bezeichnen. Hier befindet sich eine Vielzahl von Sinnesorganen, hier hinterlassen Prozesse wie das Altern und der Ausdruck von Gefühlen ihren Stempel wie Hochwasser, das ein Flussufer erodiert.

Zuerst sind die Ohren an der Reihe. Diese empfindlichen Vorposten aus Fleisch, Blut und Knorpel sind dicht bedeckt mit Druckpunkten. Ein Zweig der Akupunktur behandelt den ganzen Körper mit Hilfe der Punkte an den Ohren. Deshalb kann auch eine gründliche, geschickt durchgeführte Massage an den Ohren viel Gutes bewirken.

Beginnen Sie an den Ohrläppchen damit, mit Daumen- und Fingerspitzen behutsam in beide Ohren zu zwicken. Behandeln Sie auf diese Weise das gesamte Ohr. Ziehen Sie dann an den Ohrläppchen; falten Sie die Ohren nach vorn und lassen Sie sie zurückklappen; lassen Sie die Finger mit leichtem Druck vorn und hinten auf dem oberen Teil der Ohrmuschel kreisen; wühlen Sie ein wenig im Gehörgang. All diese Techniken regen den Kreislauf an und lösen vorhandene Blockaden. Zwickt man sich kräftig in die Ohrläppchen, wenn man schläfrig oder müde ist, stimuliert das die mit dem Kopf verbundenen Punkte und weckt das Bewusstsein auf ebenso einfache wie wirkungsvolle Weise.

Anschließend tut es gut, mit den Fingerspitzen kreisend oder reibend von außen Druck auf das Zahnfleisch an Ober- und Unterkiefer auszuüben. Viele Zahn- und Munderkrankungen haben mit dem Zahnfleisch zu tun, wo sich ja auch die Zahnwurzeln befinden.

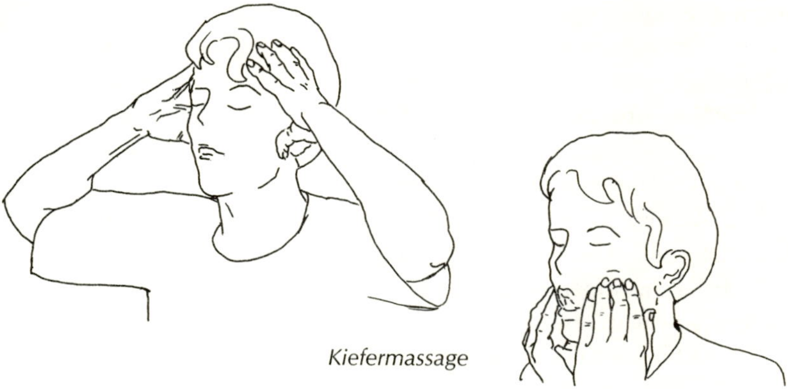

Kiefermassage

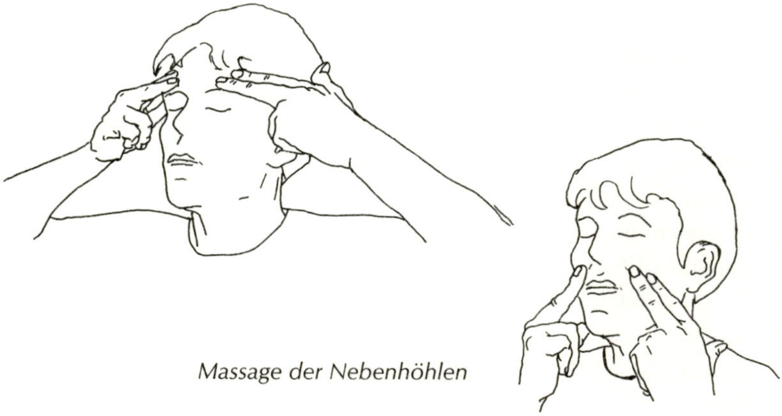

Massage der Nebenhöhlen

Eine Massage kann dabei helfen, die gute Blutversorgung aufrechtzuerhalten, die gesundes Zahnfleisch braucht.

Nehmen Sie nun eine Daumenspitze und den obersten Knöchel des Zeigefingers, um in den Unterkiefer zu kneifen. Arbeiten Sie vom Kinn aus nach außen. Drücken Sie mit den Fingern am Kiefergelenk in den Kiefermuskel. Öffnen Sie dann den Mund und lassen Sie das Kinn nach unten und außen kreisen. Schließen Sie den Mund wieder und wiederholen Sie diese Bewegung. Dabei auftretende Schmerzen oder unangenehme Gefühle könnten Symptome für wiederholte Frustration oder unterdrückten Zorn sein. Solche Gefühle manifestieren sich hier in Form empfindlicher oder angeschwollener Stellen. Es heißt, dieser Bereich sei ein Sammelbecken für all den Zorn, den wir auf Menschen in unserem Leben empfinden, die wir eigentlich gern beißen würden. Eine Massage des Kiefers kann solche Spannungen lindern und die zusammengebissenen Zähne lockern. Üben Sie also, den Mund zu öffnen und zu schließen, während Sie mit den Fingern leicht auf die Kiefermuskeln drücken. Atmen Sie dabei tief und gleichmäßig weiter und versuchen Sie nicht, etwas zu erzwingen.

Legen Sie die Zeigefinger nun an die Seiten der Nasenlöcher und üben Sie einen mäßigen Druck auf die Backenknochen aus. Während die Finger sich entlang dieser Knochen auf die Ohren zu bewegen, kommen Sie zu mehreren empfindlichen Punkten, die in Verbindung mit angesammelten Spannungen und Giften stehen. An der knochigsten Stelle des Nasenrückens wiederum befindet sich ein Punkt, dessen Behandlung auf Blutandrang und auf Verstopftheit wirkt. zwanzig oder dreißig Sekunden, nachdem man festen Druck auf beide Seiten des Nasenrückens ausgeübt hat, reagieren die Nebenhöhlen, und die Nase reinigt sich. Oft können die Nasennebenhöhlen auch aktiviert werden, indem man mit den Zeige- und Mittelfingern behutsam von den inneren Augenwinkeln aus entlang der inneren Knochenwölbung der Wangen bis zu den Mundwinkeln hinabstreicht. Blockaden der Stirnhöhle lösen sich, wenn man dieselben beiden Finger von der Mitte der Stirn zu den Schläfen streichen lässt.

Bei dieser Behandlung der Nebenhöhlen kann man das Bild in sich entstehen lassen, dass die Finger klares, reines Wasser durch die Gänge leiten und sie dadurch reinigen. Abgesehen von der richtigen Motivation sind es Visualisierungen dieser Art, die solchen Massagen wirklich Kraft verleihen. Durch den starken Wunsch und die lebhafte Vorstellung, dass die Massage ihr Ziel erreichen möge, kann ihre Wirkung ungemein gesteigert werden. Außerdem neigt der Geist dann weniger dazu, während der Übung abzuschweifen.

Die Stirn ist bei manchen Menschen ein Schlachtfeld gegensätzlicher Emotionen. Sie nimmt starke Spannungen wahr und speichert sie. Legen Sie, um dem entgegenzuwirken, einen Handballen auf den Knochenwulst zwischen den Augenbrauen. Die Handfläche und die gespreizten Finger liegen auf der Stirn und weisen nach rechts oder links. Üben Sie relativ starken Druck aus. Lassen Sie die Hand dann, wo sie ist, während Sie den Kopf von einer Seite zur anderen drehen, so dass Handfläche und Finger über die Stirn wandern. Die Vorstellung, Falten aus einem Seidenschal zu bügeln, kann die entspannende Wirkung unterstützen.

Massagetechniken, um den Teint zu verbessern, gibt es in etwa so viele wie Kosmetika gegen das Altern der Haut. Als Grundregel ist zu beachten, dass das Gesicht immer horizontal oder nach oben massiert werden sollte. Methoden, die nur an der Oberfläche wirken, werden allerdings kaum bis zu den Wurzeln einer unterschwelligen Unzufriedenheit vordringen und dadurch der Haut und dem von ihr umhüllten Wesen zur Entspannung verhelfen können. Schon das gequälte Nachgrübeln darüber, wie viele Runzeln man hat und welches Erscheinungsbild man abgibt, wirkt nicht sehr entspannend. Trotzdem stellen wir oft fest, dass wir uns wieder einmal alle Mühe gegeben haben, uns fein zu machen und herauszuputzen, um das Interesse unserer Umgebung zu erregen, wo wir uns doch viel lieber in unseren alten Lieblingspullover kuscheln würden, ohne irgendwie besonders auszusehen. Die abschließende Übung trägt daher den Namen: »Die Maske durcheinanderbringen«. Sie kann den Stress und die Anspannung lindern, die dadurch entstehen, dass man sich selbst zu ernst nimmt, besonders hinsichtlich der Wirkung auf andere.

Schließen Sie die Augen und stellen Sie sich vor, Ihr Gesicht sei aus Gummi, das heißt wie eine auf das wahre Ich aufgesetzte Maske. Die verändern Sie jetzt ein wenig. Verziehen Sie die Maske zu verschiedenen Grimassen, die man als komisch oder grotesk bezeichnen könnte, aber das ist jetzt ganz egal. Verzerren Sie Nase und Ohren, Mund und Augen, aktivieren Sie ungewohnte Gesichtsmuskeln und ziehen Sie Gesichter, die Sie normalerweise nicht im Repertoire haben. Versuchen Sie dasselbe dann vor dem Spiegel, um zu entdecken, wie vielfältig Ihr Gesichtsausdruck sein kann. Was wir als unser »Aussehen« bezeichnen, ist das Bild, das wir gern präsentieren wollen, aber nur eine von vielen Möglichkeiten. Probieren Sie das Ganze allerdings nicht mit der Maske anderer Menschen, falls man Sie nicht explizit zu einer derart respektlosen Behandlung auffordert – viele Leute sind nicht allzu begierig darauf, ihre Maske durcheinanderbringen zu lassen.

Gegenseitige Rückenmassage

Sich gegenseitig den Rücken zu massieren kann, wenn es geschickt und einfühlsam geschieht, fremde Menschen zu Freunden machen und eine tiefe, wohltuende Entspannung bewirken. Der Leitgedanke lautet, dass etwas, was sich am eigenen Körper gut anfühlt, bei der Partnerin wahrscheinlich ebenso wirkt. Bestimmte Grundregeln sorgen aber dafür, dass das mit größerer Wahrscheinlichkeit zutrifft. Bevor Sie anfangen, sollten Sie also über die folgenden Punkte nachdenken. Zunächst einmal sollte der Raum angenehm warm sein. Beide Beteiligten sollten Gürtel und Armbanduhr ablegen und leichte, weiche, bequeme Kleidung tragen, falls sie sich nicht entscheiden, den Oberkörper freizumachen. Mit dieser Möglichkeit befassen wir uns später noch eingehender. An dieser Stelle folgen ein paar allgemeine Vorschläge.

Neben einer warmen und idealerweise auch friedlichen und ruhigen Umgebung brauchen Sie eine passende »Arbeitsfläche«. Das kann – und muss oft – der Boden sein. Man muss ihn aber polstern, damit er nicht zu hart und kalt ist. Dazu können zusammengefaltete Decken dienen, besser noch eine dünne, zusammenrollbare Schaumstoffmatte. Es kommt darauf an, dass die Oberfläche nur minimal nachgibt, wenn Druck auf sie ausgeübt wird, weshalb weiche Matratzen nicht zu empfehlen sind. Außerdem sollte die Unterlage nicht auf dem Boden umherrutschen können.

Viele Leute benutzen lieber eine Massageliege oder eine andere erhöhte feste Fläche. Abgesehen von praktischen Fragen ist das eindeutig Geschmackssache. Boden wie Liege haben Vor- und Nachteile. Benutzt man eine Liege oder etwas Ähnliches, sollte die Fläche sich auf Höhe der Handgelenke befinden, wenn man die

Arme hängen lässt. So ist der gesamte Körper der Partnerin zugänglich, ohne dass man sich vornüberbeugen muss oder, im Falle einer zu hohen Fläche, nicht genügend Hebelwirkung hat. Am Boden zu massieren kann einerseits anstrengender sein, da man dabei mehrfach aufstehen muss, um den Partner von verschiedenen Seiten zu behandeln. Andererseits ist aber auch das eine nützliche Übung. Lassen Sie sich also, wie auch sonst immer, von der Praxis leiten.

Zunächst legt sich die passive Partnerin auf den Bauch und macht es sich bequem. Es tut oft gut, wenn man sich ein dünnes Kissen oder eine gefaltete Decke unter die Brust legt, eine zweite unter die Knöchel. Die obere Unterlage reduziert die Beanspruchung des Halses, mit der unteren vermeidet man Beschwerden beim Massieren der Beine.

Benutzt man eine Liege, kann man sich leicht um den Partner herumbewegen, während man am Boden auf den Knien arbeiten muss. In beiden Fällen empfindet es die passive Partnerin oft als angenehmer, wenn die aktive sich neben ihr befindet statt an ihrem Kopf. Das sollte man in Betracht ziehen. Auf jeden Fall ist es nicht ratsam, während der Rückenmassage auf dem Gesäß der Partnerin zu hocken, so praktisch das auch scheinen mag. Es geht darum, dass die Person, die massiert wird, sich der Erfahrung so entspannt und frei hingeben kann wie irgend möglich.

Sprechen Sie vor der Massage über die Techniken, die Sie ausprobieren wollen, und nehmen Sie sich beide viel Zeit für den ganzen Vorgang. Übereilen Sie nichts. Wo und wann die Massage stattfindet, bleibt Ihnen überlassen, aber Ort wie Zeit sollten von Ruhe und Weite geprägt sein. Kommen zwei Partnerinnen außerhalb einer Gruppe zusammen, brauchen sie beim ersten Mal möglicherweise jeweils nur dreißig Minuten, vielleicht aber auch zwei volle Stunden. Später stellt sich dann vielleicht heraus, dass eine Stunde ideal ist. Im Rahmen einer Gruppe wird man die Rückenmassage auf jeweils etwa eine halbe Stunde beschränken müssen, wenn beide an die Reihe kommen sollen. Gut möglich, dass dann ein Teil der folgenden Techniken ausgelassen werden muss. Wenn nach der Massage noch genug Zeit bleibt, kann die passive Partnerin noch ein wenig entspannt liegen bleiben, während die aktive eine Kanne Tee macht. Planen Sie den Ablauf möglichst im Voraus und besprechen Sie, wie die Zeit aufgeteilt werden soll, damit keiner der Partner in Eile gerät.

Zur Körperhaltung

Sind Sie als aktiver Teil Rechtshänderin, knien Sie sich zur Linken Ihrer Partnerin auf den Boden. Sie können sich auch auf einen niedrigen Hocker oder ein Kissen setzen. Die rechte Hand befindet sich auf Höhe des unteren Rückens, die linke ungefähr am Hals. Linkshänder beginnen auf der anderen Seite.

Bei der Massage ist es sehr wichtig, auf die eigene Körperhaltung und den Atem zu achten. Im Stehen wie im Sitzen müssen Sie dafür sorgen, sich nie zu sehr anzustrengen und die Atmung weder einzuengen noch zu unterdrücken. Die Qualität der Massage hängt sehr stark vom körperlichen und mentalen Wohlbefinden der Massierenden ab. Fühlt diese sich nicht wohl, ist sie angespannt, zerstreut oder gelangweilt, wird sie dies auch der passiven Partnerin vermitteln. Hier kann die folgende Visualisierung helfen: Stellen Sie sich vor, dass Ihre Energie im unteren Teil Ihres Rumpfes zentriert ist. Alle Bewegungen gehen von einer Stelle unterhalb des Nabels aus. Von dort steigt die Energie auf und strömt durch die Hände aus, statt vom Kopf über den Hals in die Hände zu gelangen. Diese Vorstellung trägt dazu bei, Anstrengung und Müdigkeit zu reduzieren und der passiven Partnerin zu vermitteln, dass sie es mit einem stabilen, zentrierten Energiefluss zu tun hat.

Versuchen Sie im Stehen wie im Sitzen, das Gefühl eines stabilen Gleichgewichts entstehen zu lassen – in den Füßen, den Knien, dem Gesäß, in sich selbst. So kann die Energie konstant und regelmäßig aus der Körpermitte emporströmen. Viele Methoden zur physischen und spirituellen Heilung und Regeneration betonen die Bedeutung dieses zentralen Punktes im Unterbauch und bezeichnen ihn als Ursprung unserer kraftvollsten Energie. Die meisten Opernsänger dürften derselben Meinung sein. Wenig hilfreich ist jedenfalls das Gefühl, dass die Energie planlos umhergeistert oder aus den oberen Extremitäten sprüht. Finden Sie also ein zentrales, tiefliegendes Gleichgewicht und arbeiten Sie von der soliden Basis und der Energiequelle aus, die es hervorbringt. Versuchen Sie, dieses Gefühl beizubehalten, wenn Sie Ihre Position verändern.

Massageöle

An dieser Stelle kann man sich überlegen, ob die passive Partnerin für die Rückenmassage den Oberkörper freimachen möchte. Da man im Liegen leicht fröstelt, kommt das nur in Frage, wenn das Zimmer wirklich warm genug ist. Wenn das der Fall ist – und wenn keine der Partnerinnen dadurch in Verlegenheit gerät –, hat es gewisse Vorteile, direkt auf der Haut zu massieren. In einer Atmosphäre echten Vertrauens empfinden die meisten Menschen den Kontakt von Haut zu Haut als ungemein entspannend und wohltuend. Ohne Öl ist es allerdings einfacher, durch leichte Kleidung hindurch zu massieren. Will man es also ohne Kleidung versuchen, muss etwas Öl bereitstehen.

Die Ölgrundlage sollte leicht und neutral sein. Am besten ist wahrscheinlich Mandelöl, brauchbar sind aber auch alle anderen pflanzlichen Öle, die den Geruchssinn nicht beleidigen. In vielen Massagebüchern ist davon die Rede, wie wertvoll es sein kann, ätherische Öle beizumischen, die in zahllosen Variationen erhältlich sind. Viele dieser Öle wirken auf die Haut und durch sie hindurch und besitzen zudem aromatische Eigenschaften. Wenn Sie so etwas mögen und sinnvoll finden, können Sie es gern benutzen. Die beiden Partnerinnen haben sehr unterschiedliche Rollen, doch wenn sie gemeinsam ein duftendes Öl genießen, entsteht rasch eine Atmosphäre der Verbundenheit. Die richtige Duftmischung aufzutragen kann sofort eine positive Verbindung zwischen den Partnern herstellen. An Äußerungen wie »Ach, das ist aber ein angenehmer Duft« merkt man, dass das Eis gebrochen ist. Verbringen Sie also ein wenig Zeit bei den Probierfläschchen in Ihrem Bio- oder Naturkosmetikladen, um Ihre eigene leichte Duftmischung zusammenzustellen.

Natürlich ist es sinnvoll, sich mit den spezifischen Wirkungen und den Kontraindikationen aller ätherischen Öle zu beschäftigen, die man benutzen will. Verwendet man aber nur wenige Tropfen davon, um die Ölgrundlage leicht zu parfümieren, dürften fast alle ätherischen Öle in Frage kommen. Massagen zu geben und zu bekommen ist naturgemäß eine sehr individuelle und persönliche Erfahrung. Das kann man verstärken, indem man seine »eigenen« Öle auswählt und zusammenstellt. Wenn dieser Aspekt der Massage Sie anspricht, gibt es etliche Bücher über Aromatherapie, die Ihnen weiterhelfen können.

Probieren Sie das Ganze zunächst an sich selbst aus. Finden Sie heraus, wie stark der Duft sein sollte und wie viel Öl man braucht. Erforschen Sie, welchen Unterschied es macht, mit und ohne Kleidung zu massieren. Bestimmte Bewegungen sind durch den Stoff hindurch schwieriger, weil die Hände sich nicht so flüssig bewegen können. Geht es hingegen um die Arbeit an den Druckpunkten, ist das Gegenteil der Fall. Sie werden rasch merken, dass es immer ungünstig ist, zu viel Öl zu verwenden, weil die Hände dann zu schlüpfrig werden und leicht abgleiten, ganz zu schweigen von den Flecken auf der Unterlage und womöglich auch auf dem Teppich. So etwas kann man vermeiden, indem man kleine Mengen Öl auf die eigenen Hände spritzt statt direkt auf den Körper der Partnerin. Ein letzter Rat, in Erinnerung an einen bedauerlichen Vorfall, bei dem ein wertvoller Gebetsteppich in Mitleidenschaft gezogen wurde: Füllen Sie das Öl in eine Flasche, die zwischen den Anwendungen rasch und fest verschließbar ist.

Der erste Kontakt

Auch wenn Sie noch so zentriert und ausgeglichen sind, ändert das nichts daran, dass Ihre Partnerin womöglich zu den Menschen gehört, die sich unwohl fühlen, wenn etwas hinter ihrem Rücken vor sich geht. Es ist daher immer am besten, bedachtsam und beruhigend vorzugehen. Legen Sie, wenn Sie dazu bereit sind, Ihre »Haupthand« einfach leicht, aber sicher mit gespreizten Fingern auf das Kreuz Ihrer Partnerin. Die andere Hand kommt an die Verbindung zwischen Hals und Schultern. Lassen Sie die Hände dort ruhig liegen, während Sie sich einen Moment lang sammeln und an

Ihre guten Intentionen denken; legen Sie die Hände dann auf die Schulterblätter und halten Sie wieder eine Zeit lang inne. Zum Abschluss kommen die flachen Hände oben auf die Schultern, um von dort aus langsam, aber fest am Rücken entlang zum Kreuz zu streichen und hier ein paar Momente ruhig liegen zu bleiben. Wiederholen Sie diese Bewegung mindestens fünf Mal.

Wirksam ist auch der folgende erste Strich: Die rechte Hand kommt auf die rechte Schulter der Partnerin und gleitet von dort aus behutsam, aber fest bis hinab zum Kreuzbein. Mit etwas Verzögerung tut die linke Hand von der linken Schulter aus dasselbe, so dass die Hände in einem rhythmischen Fluss am Rücken entlangstreichen. Das kann sehr entspannend für beide Beteiligten sein. Konzentrieren Sie sich auf die Einfachheit der Bewegung und spüren Sie, wie sie alle Beschwerden und Spannungen nach unten zieht und mit sich fortträgt. Vielleicht merken Sie auch, wo Spannungen bleiben und wie Sie weitermachen sollten. Besonders Menschen, die mit Massage noch nicht sehr vertraut sind, finden diese Technik sehr hilfreich, um einen freundschaftlichen und beruhigenden Kontakt herzustellen.

Eine dritte Methode, um den erwünschten Entspannungseffekt zu überprüfen, ist ein behutsames Schaukeln des Oberkörpers. Legen Sie dazu die gespreizten Finger beider Hände an die nähere Seite der Wirbelsäule, wie eine Pianistin, die ihre Hände auf die Tasten legt. Jeder Finger sucht sich nun »seine« Mulde zwischen den einzelnen Wirbeln. Wenn Sie also an der linken Seite stehen oder sitzen, drücken Sie die Finger in die Vertiefungen auf derselben Seite und schieben den Oberkörper der Partnerin ganz leicht immer wieder von sich weg, bis eine rhythmische Schaukelbewegung entsteht. Wiederholen Sie das, während die Finger sich allmählich vom Schulterbereich bis zum Kreuz bewegen, so dass der Körper langsam und sanft, aber ohne Unterbrechung hin- und herschaukelt.

Drücken Sie die Fingerspitzen nun in die Vertiefungen auf der anderen Seite des Rückgrats und ziehen Sie den Rücken behutsam zu sich hin, so dass eine gegenläufige Schaukelbewegung entsteht. Wiederholen Sie das wieder entlang aller Wirbel unterhalb des Halses.

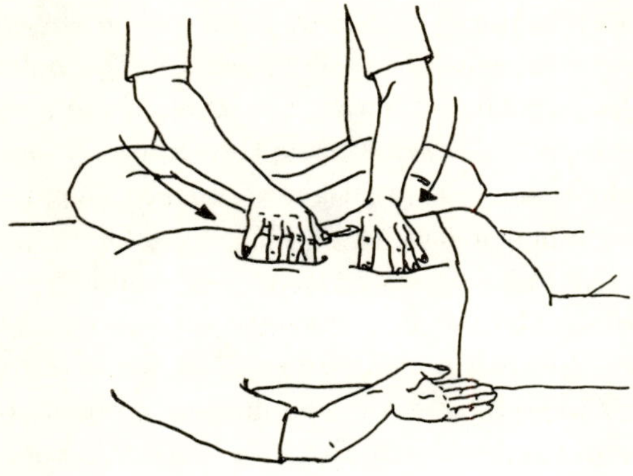

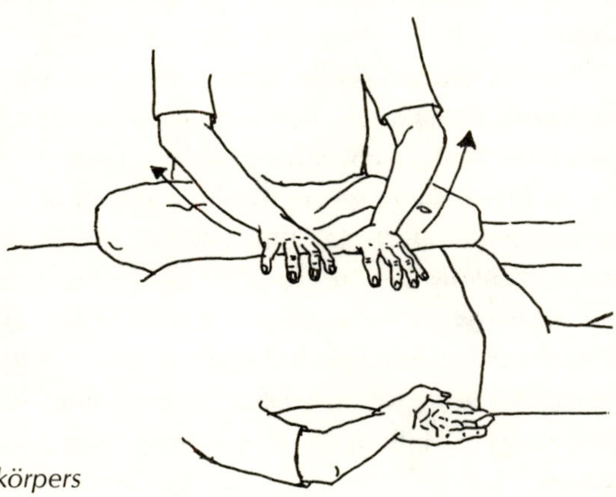

Schaukeln des Oberkörpers

Diese Technik sollte den Rücken nicht belasten. Reagiert die Partnerin mit Widerstand oder Steifheit, liegt das wahrscheinlich an mangelnder Entspannung. Gehen Sie in diesem Fall, wieder von der linken Seite aus gesehen, folgendermaßen vor: Legen Sie die gespreizte linke Hand auf den oberen Rücken zwischen die Schulterblätter, die rechte fest und sicher auf das Kreuz. Bewegen Sie die Hände dann behutsam gegenläufig, so dass eine sanfte Schaukelbewegung zwischen oberen und unteren Rücken entsteht.

Geht man so vor, kann man die Steifheit auflockern und dazu beitragen, dass die Partnerin wahrnimmt, wie verspannt sie noch ist. Falls Sie nicht viel Erfahrung haben und die andere Person zudem nicht wirklich gut kennen, ist es wahrscheinlich am besten, ihr nicht direkt zu sagen, dass Ihnen ihr Rücken steif wie ein Brett vorkommt. Viele Menschen fühlen sich zutiefst beschämt und unsicher, weil sie sich nicht entspannen können. Sagt man ihnen das auch noch, haben sie womöglich das Gefühl, man würde sie angreifen oder meinen, sie seien nicht recht dazu geeignet, massiert zu werden. So unsinnig dieses Gefühl auch sein mag, es tritt nicht selten auf. Da es hier um Entspannung geht, will man es natürlich nicht noch fördern. Ich warte im Allgemeinen, bis meine Partnerin selbst darauf zu sprechen kommt. Oft lässt sie im Verlauf mehrerer Massagen ohnehin allmählich los, so dass gar keine Worte vonnöten sind.

Viele Menschen stellen fest, dass einer ihrer Arme mit der dazugehörigen Hand wesentlich kräftiger ist als der andere. Bei solchen Techniken könnte das dazu führen, dass jeweils eine Seite bei beiden Körpern, die hier beteiligt sind, intensiver beansprucht wird als die andere. Da auch das aktive Geben von Massage eine therapeutische Wirkung hat, sollte es einen ausgeglichenen und ganzheitlichen Charakter haben. Es ist deshalb zum Wohle beider Partnerinnen, wenn beide Seiten des Körpers so gleichmäßig wie möglich behandelt werden. Auch wenn man sich dabei um die Partnerin herumbewegt, sollten die Bewegungen natürlich und ausgewogen bleiben.

Haben Sie es mit einem Menschen zu tun, der ein typisch »modernes«, aktives Leben führt, werden Sie wahrscheinlich auf einen Überschuss an Luftenergie stoßen. Die ständig analysierende, intellektuelle Natur dieses Lebensstils führt oft zu geistiger Ruhelosigkeit, verbunden mit einer Schwäche der schwereren, stabileren Elemente Erde und Wasser. Bei der Massage kann man diesem Ungleichgewicht entgegenwirken, indem man hauptsächlich von oben nach unten streicht. Striche von unten nach oben sind angezeigt, wenn es um Müdigkeit, Depression oder die Nachwirkungen einer Erkrankung geht. Bei der Massage sind also nicht nur anatomische und physiologische Grundkenntnisse von Nutzen, sondern auch ein gewisses Gefühl für das Gleichgewicht der Elemente.

Bei Kursen taucht oft die Frage auf, ob es gut ist, sich während der Massage zu unterhalten. Nun, wenn die passive Partnerin irgendwelche gesundheitlichen Probleme hat oder sich plötzlich unwohl fühlt, sollte sie es natürlich sagen. Kennen beide sich gut, schadet es auch nichts, wenn sie ein wenig miteinander plaudern. Was Anweisungen oder ein Feedback der passiven Partnerin während der Massage betrifft, kann das zwar hilfreich sein, doch sollte die aktive mit zunehmender Praxis in der Lage sein, Problembereiche selbst zu erspüren und sich entsprechend zu verhalten. Ganz selten kann es sinnvoll sein, die Partnerin aufzufordern, sich zu entspannen oder loszulassen, doch können Berührungen so etwas im Allgemeinen besser vermitteln. Wenn die Partnerin nicht loslässt oder flach atmet, liegt das oft an einem Mangel an Vertrauen, und gerade Gefühle von Sicherheit können meist besser mit den Händen vermittelt werden. Zu schweigen hat ohnehin viel für sich, da belangloses Geplauder wie auch eine lebhafte Diskussion einer wirklichen Entspannung entgegenwirken können. Ich selbst überlasse es deshalb im Allgemeinen der passiven Partnerin, ein Gespräch zu beginnen, und rede nur, wenn ich es als hilfreich und beruhigend empfinde.

Die Schultern

Nun sind die Schultern an der Reihe. Kneten und drücken Sie die Muskeln an der Oberseite vom Nacken bis zum Schultergelenk, um alle Verspannungen zu beseitigen, die dort zu finden sind. Manche Muskeln werden verspannt sein oder steif, andere verknotet, weshalb es Zeit braucht, sie zu lockern. Das ist in Ordnung. Die meisten Menschen genießen es, wenn man ihnen die Schultern massiert, also werden Sie Ihre Partnerin wahrscheinlich nicht langweilen. Da es ermüdend sein kann, sich vorzubeugen, um Druck auszuüben, sollten Sie versuchen, neben der Muskelkraft auch die Schwerkraft einzusetzen. Benutzen Sie eine Liege, können Sie sich ans Kopfende stellen, um Ihr Körpergewicht auf die Handflächen und -ballen zu bringen, falls das von der Seite aus schwierig ist.

Bei der Arbeit am Boden gibt es andere Optionen. Zum Beispiel

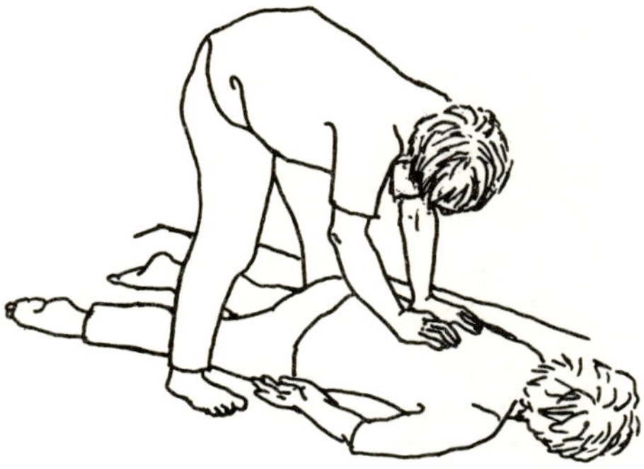

Rückenmassage im Stehen

kann man sich mit gespreizten Beinen über den Partner stellen, um mit den Handballen und den Fingern zu massieren. Dazu geht man entweder in die Hocke oder bückt sich von der Hüfte aus. Besonders sinnvoll ist das, wenn man jemanden mit einem breiten, muskulösen Rumpf massiert, weil man so das Gewicht des eigenen Körpers nutzen und die Belastung gleichmäßiger auf die eigenen Muskeln und Gelenke verteilen kann, ohne sich anzustrengen. Dabei sollte man manchmal den Standort wechseln, um die Positionen zu finden, die sich am angenehmsten anfühlen.

Die Schulterblätter

Hier lauern oft Verspannungen, bei deren Lösung Sie folgendermaßen helfen können: Stehen oder knien Sie rechts von Ihrem Partner, der das Gesicht von Ihnen abgewendet hat. Bringen Sie seinen Arm, falls das für ihn schmerzfrei möglich ist, hinter dem Rücken in die Position, die in Ringerkreisen als Halbnelson bezeichnet wird (siehe Abbildung S. 146), und unterstützen Sie die Schulter von unten mit der rechten Hand. Drücken Sie nun mit den gestreckten Fingern der linken Hand vorsichtig die Muskulatur unter dem Schulterblatt. Indem Sie den rechten Arm des Partners mit Ihrem eigenen rechten Arm ganz leicht schütteln, können Sie diesen Bereich noch mehr öffnen. Gehen Sie dabei aber behutsam vor. Sie haben es hier mit empfindlichen Stellen zu tun, in denen sich viele Verspannungen ansammeln, die nur ganz sanft gelöst wer-

Massage unter den Schulterblättern

den sollten. Wiederholen Sie das Ganze von der linken Seite aus; der Kopf des Partners ist in diesem Fall nach rechts gewandt.

Diese Technik kann zwar sehr wohltuend wirken, ist jedoch, was die Rückenmassage betrifft, mit am schwierigsten. Gut möglich, dass Sie sich ungeschickt anstellen oder die Bewegungen nicht richtig koordinieren oder dass Ihr Partner sich intuitiv dagegen wehrt, wenn ihm der umgedrehte Arm gelockert wird. Versuchen Sie, mit der Situation und dem Körper des Partners einfühlsam und behutsam umzugehen. Wenn es trotzdem nicht klappt, lassen Sie die Technik einfach aus.

Am Rückgrat entlang

Legen Sie die flachen Hände an den Schultern links und rechts neben das Rückgrat und arbeiten Sie sich mit kleinen Kreisbewegungen nach unten bis zu den Hüften. Üben Sie dabei gleichmäßig und symmetrisch so viel Druck aus, wie es Ihnen passend erscheint. (Übrigens: Begriffe wie »passend«, »fest«, »sanft« und »behutsam« sollen nur als Richtlinie dienen – alles hängt vom Gewicht und der Körperkraft des Partners ab, von seinem gesundheitlichen Zustand und vielem mehr.) Verringern Sie den Druck im Bereich zwischen den Rippen und dem Becken, weil diesem im Liegen die Unterstützung fehlt. Üben Sie nie festen Druck direkt auf das Rückgrat aus; drücken Sie immer gleichmäßig mit beiden Händen gleichzeitig neben die Wirbel.

Wiederholen Sie diese kreisende Abwärtsbewegung einige Male und gehen Sie dann zum Iliosakralgelenk, dem Übergang der Beckenknochen zum Kreuzbein, über. Es ist sehr wichtig, dass beide Partner keine Probleme mit Berührungen in diesem Bereich haben. Folgen Sie Ihrem Einfühlungsvermögen, und wenn Sie sich unwohl fühlen oder merken, dass Ihr Partner verlegen wird, hören Sie einfach auf. Unproblematisch und wohltuend ist es im Allgemeinen, entlang beider Seiten des Iliosakralgelenks zu drücken und am Ende einen festen, kreisenden Druck in die Höhlung der Hüftgelenke auszuüben. Fühlen beide Partner sich wohl dabei, kann man Verspannungen im unteren Rücken lösen, indem man die kreisenden Finger fest in die Pobacken hineindrückt. Gegen Knieschmerzen hilft es manchmal, mit den Daumen fest auf die Punkte im Gesäßbereich zu drücken, die sich schmerzhaft anfühlen.

Kreuz und quer

Knien oder stellen Sie sich an eine Seite des Partners und legen Sie ihm die flachen Hände auf den hinteren Brustkorb, eine Hand auf die nahe, die andere auf die entfernte Seite (siehe Abbildung S. 148, unteres Bild). Ziehen Sie die entfernte Hand nun zu sich heran und schieben Sie die nahe Hand gleichzeitig von sich weg. Üben Sie dabei gleitend Druck auf den Rücken aus. Die Hände bewegen sich mehrfach hin und her, von den Achselhöhlen bis hinab zu den Hüften.

Strecken Sie anschließend beide Arme und legen Sie die Hände über Kreuz auf die entfernte Flanke des Partners unterhalb der Ach-

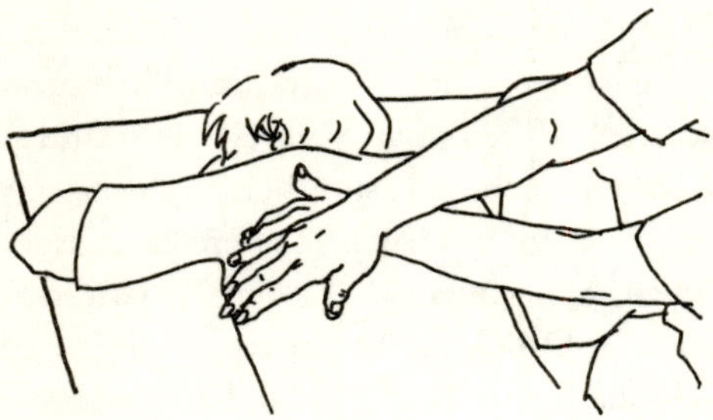

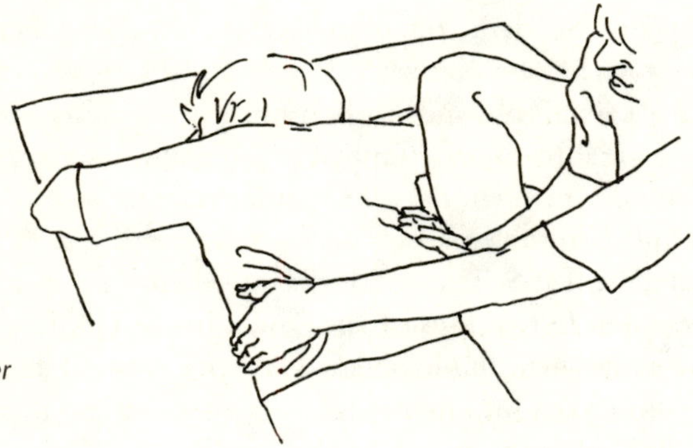

Kreuz und quer

selhöhle (siehe obere Abbildung). Ziehen Sie mit den Handflächen und den entspannten offenen Fingern, während die Hände in einer flüssigen Wechselbewegung nach unten zur Hüfte wandern. Wiederholen Sie das einige Male von beiden Seiten aus.

Der aktive Teil der Rückenmassage endet mit einem leichten Klopfen mit der Faust. Der Schlüssel zum Erfolg ist dabei, dass die Handgelenke und Finger ganz locker und unverkrampft bleiben. Versuchen Sie also, Ihren Bewegungen eine flexible, fließende Qualität zu verleihen, statt den Rücken einfach zu knuffen. Schließen Sie beide Hände zu lockeren Fäusten, entspannen Sie Arme und Handgelenke und klopfen Sie behutsam und flüssig den Rücken, von oben nach unten und wieder hinauf, überall, außer direkt auf den Wirbeln. Gut fühlt (und hört) es sich auch an, wenn man die Handkanten benutzt. Auch dabei müssen die Finger locker bleiben.

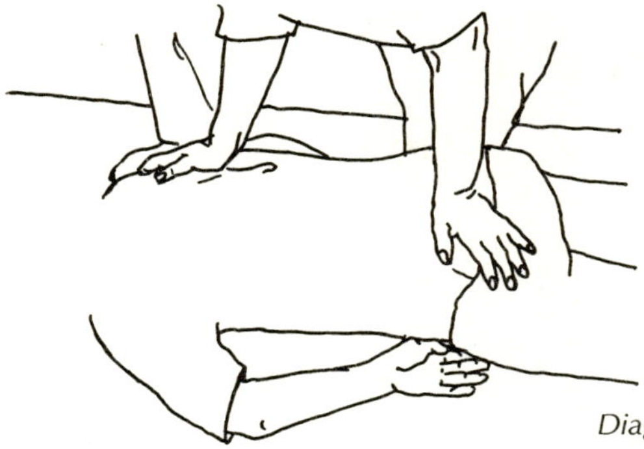

Diagonale Rückendehnung

Vielleicht sollten Sie das Ganze erst an den eigenen Oberschenkeln üben, bis die Bewegung entspannt und flüssig geworden ist.

Zum Abschluss

Während der Massage sind Sie immer in engem Kontakt mit Ihrem Partner geblieben. Versuchen Sie nun, sich so behutsam daraus zu lösen, wie Sie begonnen haben: mit einer letzten Dehnung und einer Ruhephase.

Knien oder stellen Sie sich auf die rechte Seite des Partners; legen Sie die rechte Hand auf seine rechte Schulter und die linke an den linken Beckenknochen (siehe Abbildung oben). Üben Sie nun Druck aus, indem Sie die Hände in die entgegengesetzte Richtung schieben, so dass der Rücken diagonal gedehnt wird. Halten Sie diese Dehnung gut zwanzig bis dreißig Sekunden und wiederholen Sie sie dann auf der anderen Seite. Sie können den Partner dabei auffordern, in die Dehnung hineinzuatmen, um deren Wirkung zu steigern. Schließen Sie die Massage ab, indem Sie die Hände wie ganz am Anfang einfach leicht auf das obere und untere Ende des Rückgrats legen, bevor Sie sie langsam und respektvoll wegnehmen und auch innerlich loslassen.

Sechste Einheit

Visualisierung

Bisher haben wir mit Hilfe der Visualisierung des weißen und des roten Lichts daran gearbeitet, physische und emotionale Störungen zu reinigen. In dieser Einheit beschäftigen wir uns mit dem blauen Licht. Es hat einen positiven Einfluss auf Probleme wie Angst, Beklemmung und mangelndes Selbstvertrauen. Im Grunde wirkt es gegen jede Form geistiger Negativität.

Wie wir die Dinge sehen und empfinden, bestimmt unsere gesamte Lebenserfahrung. Erfüllen Ereignisse, Situationen und andere Menschen nie unsere Hoffnungen und Erwartungen, fühlen wir uns womöglich vom Pech verfolgt. Dadurch entsteht ein Gefühl der Enttäuschung und des ständigen Scheiterns. Auch wenn unser Leben stark von Leiden oder Stress geprägt ist, sehen wir die Welt oft wie durch eine dunkle Brille. In beiden Fällen sind wir in einem Teufelskreis aus Wahrnehmung, Emotion und Reaktion gefangen, der ständig unseren inneren Frieden stört. Es gelingt uns nicht, die Dinge so zu sehen und zu akzeptieren, wie sie sind, und dabei Gelassenheit zu bewahren. Wie könnten wir in diesem Zustand hoffen, anderen helfen zu können?

Bei der folgenden Visualisierung wird das Bewusstsein von einem Raum schaffenden, inspirierenden und reinigenden blauen Licht erfüllt. Dieses verwandelt alle dunklen Inseln geistiger Negativität in Rauch, der sich seinerseits, ohne Schaden anzurichten, in Luft auflöst.

Das blaue Licht ✧

Setzen oder legen Sie sich bequem hin. Rücken und Hals sollten so gerade sein wie möglich. Schließen Sie die Augen und atmen Sie entspannt ein und aus, während Körper und Geist zur Ruhe und zu einem Zustand der Gelassenheit und des Gleichgewichts finden. Nicht dass das so einfach wäre, doch da die meisten Gedanken und Körperempfindungen eine sehr unbeständige Sache sind, verschwinden sie bald wieder, wenn man nicht bei ihnen verweilt. Lassen Sie also ein paar Minuten lang alles zur Ruhe kommen.

Geben Sie sich entspannt der Schwere des Körpers hin, dem einfachen Ein- und Ausströmen des Atems. Während das oberflächliche Geplauder des Geistes nach und nach zur Ruhe kommt, können tiefere, persönlichere Gedanken und Empfindungen aufsteigen. Möglicherweise versinken Sie auch in ein lethargisches Dösen, aber auch das geht vorüber. Beschäftigen Sie sich mit Ängsten oder Sorgen, die sich tief in Ihrem Inneren melden. Lassen Sie diese an die Oberfläche treiben und wirbeln und fragen Sie sich, weshalb Sie sich konkret Sorgen machen, wovor Sie eigentlich Angst haben. Vielleicht ist es nur das banale Gefühl der Peinlichkeit, man könnte sehen, dass Sie Ihr T-Shirt verkehrt herum anhaben, vielleicht auch eine tiefe, grundlegende Angst, wie die Angst vor dem Wahnsinn oder vor dem Tod. Es kommt nicht darauf an, was Ihnen in den Sinn kommt, sondern nur darauf, es an die Oberfläche steigen zu lassen in dem Bewusstsein, dass es Sie nicht überwältigen kann. Sie sind davor geschützt durch das blaue Licht, durch die angeborene Stabilität der Essenz des Geistes.

Versuchen Sie nicht, Ihre Ängste loszuwerden oder zu analysieren, nehmen Sie sie einfach wahr. Lassen Sie sich von diesen Gedanken und Gefühlen nicht so stark mitreißen. So, wie es schön ist, die Welt durch das Fenster eines fahrenden Zuges zu beobachten, ohne dass Sie auf die Idee kämen, hinauszuspringen, um etwas zu verändern, können Sie auch die innere Welt eine Weile beobachten, ohne sich in Reaktionen darauf zu verfangen. Das wird nicht unbedingt gemütlich sein; wie bereits gesagt, gibt es nichts Schwereres, als einfach nichts zu tun.

Verbringen Sie mindestens fünf bis zehn Minuten damit, über jene Ereignisse in Ihrem Leben nachzudenken, die zu Angst, Verwirrung, dem Gefühl des Scheiterns geführt haben. Betrachten Sie auch Ihre persönliche Erfahrung mit psychischen Störungen, mit Zeiten, in denen Sie aus irgendeinem Grund nicht klar denken oder Ihrem eigenen Urteil trauen konnten. Oft haben diese Situationen noch im Rückblick die Kraft, eine Welle der Angst aufsteigen zu lassen. Doch auch ohne die traumatischen Gefühle zu reproduzieren, die jene Wunde geschlagen haben, kann es nützlich sein, sich an einige der Situationen zu erinnern, die Sie zu dem gemacht haben, was Sie sind, und die noch immer beeinflussen, wie Sie sich fühlen.

Indem Sie Ihre Ängste und die destruktiven Reaktionen, die diese in Ihrem Leben verursacht haben, mit mehr Offenheit betrachten, können Sie sich allmählich besser verstehen lernen. Sie können erkennen, dass viele dieser Ängste der Vergangenheit angehören. Alle Bedrohungen sind schon lange vorüber, und doch ist ein Gewohnheitsmuster geblieben. Sie können lernen, Angst und Verwirrung zu durchschauen, um die Vergangenheit loszulassen und zu wagen, den gegenwärtigen Moment zu kosten. Das blaue Licht kann Ihnen helfen, genügend Klarheit und Mut aufzubringen, um diese oft schmerzhafte Arbeit zu leisten, zum eigenen Nutzen und zu dem Anderer. Das ist die richtige Motivation, ohne die eine echte Entwicklung kaum stattfinden wird.

Die Visualisierung

Stellen Sie sich wieder einen grenzenlos offenen Himmel vor, entweder einen vollständig klaren und wolkenlosen blauen Taghimmel oder einen Nachthimmel mit Millionen von Sternen. Lassen Sie zunächst einfach den Geist zur Ruhe kommen und blicken Sie in den offenen Raum.

Er ist mit allen Farben und Energien des Lichts erfüllt, und in seiner Mitte erscheint ein Punkt noch helleren Lichts, der langsam näher kommt. Dabei dehnt er sich aus und bildet eine vollkommene Kugel aus wirbelnden Regenbogenfarben, die Kugel der fünf reinen Elemente, die Sie von den früheren Übungen her kennen. Sie sehen das ausgleichende goldgelbe Licht der Erde, das zusammenhaltende kristallklare Licht des Wassers, das wärmende rubinrote Licht des Feuers, das intelligente smaragdgrüne Licht der Luft und das unbeschreiblich intensive tiefblaue Licht des Raumes. Alle fünf Lichter verschmelzen nun zu einem Licht von tiefstem Blau. Es ist die Farbe von Lapislazuli in Form von Licht. Schon wenn Sie dieses Blau betrachten, entsteht ein Gefühl des Mutes und des unerschütterlichen Selbstvertrauens.

Nun strömt das blaue Licht von der Kugel auf Sie zu und tritt in der Mitte der Brust, auf Höhe des Herzens, in den Körper ein. Ist das schwierig zu visualisieren, können Sie sich vorstellen, dass das blaue Licht mit jedem Einatmen in den Körper eintritt oder ungehindert gleichmäßig in den ganzen Körper strömt wie Regen durch ein Netz.

Das Licht enthält alle heilenden Eigenschaften des Universums in Form der in ihm gebündelten fünf Farben. Wo es auf Angst und Negativität trifft, verwandelt es diese Emotionen und entfernt sie beim Ausatmen in Form blauschwarzen Rauchs, der sich vor dem Körper in der Luft auflöst, ohne Spuren zu hinterlassen. Im Lauf der Zeit wird dieser Rauch allmählich gereinigt und nimmt eine hellere, reinere Färbung an. Nehmen Sie währenddessen alle Körperempfindungen wahr, die mit den aufsteigenden Gedanken und Gefühlen verbunden sind. Atmen Sie in die entsprechenden Bereiche hinein und lassen Sie das Licht seine beruhigende und reinigende Arbeit vollenden.

Lassen Sie, während der austretende Atem klarer wird und die zuvor gespürte Negativität sich legt, immer mehr los und versuchen Sie zu spüren, dass Ihr Körper etwas weniger festgefügt ist als vorher und von der reinen, offenen Qualität des blauen Lichts durchdrungen. Vielleicht entsteht ein konkretes Gefühl der Leichtigkeit und der Erleichterung, weil Sie es geschafft haben, die tief liegenden Ängste loszulassen, die Sie für so bedrohlich und real gehalten haben. Verweilen Sie in diesem Gefühl des Losgelöstseins und geben Sie sich der Zuversicht hin, dass Sie einen Weg gefunden haben, um sich von Angst, Verwirrung und Hilflosigkeit zu befreien.

Die Visualisierung ausdehnen

In diesem Stadium wollen Sie die Praxis vielleicht auf andere ausdehnen, die in Ängsten oder sonstigen extrem leidvollen Zuständen gefangen sind. Das kann entweder jemand sein, den Sie kennen, oder alle Wesen auf der Welt. Lassen Sie im ersten Falle das Bild des betreffenden Menschen aufsteigen und stellen Sie sich vor, wie es sein muss, all sein Leiden zu erleben. Denken Sie im zweiten Falle besonders an all die Kinder und Tiere auf der Welt, die unter Krieg und Gewalt leiden, die immer unruhig sind und oft voller Angst, die ihre Eltern verloren haben und denen oft noch Schlimmeres geschieht.

In beiden Fällen sendet die Kugel einen Strom oder Regen aus heilendem blauem Licht aus, das in den Körper dieser Wesen eintritt, dort alle schädlichen und schmerzhaften Gedanken und Empfindungen reinigt und ein Gefühl des Friedens und der Entspannung hinterlässt. Das Positive, das auf der Welt gebraucht wird, ist ebenso grenzenlos wie das Potenzial des Positiven in uns selbst.

Eine persönliche Erfahrung

Sollte diese Methode, mit Angstgefühlen umzugehen, für Sie etwas wirklichkeitsfremd klingen, relativiert sich dieser Eindruck vielleicht, wenn Sie lesen, wie die Visualisierung des blauen Lichts mir einmal möglicherweise das Leben gerettet hat. Ich lebte damals in Edinburgh und erholte mich gerade von einer Bronchitis. Es hatte in den vergangenen Tagen viel geregnet, aber an diesem Tag schien die Sonne und ich hatte ein paar Stunden frei. Alles in allem war es ein wunderschöner Tag, so dass ich beschloss, mit einer Freundin eines der Wahrzeichen von Edinburgh zu besteigen, einen hohen Felsen mit Namen Arthur's Seat. Seine Hänge waren dicht mit lila Heidekraut und rostfarbenem Farn bedeckt, als hätte jemand einen riesigen Tweedschal darum gelegt.

Da ich gerade krank gewesen war, erschöpfte mich der Aufstieg vollkommen, obwohl wir einen der weniger steilen, gewundeneren Wege nahmen. Oben setzten wir uns in den Windschatten, genossen die Sonne und waren gerade dabei, mein winziges Haus weit unter uns zu suchen, als der Himmel plötzlich dunkel wurde. Ein heftiger Windstoß kam vom Firth of Forth auf uns zu. Wir waren leicht gekleidet und wussten, dass wir uns dringend auf schnellstem Weg nach unten begeben mussten. Ein steiler Pfad führte direkt auf mein Haus zu. Wir waren ihn zwar noch nie gegangen, aber es schien nicht allzu klug zu sein, einen längeren, gewundenen Weg zu nehmen, da es inzwischen heftig regnete.

Meine Freundin, die jünger und kräftiger war als ich, ging voran. Der Weg war steil und glitschig, doch alles ging gut, bis ich plötzlich durch den strömenden Regen hindurch auf eine glatte Platte aus schlüpfrigem braunem Fels hinabstarrte. Dort unten sah ich auch meine Freundin, aber ich konnte mir nicht vorstellen, wie sie da hingekommen war, denn es gab keinen Weg hinab. Ich wurde starr vor Schreck und war ganz sicher, dass ich gleich hinabstürzen und auf dem Gestein unter mir zu Tode kommen würde. Wie lächerlich! Mitten am Tag würde ich auf diesem Felsen sterben, so nah an meinem Haus. Da fiel mir das blaue Licht ein. Ich lehnte mich mit dem Rücken an den Fels, schloss die Augen und ließ die Essenz von Mut und Zuversicht in mein Herz strömen. Mit ihr stellte sich die bislang verborgene Festigkeit des Bodens unter meinen Füßen ein sowie das Feuer, das ich brauchte, um dem eisigen Wind zu trotzen. Als ich nach ein oder zwei Minuten die Augen wieder öffnete, sah ich das Gesicht meiner Freundin und hörte sie sagen: »Du schaffst es schon. Mach einfach einen Schritt nach links!« Und tatsächlich: Nun, da die Panik verschwunden war, gab es eine Stelle, auf die ich treten konnte.

Während wir weiter hinabstiegen, war mir kalt und ich zitterte, doch Dankbarkeit für das blaue Licht und meine Freundin erfüllte mich. Als wir mein Haus erreichten, schien die Sonne wieder. Diese Geschichte ist nur ein Beispiel dafür, auf welch praktische Weise Visualisierungen uns dabei helfen können, unseren Ängsten entgegenzutreten.

Gruppenarbeit

Bei den Massageübungen, in denen es um den Rücken ging, haben wir uns mit der Angst vor dem beschäftigt, was hinter uns vorgeht, und haben gelernt, unserer Partnerin in dieser Hinsicht zu vertrauen. Die folgende Übung beschäftigt sich mit den Befürchtungen, die wir haben, wenn wir anderen von Angesicht zu Angesicht – oder von Maske zu Maske – gegenüberstehen. Sie stammt aus dem Tai Chi und eignet sich besonders gut dazu, mit wechselnden Partnerinnen in einer Gruppe praktiziert zu werden.

Vielleicht fragen Sie sich, warum Übungen wie »Rücken an Rücken« (siehe Seite 91) und das folgende »Händeschieben« in einem Buch über Entspannung enthalten sind. Nun, viel Stress und Leiden werden von einem Gefühl des Getrenntseins verursacht, dem Gegenteil eines Gefühls der Empathie, also der Fähigkeit, uns in andere einzufühlen. Dieser Mangel an Verständnis und Fürsorge kann Misstrauen, Animosität und Angst verursachen. Da die meisten Streitigkeiten zwischen Menschen und Völkern aus einem Gefühl des Andersseins und der Abgrenzung heraus entstehen, kann es dem Entstehen von Konflikten auf der Welt nur entgegenwirken, wenn man spielerisch ein wenig Raum miteinander teilt.

Akong Rinpoche sagt, die meisten Menschen – und besonders die Menschen im Westen – hätten es sehr schwer, sich gut aufeinander ab- und einzustimmen und den Kontakt untereinander als bereichernd oder nährend zu erleben. Er benutzt dabei das Bild eines Kindes, das gerade lernt, allein zu essen. Das Kind nimmt den Löffel und führt ihn zum Mund, doch die Koordination stimmt nicht, so dass das Essen irgendwo in der Gegend landet. Frustriert, aber noch nicht abgeschreckt, versucht das Kind es von neuem. Diesmal verfehlt der Löffel knapp den Mund, und der Brei läuft über das ganze untere Gesicht. Besser, aber nicht gut genug. In diesem Stadium wandelt sich die Kombination aus immer stärker werdendem Hunger und Irritation in Panik. Womöglich, meint das Kind, muss ich sterben, bevor ich es schaffe! Wenn jetzt nicht rechtzeitig jemand kommt, um dem Kind auf mitfühlende und angemessene Weise zu helfen, ist es vielleicht sogar zu durcheinander, um essen zu können, selbst wenn man es füttert. Mit Beziehungen unter Erwachsenen verhält es sich ähnlich: Haben sie sich bislang eher schwierig gestaltet, hat man wenig Vertrauen darin, durch den Kontakt mit anderen genährt zu werden. Es wird dann unmöglich, die Bedürfnisse nach emotionaler Nähe und nach Abgrenzung zu koordinieren.

Manche unserer Übungen sind also dazu gedacht, die Feinabstimmung unserer Gefühle mit denen anderer Menschen zu fördern und das Gefühl des Getrenntseins zu überwinden, das allen Spannungen und Belastungen auf der Welt zugrunde liegt. Besonders wirksam ist dabei die gegenseitige Massage, die ein kraftvoller Ausdruck von Vertrauen und Gemeinschaft sein kann.

Händeschieben

Bei der Freundlichkeitsübung (siehe Seite 53–56) hatte die eine Partnerin das Steuer in der Hand, die andere war der Fahrgast. Nun wird jedoch gemeinsam gesteuert. Stellen Sie sich paarweise gegenüber, heben Sie die Hände und legen Sie die Handflächen aneinander. Machen Sie sich bereit, zu führen oder zu folgen, vorwärts zu gehen oder zurück, sich zu strecken oder zurückzuweichen. Schranken gesetzt werden der Bewegung nur dadurch, dass die Hände der beiden Partnerinnen in Kontakt bleiben müssen. Es macht nichts, wenn die Handflächen nicht immer ganz aneinanderliegen; auch die Berührung der Finger reicht aus. Beginnen Sie ganz langsam damit, möglichst frei und offen alle Möglichkeiten innerhalb des Raumes zu erkunden, der von der Länge der Arme begrenzt wird. Schließen Sie die Augen, wenn Sie sich so besser entspannen können, aber nehmen Sie auch dann die Person vor Ihnen wahr, mit der Sie diesen Raum teilen und in ihm tanzen. Wie Sie und Ihre Partnerin die gegenwärtige Situation und das Leben als solches empfinden, ist unterschiedlich, aber ein paar Minuten lang werden Sie beide jetzt darauf verzichten, alles so ernst zu nehmen, und dafür ein wenig miteinander spielen.

Bleiben Sie sich der Tatsache bewusst, dass hier auch die Gedanken und Gefühle eines anderen Menschen beteiligt sind. Versuchen

Sie zu spüren, was geschieht, statt darüber nachzudenken. Behalten Sie die positive Motivation – den Wunsch, die Partnerin möge gesund und glücklich sein – klar im Sinn, während Sie sich ausdrücken und an der Sache freuen. Haben beide diese Einstellung, kann sich auch dann auf natürliche Weise ein warmer, sensibler Austausch entwickeln, wenn anfangs Angst und Befangenheit zu spüren waren. Hat man in einer Gruppe genug Zeit, kann jede die Übung mit mindestens zwei Partnerinnen durchführen, um mehr als einmal zu erfahren, wie einzigartig der Kontakt mit jedem einzelnen Menschen ist.

✧ *Selbstmassage von Beinen und Unterbauch*

Die Beine und der Unterbauch gehören zu den Bereichen des Körpers, die man sehr wirksam selbst massieren kann. Das ist auch gut so, weil viele Menschen hier sehr empfindlich sind. Massiert man sich selbst, kann man sich darauf konzentrieren, die entspannendsten Striche und Griffe zu erforschen, ohne auf irgendwelche unangenehmen Überraschungen gefasst sein zu müssen.

Besonders Menschen, die im Beruf viel mit anderen zu tun haben, schaffen es oft, der Welt mit entspanntem Oberkörper und Gesicht entgegenzutreten, aber das heißt keineswegs, dass sie nicht unter Stress oder Verspannungen leiden. Womöglich ist ihnen noch nicht einmal bewusst, wenn das der Fall ist. Oft führt die Fähigkeit, äußerlich ruhig und beherrscht zu bleiben, zu anderswo – vor allem im unteren Rücken, in den Beinen und im Unterbauch – gespeicherten Spannungen. Glücklicherweise sind die beiden letztgenannten Bereiche gut erreichbar, und es ist außerordentlich wohltuend, sie regelmäßig ein wenig zu massieren.

Viele Beinprobleme, besonders bei älteren Menschen, haben mit den beweglichen Teilen – den Gelenken – und der Blutzirkulation zu tun. Steifheit und andere Beschwerden treten oft natürlich auch bei Menschen auf, die im Stehen arbeiten müssen, zum Beispiel in einem Laden, im Freien oder auch als Massagetherapeut. In diesem Fall ist es hilfreich, sich regelmäßig ein wenig Zeit dafür zu nehmen, sich hinzulegen und die Füße und Beine zu entlasten. Die Beine sollten dabei höher liegen als der Kopf, also legt man sie zum Beispiel auf ein paar Kissen oder lehnt sie an die Wand. Vor einer Beinmassage sollte man sich überlegen, ob die Blutzirkulation in irgendeiner Weise behindert ist oder sein könnte. Besonders behutsam muss man immer mit älteren Menschen umgehen, deren Haut und Venen oft sehr zart und empfindlich sind.

Wie schon erwähnt, ist es nicht ratsam, irgendwelchen Druck auf Krampfadern auszuüben. Hilfreich in diesen Fällen ist eine Technik, die am besten abends vor dem Schlafengehen angewendet wird. Lassen Sie mit der Handbrause kaltes Wasser über die Füße und Beine laufen, wobei der Strahl von unten nach oben wandert. Frottieren Sie die Beine dann kräftig in derselben Richtung ab und legen Sie sie zum Abschluss einige Minuten höher als den Kopf. Sie werden sofort spüren, wie gut das tut.

Abgesehen von der Notwendigkeit, viel stehen zu müssen, kann auch eine Aktivität zu Beschwerden in den Beinen führen, die ansonsten sehr entspannend wirkt: mit gekreuzten Beinen in einer Meditationshaltung zu sitzen. Besonders Anfänger haben damit zu kämpfen. Auch in diesem Fall hilft die folgende Massage.

Beinwärmer

Setzen Sie sich auf den Boden oder auf Ihre Matte und strecken Sie die Beine aus. Umfassen Sie die Kniescheiben leicht mit den Händen und lassen Sie die Beine von einer Seite zur anderen schaukeln. Bearbeiten Sie dann, von unten nach oben gehend, jeweils einen Unterschenkel mit den Handflächen. Legen Sie die Hände an die Seiten des Schienbeins und reiben Sie mit derselben Bewegung und demselben Druck, wie wenn Sie sich die Hände reiben, um sie zu wärmen. Massieren Sie die Beine dabei so fest, wie es sich gut anfühlt.

Sind Sie bei den Knien angekommen, kann es sehr angenehm sein, mit den warmen Händen darauf herumzustreichen, um alle Spannungen in den Gelenken zu lösen. Um die Waden zu massieren, müssen Sie ein Bein über das andere legen, so dass das Knie in die Luft ragt. Ein im Bereich des Angenehmen bleibender Druck sorgt dafür, die Steifheit in den Muskeln zu lösen. Gut möglich, dass Sie nach einer Massage der Waden auch leichter atmen.

Die Oberschenkel

Zur Massage der Oberschenkel können Sie entweder am Boden sitzen oder auf einem Stuhl. Kreuzen Sie die Hände unter einem Oberschenkel, um gleichzeitig in gegenläufiger Richtung zu ziehen oder zu schieben. Der Oberseite der Oberschenkel tut es gut, wenn sie geknetet wird und wenn man die Handballen fest darauf kreisen lässt, an der Innenseite in Richtung der Leistengegend, an der Außenseite in Richtung der Hüfte. Als Kompensation für die vielen Stunden, in denen die großen Oberschenkelmuskeln in einer fixierten oder angespannten Position verharren, müssen sie intensiv bearbeitet werden – mit dem Handballen, der flachen oder gewölbten Hand oder mit einem Griff der Finger und Daumen. Den Hüftbereich und die Außenseite der Oberschenkel kann man besonders gut reiben und drücken, wenn man sich auf einer Decke oder Matte auf die Seite legt, ein Kissen unter den Kopf schiebt und die erhobene Hüfte bearbeitet.

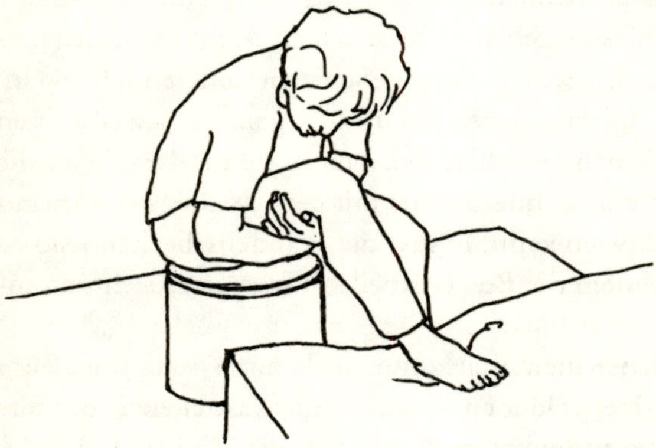

Selbstmassage der Oberschenkel

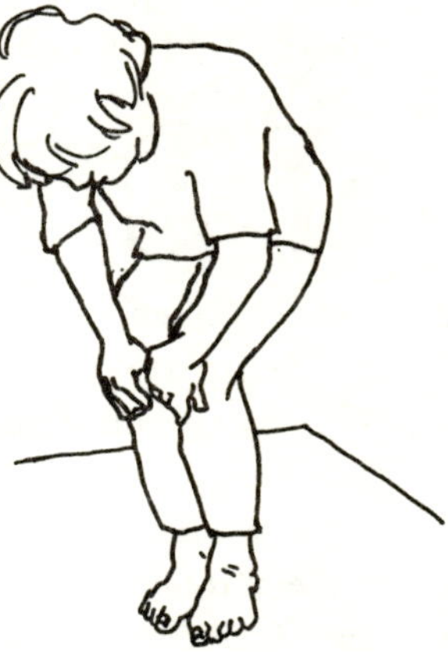

Kniekreisen im Stehen

Kniekreisen im Stehen

Gegen Knieschmerzen hilft die folgende Technik: Beugen Sie im Stehen leicht die Knie. Füße und Knie bleiben zusammen, während beide Hände die Knie umfassen und sich darauf stützen. Lassen Sie die Knie nun einen möglichst weiten Kreis beschreiben, fünfmal nach rechts und fünfmal nach links. Hilfreich ist auch, auf einem Bein zu stehen und mit dem anderen ein paar Mal nach vorn zu kicken. Achten Sie dabei darauf, dass das Kniegelenk nicht zu stark einrastet und dass das Bein sich bei der Bewegung nicht verdreht.

Der Unterbauch ✦

Dieser Bereich bedarf besonderer Zuwendung. Vor allem in Asien weisen viele Ärzte darauf hin, dass eine falsche Massage des Unterbauchs Gefahren bergen kann. Da Sie sich mit dem eigenen Körper beschäftigen, wird dieser Ihnen wertvolle Hinweise geben können. Eine Grundregel lautet, nie gegen die Darmbewegung zu arbeiten, die im Uhrzeigersinn verläuft. Bei der Massage des Unterbauchs sollten Sie also immer an der rechten Leiste beginnen und von dort aus die rechte Seite emporstreichen, entlang dem unteren Rand des Brustkorbs und dann auf der linken Seite wieder hinab zur Leiste.

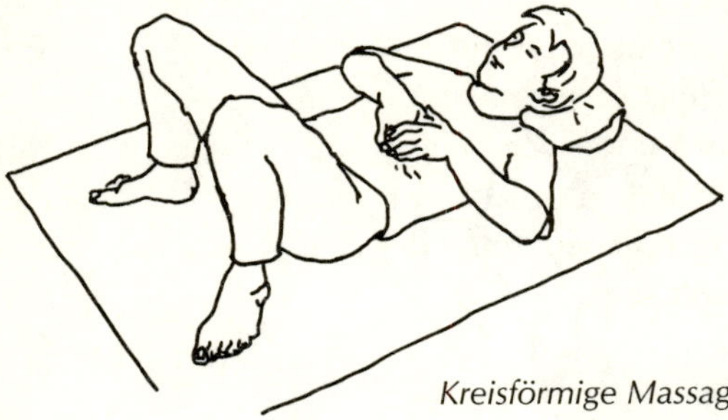

Kreisförmige Massage des Unterbauchs

Das geht leichter, wenn Sie mit aufgestellten Beinen auf dem Rücken liegen, da sich die Muskulatur im Unterbauch auf diese Weise gut entspannen kann.

Die folgende Massage ist besonders hilfreich, wenn man an Verstopfung leidet, egal ob diese von Spannungen im Unterbauch herrührt oder andere Ursachen hat. Wendet man sie morgens vor dem Aufstehen an und trinkt dann ein Glas heißes Wasser aus einer bereitgestellten Thermoskanne, werden derartige Beschwerden oft wirksam gelindert.

Rumort es im Bauch, wirkt es oft sehr erleichternd, wenn man einfach die warmen Hände auf den Unterleib legt. Menstruationsbeschwerden werden gelindert, indem man die Hände noch tiefer auf den Unterbauch legt. Die warmen Hände einfach so ruhen zu lassen ist immer gut; die folgende Massage sollte jedoch unterbleiben, wenn man schwanger ist oder wenn irgendwo im Unterbauch ein unerklärliches Hitzegefühl oder starke Schmerzen spürbar sind.

Legen Sie die flachen Hände mit geschlossenen Fingern aufeinander, um mehr Kraft zu haben, und machen Sie damit kleine Kreisbewegungen im Uhrzeigersinn. Stellen Sie sich vor, der Unterbauch sei ein Zifferblatt mit dem Nabel in der Mitte. Massieren Sie entlang des äußeren Randes der Bauchhöhle, ausgehend vom rechten Beckenknochen, immer in kleinen Kreisen auf den Nabel zu. Wandern Sie so langsam rund um das imaginäre Zifferblatt. Da die Hände aufeinander liegen, können Sie, wo nötig, leicht den Druck verstärken und tiefer gehen, ohne sich anzustrengen.

Wohltuend wirkt es auch, mit dem Handballen von einer Seite des Unterbauchs zur anderen zu streichen. Am Nabel wird der Druck der Hand dabei geringer. Ist die Hand an der anderen Seite angekommen, ziehen die flachen Finger das Gewebe in der Gegenrichtung auf den Nabel zu und lassen dann los. Wenn Sie einen empfindlichen Magen haben, sollte der Druck der Hand bei dieser Technik äußerst sanft sein.

Gegenseitige Kopf- und Nackenmassage ✦

Wie immer ist es wichtig, den Kopf des Partners mit großer Sorgfalt und Achtung zu behandeln. Ohnehin sind manche Menschen sehr empfindlich gegen jegliche Berührung ihres Kopfes und können sich in solchen Situationen nur schwer entspannen. Wie bei der Massage des Unterbauchs ist es also ratsam, das Ganze erst am eigenen Leib auszuprobieren. Im Voraus zu wissen, welche Striche und Griffe angenehm und entspannend wirken und welche nicht, verleiht Selbstvertrauen, das auch der Partner wahrnehmen wird.

Bei der Nacken- und Kopfmassage kann der passive Partner entweder auf einem Stuhl sitzen oder auf dem Rücken liegen. Der aktive Partner befindet sich in beiden Fällen hinter und über seinem Kopf und nimmt erst einmal Kontakt mit ihm auf, indem er ihm einfach die Hände auf die Schultern legt. Dieses indirekte Vorgehen hilft dabei, Unsicherheit und Empfindlichkeit zu überwinden. Außerdem macht es die Verbindung zwischen Oberkörper und Kopf spürbar.

Der Kopf

Die folgenden Anweisungen beziehen sich auf eine Kopfmassage im Liegen. In dieser Position ist man wesentlich flexibler und kann sich intensiver entspannen, weshalb sie, wenn irgend möglich, vorzuziehen ist. In modifizierter Form sind die Anweisungen aber auch für eine Massage im Sitzen geeignet. Das ist wichtig zu wissen, denn in vielen Situationen kann der Partner sich einfach nicht hinlegen.

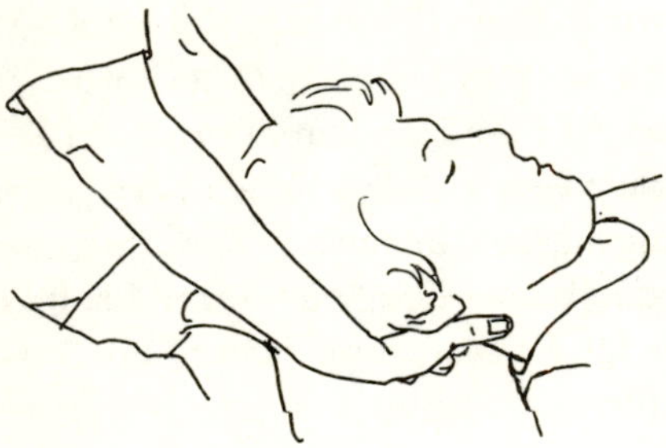

Handhaltung bei der Kopfmassage

Zum Beispiel treten am Arbeitsplatz oft Kopfschmerzen auf, und dann ist eine fünfminütige Kopfmassage am Schreibtisch oft sehr hilfreich.

Von seiner Physis her ist der Kopf ebenso robust wie schwer. Wenn man ihn sich als eine Art Melone vorstellt, weiß man besser, wie man mit ihm umgehen muss. Man kann ihn ziemlich fest drücken, darf ihn aber nicht fallen lassen. Im Hals wiederum verlaufen Nervenbahnen, Adern und Atemwege, weshalb man ihn mit großem Feingefühl behandeln muss. Achten Sie also immer darauf, den Kopf nicht plötzlich fallen zu lassen oder ihn ruckhaft zu bewegen. Wollen Sie den Partner dazu bringen, die Kontrolle über die Halsmuskulatur aufzugeben und sich völlig zu entspannen, müssen Sie ihm ohnehin erst vermitteln, dass er in guten Händen ist.

Legen Sie zunächst die gewölbten Hände aneinander, um den Kopf darin zu betten und sein Gewicht auf wohltuende Weise aufzufangen. Achten Sie darauf, mit den Daumen nicht versehentlich Druck auf die Kehle auszuüben. Nichts lässt ein Gefühl der Sicherheit so rasch verschwinden wie die berechtigte Angst davor, stranguliert zu werden, selbst wenn so etwas gar nicht beabsichtigt war. Heben Sie nun behutsam und ganz langsam den Kopf, so dass sich das Kinn der Brust nähert. Halten Sie inne, wo Widerstand spürbar wird, und kehren Sie zur Ausgangsposition zurück. Lassen Sie den Kopf dann erst nach rechts und dann nach links sinken. Sein Gewicht wird genügend Energie für die Bewegung liefern. Ihre Aufgabe ist es lediglich, für Unterstützung, Stabilität und die Bewegungsrichtung zu sorgen.

Viele Menschen leiden unter Schädigungen der Halswirbelsäule, oft auch ohne sich dessen bewusst zu sein. Zudem kann jede Neigung und Drehung, die über ein wirklich angenehmes Maß hinausgeht, auf dem Umweg über das Rückgrat Druck auf andere Problembereiche ausüben. Sind Sie bei dieser ersten Kontaktaufnahme jedoch behutsam und geschickt vorgegangen, müssten Sie eigentlich spüren, dass der Partner Ihnen zunehmend vertraut und sich entspannt. Lassen Sie sich wie immer in erster Linie von der Überlegung leiten, was Ihnen selbst gut tun würde.

Nacken und Schultern

Liegt der Partner bei der folgenden Übung auf dem Boden, muss sein Kopf angehoben werden. Heben Sie ihn mit der linken Hand von der Liege oder Matte und lassen Sie die Fingerspitzen der rechten Hand mit leichtem Druck in den Zwischenraum zwischen den einzelnen Halswirbeln und nach außen über die Nackenmuskeln wandern. Sind Sie an den Schultern angelangt, können Sie die Muskeln dort fester zusammendrücken. Wechseln Sie dann die Hände so fließend wie möglich und wiederholen Sie die Massage an der anderen Seite von Nacken und Schulter, bevor Sie den Kopf behutsam in die Ausgangsposition zurücklegen.

Finden Sie nun eine Position, in der Sie die Daumen bequem in die Schultermuskeln drücken können. Massieren Sie damit beide Schultern bis hinab in die Rundung der Schulterblätter. In diesem Bereich staut sich häufig viel Spannung. Nehmen Sie daher gleichzeitig Daumen und Fingerspitzen, um die Oberseite beider Schultern und die Schultergelenke zu behandeln. Sind die Oberarme erreicht, können Sie auch die Handflächen ins Spiel bringen und die dortigen Muskeln relativ fest massieren. Folgen Sie dabei immer einer Abwärtsbewegung, also weg von Kopf und Nacken.

Natürlich gibt es viele Techniken für die Kopfmassage, aber ich halte mich immer an die Vorstellung, die Energie und alle angestauten Spannungen durch die Arme abfließen zu lassen, statt gegenläufig vorzugehen. Manche Menschen empfinden es überdies als äußerst unangenehm, wenn ihre Energie aufwärts in den Kopf geleitet wird. Ich habe von Fällen gehört, bei denen eine derartige Massage sogar einen epileptischen Anfall ausgelöst hat.

Tiefenmassage der Schulterblätter

Liegt der Partner auf dem Rücken, kann man die Gelegenheit nutzen, um die Druckpunkte zwischen dem Rückgrat und den Schulterblättern zu massieren. In dieser Position hat man einen idealen Zugang zu diesem oft verspannten und manchmal auch schmerzenden Bereich. Sind Steifheit und Schmerzen vorhanden, entsteht oft Widerstand dagegen, irgendetwas eindringen zu lassen, besonders wenn es sich um Druck von oben handelt. Das kann man vermeiden, indem man die Handflächen unter den Oberkörper des Partners schiebt und mit den Fingerspitzen behutsam nach empfindlichen Punkten sucht. So ist es nicht die aktive Person, die Druck ausübt, sondern der Körper der liegenden, die damit die Situation immer unter Kontrolle hat.

Schieben Sie eine Hand mit der Handfläche nach oben unter den Rücken des Partners bis auf Höhe des Herzens. Die Fingerspitzen liegen aneinander und halten etwa 2,5 cm Abstand zum Rückgrat. Ziehen Sie nun die Fingerspitzen an, so dass auf diesen nun das Gewicht des Partners ruht. Richten Sie sich dabei wie auch bezüglich der Dauer des Drucks (zehn bis sechzig Sekunden) nach der Toleranzgrenze des Partners und nach Ihrer eigenen Kraft. Liegt die Hand in der richtigen Position, können Sie den Partner auffordern, seinen Oberkörper so schlaff und schwer werden zu lassen wie einen Sack Kartoffeln.

Um noch mehr Ruhe und heilende Wärme zu vermitteln, können Sie die freie flache Hand der anderen Hand genau gegenüber auf die Brust des Partners legen, aber nur wenn Sie wirklich das Gefühl haben, dass das passt. Sie können den aufwärts gerichteten Druck auf diese Weise ausbalancieren und zentrieren und zudem kontrollieren, was gerade vor sich geht. Wiederholen Sie das Ganze ein kleines Stück weiter in Richtung Hals, und bewegen Sie sich so langsam auf den Hals zu. Nehmen Sie, während Sie die Fingerspitzen aufstellen und wieder loslassen, jedes Mal wahr, welche Wirkung das hat, denn genau wie verschiedene Körper sich darin unterscheiden, dass sie eher fest oder behutsam behandelt werden müssen, unterscheiden sich die einzelnen Teile eines Körpers bezüglich ihrer Stärke oder Schwäche. Wenn Sie die eine Seite des Rückgrats ganz behandelt haben, wechseln Sie die Hände und gehen zur anderen Seite über.

Diese Technik kann nicht nur Steifheit und Verspannungen auflösen, sondern auch dabei helfen, den oberen Brustbereich zu öffnen. Das führt zu einem entspannteren Atemrhythmus. Wie bei der Massage von Kopf und Nacken ist es aber wichtig, nicht an den Schultern aufzuhören, weil sonst die Energie immer noch auf den Kopf zu fließt. Reinigen Sie den Körper des Partners von allen Beschwerden und Spannungen, die Sie gelöst haben, indem Sie diese durch die Schultern und die Arme hinunter ausstreichen und abfließen lassen.

Zurück zu den Schultern und Armen

Kehren Sie nun zu den Schultern und Armen zurück, um sie umfassender zu behandeln. Der Kopf der Partnerin liegt, leicht nach vorn geneigt, in einer Ihrer Hände, während Sie mit der anderen Hand von der Schädelbasis abwärts massieren. Machen Sie dabei Kreisbewegungen im Uhrzeigersinn und achten Sie besonders auf harte, steife oder sich verknotet anfühlende Bereiche. Solche Problemzonen kann man geduldig mit den Daumen, Fingerspitzen oder Handballen behandeln, das Bild vor Augen, dass man die Verspannung glättet, ausstreicht und besänftigt.

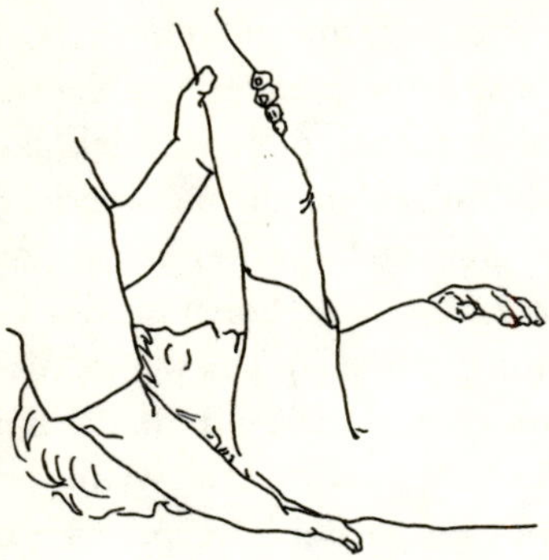

Fingerdruck von unten am Rückgrat entlang

Ergreifen Sie abschließend, während der Kopf noch immer in der einen Hand liegt, mit Daumen und Zeigefinger den Nacken und drücken Sie sanft ein paar Mal zu. Wechseln Sie dann die Hände und wiederholen Sie das Ganze auf der anderen Seite, bevor Sie den Kopf bequem auf ein kleines, festes Kissen, ein Buch oder Ihren Fuß ablegen. Er neigt sich dabei zur Seite (siehe Abbildung rechts). Benutzen Sie die Fingerspitzen, um ganz sanft die Schädelbasis zu massieren. Wieder dürften kleine Kreisbewegungen am entspannendsten wirken. Arbeiten Sie sich so langsam nach unten und drücken Sie behutsam in die Zwischenräume zwischen den Halswirbeln, bis Sie die Schultern erreichen. Da hier mehr Muskeln vorhanden sind, kommen die Daumen zum Einsatz. Zu viel Druck wird dazu führen, dass der Partner sich verkrampft oder windet, bei zu wenig Druck kitzeln Sie ihn bloß. Nutzen Sie fortwährend Ihre Sinne und Empfindungen und lassen Sie sich von ihnen leiten.

Versuchen Sie, die größeren Muskeln an den Schultern ziemlich

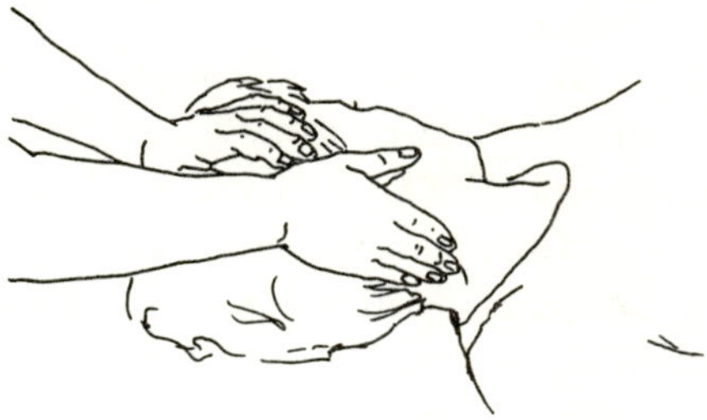

Nackenmassage

intensiv zu massieren. Konkrete Belastungen, denen dieser Bereich im Beruf ausgesetzt ist, aber auch eine schlechte Körperhaltung können dazu führen, dass diese Muskeln stark verspannt sind. Es braucht dann nicht nur eine beträchtliche Anstrengung, sondern auch Erfahrung und Mitgefühl, um sie zu lockern. Leistet die Partnerin also ein wenig Widerstand oder stöhnt leise vor sich hin, sollten Sie nicht einfach aufgeben. Versuchen Sie stattdessen, sich bewusst zu werden, ob die auftretenden Schmerzen wohltuend oder schädlich, kurzzeitig oder länger andauernd sind.

Zum Abschluss

Am Ende einer Kopfmassage mögen die meisten Menschen es, wenn man sie ein wenig in die Länge zieht. Sollten Sie allerdings wissen oder vermuten, dass das nicht gut tut, lassen Sie die folgende Technik einfach aus.

Legen Sie den Kopf Ihrer Partnerin in die gewölbten Hände, die eine Schale bilden. Achten Sie dabei wieder darauf, mit den Daumen nicht auf die Kehle zu drücken. Lehnen Sie sich dann zurück, um den Hals der Partnerin ganz leicht zu dehnen. Diese Dehnung beginnt am besten, wenn die Partnerin gerade ausatmet, wird während des folgenden Einatmens gehalten und dann beim Ausatmen gelockert. Man kann sie auch während zweier voller Atemzyklen halten und dann beim zweiten Ausatmen sogar sanft verstärken. Dabei ist unbedingt darauf zu achten, dass man in einer absolut geraden Linie zieht. Wiederholen Sie die Dehnung vier bis fünf Mal und legen Sie den Kopf dann wieder ab.

Nun noch zwei weitere Vorschläge für den Abschluss der Massage, um die Partnerin von allen verbliebenen Spannungen zu befreien und vollständig zu lockern. Legen Sie die flachen Hände zunächst mit abgespreizten Daumen an beide Seiten des Kopfes und üben Sie gleichmäßig Druck darauf aus. Dieser Druck nimmt ganz langsam etwa eine halbe Minute lang immer mehr zu. Lassen Sie ihn dann etwa zehn Sekunden konstant, bevor sie ihn ganz langsam wieder verringern und den Kopf ruhen lassen. Lesen Sie an den subtilen Reaktionen der Partnerin ab, wie viel Druck sie verträgt, ohne dass Spannungen entstehen. Dabei gilt die Regel: Lieber zu sanft als zu fest.

Legen Sie den Kopf der Partnerin nun in eine Ihrer Handflächen. Die andere Handfläche schmiegt sich an die Stirn. Üben Sie wieder ganz sanft Druck mit beiden Händen aus, um anschließend ebenso sanft nach- und loszulassen.

Dieses einfache Dehnen des Halses und Drücken des Kopfes ist, wenn es geschickt, behutsam und mit Respekt geschieht, ein sehr guter Abschluss der Massage. Wenn es sich passend anfühlt, können Sie auch noch eine Zeit lang die Hände auf beide Schläfen legen.

Knien oder stellen Sie sich am Ende neben den Partner und legen Sie ihm die Hände auf die Schultern. Streichen Sie dann mit dem Gefühl, die noch verbliebene Spannung aus dem Körper zu ziehen, an den Armen entlang bis zu den Händen. Setzen Sie die Bewegung an den Hüften und an der Außenseite der Beine entlang bis zu den Füßen fort, wo Sie die Hände eine Zeit lang ruhen lassen, bevor Sie sie sanft wegnehmen.

Diese abschließenden Striche sind dieselben wie am Ende einer Ganzkörpermassage. Ganz gleich, welchen Teil des Körpers man massiert hat, ist es immer gut, den richtigen Abschluss zu finden. Nehmen Sie wahr, in welchem Zustand sich der ganze Körper Ihrer Partnerin befindet, und erkundigen Sie sich, ob es noch irgendetwas gibt, was der besonderen Zuwendung bedarf. Selbst wenn nicht mehr viel Zeit übrig ist, können Sie einfach die Hände auf dem betreffenden Problembereich ruhen lassen, um die Massage dann an den Füßen zu beenden.

Siebte Einheit

Die letzte Einheit nimmt einen ganzen Tag in Anspruch und ist vor allem für all jene gedacht, die dieses Buch in einer Gruppe oder zu zweit durchgearbeitet haben. Es ist ratsam, vorab eine Mittagspause einzuplanen, bei der man das mitgebrachte Essen verzehrt oder gemeinsam in ein Restaurant geht. In den beiden Übungsabschnitten geht es vor allem darum, die einzelnen Elemente, mit denen wir uns bisher beschäftigt haben, zu einer Ganzkörpermassage zusammenzufügen. Dabei werden nach der Mittagspause die Rollen gewechselt. Zudem ist Zeit zur Entspannung und für eine freie Beschäftigung mit Farbe und Papier. Bringen Sie also Farben, Bunt- oder Filzstifte, Kreiden und Papier mit. Wenn Sie das Buch allein durchgearbeitet haben, ist vielleicht eine Freundin oder ein Freund bereit, sich für die Massage zur Verfügung zu stellen und eventuell auch bei einem Teil der anderen Aktivitäten mitzumachen. Sonst können Sie das Buch auch einfach noch einmal allein durchgehen. An die Stelle der Ganzkörpermassage treten dann die verschiedenen Dehn- und Selbstmassageübungen.

Der Zweck dieses ganzen Tages ist es, zu festigen, was Sie bisher gelernt haben. Einmal ein wenig mehr Zeit miteinander zu verbringen, ist außerdem sehr lohnend für die Teilnehmerinnen und Teilnehmer einer Gruppe, die sich nun mindestens sechsmal getroffen und dabei eine immer tiefere Verpflichtung erfahren haben, auf mitfühlendere Weise mit sich selbst und anderen umzugehen. Vielleicht wollen Sie auch über die Möglichkeiten sprechen, die gemeinsame Praxis in Zukunft fortzusetzen. Ein paar Vorschläge dazu finden Sie am Ende dieses Kapitels.

✧ *Atmen und Spüren*

Nehmen Sie sich vor dem Beginn der Ganzkörpermassage ein wenig Zeit, um über Bedeutung und Wert der Entspannungsübungen nachzudenken, die Sie bislang kennen gelernt haben.

Sie haben erfahren, wie man sich durch die Beschäftigung mit dem Atem entspannt. Gelernt haben Sie auch, mit der Wahrnehmung im Körper umherzustreifen, um all die Gefühle und Empfindungen zu erfahren, die in jedem Augenblick entstehen und vergehen. Allmählich können Sie selbst dann loslassen, wenn ungewohnte oder schmerzvolle Gedanken, Gefühle und Empfindungen zum Vorschein kommen. Je tiefer Sie in die Erfahrung der Entspannung einsteigen, desto mehr wird das, was Sie über sich selbst lernen, zur Grundlage dessen, was Sie an andere weitergeben können. Schließlich können Sie nicht erwarten, einem anderen Menschen zu einem Entspannungszustand zu verhelfen, der tiefer ist als der, den Sie selbst schon einmal erfahren haben.

Beginnen Sie mit einer Wiederholung der Übungen zum Atmen und Spüren aus der zweiten Einheit (siehe Seite 62–66). Steht keine Kassette zur Verfügung, kann einer der Teilnehmer die Anweisungen vorlesen. Versuchen Sie, so umfassend wie irgend möglich wahrzunehmen, wie sich der Atem im Körper ausbreitet und ihn verlässt. Kümmern Sie sich dabei nicht um den Grund oder Ursprung einzelner Empfindungen, sondern lassen Sie den Geist offen, frei und unbelastet von Analysen und Interpretationen. Nehmen Sie einfach die Empfindungen wahr, während sie entstehen.

Welche Gedanken, Gefühle, Bilder oder Veränderungen bei dieser oder anderen Übungen auch auftauchen mögen – versuchen Sie, alles genau so zu akzeptieren, wie es ist, und es dann loszulassen. Für diese Übung sollten Sie sich gut zwanzig bis dreißig Minuten Zeit nehmen.

Gegenseitige Ganzkörpermassage

Nun folgt eine integrierte Massage des ganzen Körpers. Wenn Sie allein sind, können Sie im eigenen Rhythmus vorgehen, aber wenn Sie die Chance haben, alles Gelernte zu zweit auszuprobieren, sollten Sie unbedingt dafür sorgen, dass die zur Verfügung stehende Zeit gleichmäßig aufgeteilt wird. Jeder der beiden Partner wird mindestens eine Stunde brauchen, um sich mit sämtlichen Bereichen zu befassen. Auch die Zeit, die man den einzelnen Körperteilen widmet, muss ausgewogen sein. Wahrscheinlich ist es am besten, wenn die eine Person am Vormittag massiert, die andere nach der Mittagspause.

Es geht hier vor allem darum, alles, was Sie sich in den bisherigen Einheiten angeeignet haben, zu aktivieren. Sie können also jederzeit zu einer der bekannten Übungen zurückblättern und selbst planen, wie Sie den ganzen Körper behandeln wollen.

Mit zunehmender Erfahrung werden Sie merken, dass die Art und Weise, wie Sie mit der Massage beginnen, vom jeweiligen Partner abhängt. Mit den Füßen anzufangen ist aber wahrscheinlich nie verkehrt. Die Alternative wäre der Kopf, aber viele Menschen werden ein wenig nervös, wenn man sich gleich mit ihrem Kopf beschäftigt. Beginnt man mit den Füßen, entsteht ein wenig Distanz, die zu Beginn einer Ganzkörpermassage sehr beruhigend wirken kann. Ein Vorteil ist auch, dass die Füße je nach Bedarf von Anfang an entweder behutsam oder kraftvoll massiert werden können, während der Kopf eine leichtere, subtilere Berührung erfordert, die meist besser gelingt, wenn Sie sich eingestimmt haben und wenn auch Ihr Partner schon weitgehend entspannt ist. Ohnehin wirkt eine gute Fußmassage entspannend auf den ganzen Körper, weshalb Sie damit schon viel Vorarbeit leisten. Auch wenn Sie bei einer anderen Gelegenheit nur Zeit oder Energie für einen einzigen Körperbereich haben, würde ich eine Fußmassage empfehlen. Sie ist meist am wirksamsten.

Fällt Ihnen auf, dass der Partner am Anfang deutlich angespannt oder nervös ist, können Sie auch am Oberkörper – jedoch wiederum nicht am Kopf – beginnen und mit den Füßen aufhören. Besonders beruhigend wirkt eine behutsame, gründliche Handmassage. Von den Händen können Sie zu den Armen übergehen, dann zum Kopf und zum Hals, um sich schließlich am Rumpf hinab über die Beine zu den Füßen vorzuarbeiten. Inzwischen dürfte klar sein, dass es beim Massieren darauf ankommt, möglichst flexibel zu bleiben. Eine Formel oder ein Schema, das immer funktioniert, gibt es nicht. Mit zunehmender Erfahrung werden Sie wahrscheinlich auf zwei oder drei Grundmuster für die Ganzkörpermassage stoßen, aber auch dann sollten Sie bei deren Anwendung flexibel bleiben. Egal ob Sie mit den Füßen oder den Händen anfangen – in der Mitte der Massage sollten Sie etwa eine Minute damit verbringen, die Füße auf die unten beschriebene Weise zu halten.

Der erste Kontakt

Am Anfang liegt der Partner auf dem Rücken. Legen Sie überall da ein Polster unter, wo es nötig ist, vor allem am Kopf, an den Knien und an den Knöcheln. Sorgen Sie auch dafür, dass der Partner es überall warm hat – wenn die Muskeln kalt sind, werden sie steif und verspannt. Bei kühlem Wetter muss man sich also nicht nur angewöhnen, durch die Kleidung hindurch zu massieren, sondern auch daran, die gerade nicht behandelten Körperteile abzudecken.

Wenn Sie sich entspannt und Ihre Hände gewärmt haben, nehmen Sie einen Fuß in jede Hand und verharren einfach ein paar Augenblicke so. Dabei können Sie sich vorstellen, wie Ihre Wärme und Ihr Mitgefühl in den Partner einströmen, aber hauptsächlich geht es darum, einen angenehmen und Sicherheit gebenden ersten Kontakt herzustellen. Wichtig an dieser Ausgangsposition ist auch, dass sie beide Seiten des Körpers einbezieht. Da Sie die beiden Seiten von nun an oft nacheinander behandeln werden, ist es gut, am Anfang eine Balance herzustellen. Schließen Sie die Hände also um die Zehen oder legen Sie die Handflächen an die Fußsohlen und entspannen Sie sich eine Zeit lang gemeinsam mit dem Partner. Dann folgt eine gründliche Fußmassage, die Sie ja bereits kennen (siehe Seite 83–87). Mit welchem Fuß Sie anfangen, ist egal.

Noch ein Tipp: Wird der Partner kitzlig, kann man dem normalerweise entgegenwirken, indem man ruhig wieder die Handfläche auflegt.

Als Nächstes gehen Sie dazu über, gründlich die Zehen zu massieren, was keine ganz einfache Sache ist. Dann folgt der Rest der Füße. Probieren Sie alle Techniken (Drücken, Streichen usw.) aus, die Sie bei der Massage eigener und fremder Füße kennen gelernt haben. Wenn Sie irgendwann merken, dass Sie den Kontakt zu dem verlieren, was Sie gerade tun, hilft möglicherweise die Vorstellung, dass Sie es sind, der oder die gerade massiert wird. Versuchen Sie dabei, so exakt wie möglich zu spüren, wie das wäre. Diese Vorstellung sollten Sie allerdings nicht während der gesamten Massage aufrechterhalten, sondern nur um sich zwischendrin besser konzentrieren zu können. Vielleicht fällt Ihnen dabei auch etwas ein, was Sie vergessen haben. Fordern Sie den Partner außerdem auf, Ihnen sofort mitzuteilen, wenn sich irgendetwas nicht gut anfühlt.

Vielleicht haben Sie sich inzwischen ein wenig damit beschäftigt, welche Druckpunkte an den Füßen laut dieser oder jener Methode mit anderen Körperteilen zusammenhängen. Man braucht allerdings gar nicht genau zu wissen, wie das im Einzelnen funktioniert, solange man den Druck der Empfindlichkeit der einzelnen Punkte anpaßt und darauf achtet, beide Füße wirklich gründlich zu behandeln. Wenn Sie auf schmerzempfindliche Stellen stoßen, können Sie entweder geduldig mit vermindertem Druck weitermachen oder vorläufig aufhören, um vor Beendigung der Fußmassage noch einmal an die betreffende Stelle zurückzukehren.

Die Beine

Die Beine kommen nacheinander an die Reihe. Fassen Sie das erste Bein mit einer Hand am Knöchel, die andere Hand kommt unter das Knie. Beugen Sie das Knie nun ganz langsam und führen Sie es auf die Brust zu, soweit das gut und leicht geht. Bewegen Sie es dann behutsam von einer Seite zur anderen, legen Sie es wieder ausgestreckt ab und wenden Sie sich dem anderen Bein zu. Denken Sie dabei immer daran, dass die Beine des Partners nicht bloß zusam-

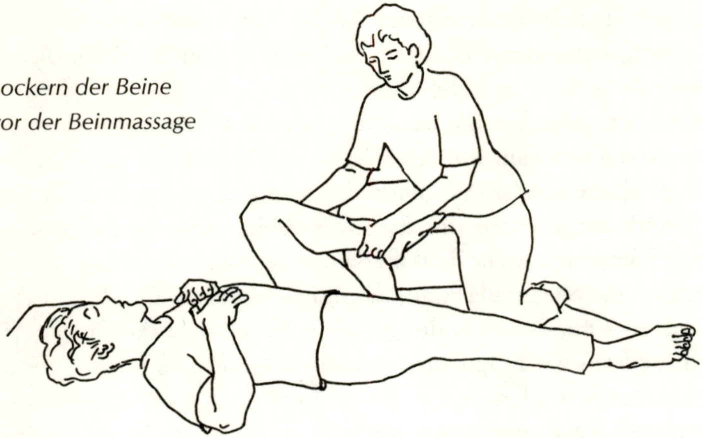

Lockern der Beine vor der Beinmassage

menklappbare Holzklötze sind, sondern zum Körper eines Freundes gehören.

Vor der Massage der Waden müssen Sie erst einmal untersuchen, ob der Partner an Krampfadern leidet. Ist das der Fall, sollten Sie einfach nur beruhigend von beiden Seiten her die Handflächen an die betreffenden Stellen legen.

Legen Sie nun die flachen Hände mit mäßigem Druck links und rechts neben das Schienbein und beginnen Sie, mit kurzen Bewegungen ziemlich kräftig auf und ab zu reiben. Je rascher Sie reiben, desto mehr Wärme entsteht, was dem Kreislauf sehr gut tut. Hören Sie jedoch auf, bevor Sie an die Knie kommen, denn manche Menschen empfinden ein Reiben dort als unangenehm.

Als Nächstes geht es darum, behutsam, aber fest beide Kniescheiben zu umfassen, um beide Beine von einer Seite zur anderen zu bewegen. Diese Bewegung geht von den Hüften aus. Wie Ihr Partner sich dabei fühlt, können Sie an den Reaktionen seines Körpers ablesen. Möglicherweise verkrampft er sich und ist nicht bereit, an den Hüften loszulassen. Für manche Menschen ist es sehr schwer, die Kontrolle über die Beine aufzugeben. Sollten Sie also einen Widerstand oder eine emotionale Reaktion von Seiten des Partners wahrnehmen, müssen Sie sich bezüglich des weiteren Vorgehens nach Ihrem Einfühlungsvermögen richten.

Legen Sie nun die Handflächen an beide Seiten des linken oder rechten Kniegelenks. Der Druck sollte relativ fest und beruhigend sein, weil die Knie manchmal sehr kitzlig sind. Anschließend können Sie die Oberschenkelmuskeln oberhalb des Knies drücken, während die Daumen von der Mitte aus nach außen streichen.

Inzwischen werden Sie beurteilen können, ob Ihr Partner sich der Beinmassage entspannt hingeben kann. Seien Sie nicht enttäuscht, wenn das nicht der Fall zu sein scheint. Sie können diesen Abschnitt auch jetzt gleich gut abschließen, indem Sie dem Partner einfach eine Hand aufs Knie und die andere ans Hüftgelenk legen. Dadurch stellen Sie in der Wahrnehmung die Verbindung zum Oberkörper her.

Gehen Sie nun zum anderen Bein über und widmen Sie ihm dieselbe Zeitspanne. Beziehen Sie dabei ein, was nach Ihrer bisherigen Erfahrung bei diesem Partner besonders gut funktioniert. Denken Sie immer daran: Ihr Partner wird es immer als angenehm empfinden, wenn Sie die Hände irgendwo einfach ein wenig ruhen lassen, um auf den eigenen Atem und die eigene Motivation zu achten. Dabei können Sie sich sammeln und dem nachspüren, was als Nächstes geschehen sollte.

Hat der Partner die bisherige Beinmassage als angenehm empfunden, können Sie nun auch noch den Oberschenkel massieren. Hauptsächlich geht es dabei darum, in langen Bewegungen mit der Handfläche außen am Bein entlang bis übers Hüftgelenk zu streichen. Die Handfläche kann an der Außenseite aber auch große Kreise machen. Besonders am Hüftgelenk selbst tut das oft sehr gut. Schließen Sie ab, indem Sie – wie oben beschrieben – eine Hand aufs Knie, die andere an die Hüfte legen; gehen Sie dann zum anderen Bein über.

Der Rumpf

Massieren Sie den Rumpf mit einer Variation der fließenden Wechselbewegung der Hände, die Sie von der Rückenmassage in der fünften Einheit kennen (siehe Abbildung Seite 148). Die Hände streichen von den Achselhöhlen bis zur Hüfte am Rumpf nach unten, erst entlang der einen, dann der anderen Flanke. Das wird meist als sehr angenehm empfunden. Auch wenn Sie anschließend darauf verzichten, den Unterbauch zu massieren, wird es das Gefühl entstehen lassen, dass der ganze Rumpf in die Massage einbezogen ist.

Die Arme

Arbeiten Sie sich mit beiden Händen erst an dem einen, dann am anderen Arm entlang, vom Schultergelenk bis hinab zum Handgelenk. Drücken, streichen, schieben und ziehen Sie dabei, wie auf Seite 106–108 beschrieben. Streichen Sie immer zur Schulter hin, statt das Gewebe in Richtung des Handgelenks zu ziehen. Wenn Sie wollen, können Sie auch mit Daumen und Zeigefinger an den Muskeln entlangfahren, die Druckpunkte suchen und sie mit einer kreisenden Bewegung kurz massieren. Denken Sie an Ihre Motivation: Sie wünschen sich von ganzem Herzen, dass alle Wesen mit all ihren Körperteilen – und besonders dieser Arm – glücklich und entspannt sind. Vergessen Sie auch nicht, Ihre Position immer so zu korrigieren, dass Sie massieren können, ohne sich anzustrengen oder die Atmung zu behindern.

Was die Hände betrifft, ist es gut, sich bequem neben den Partner zu setzen und ihm am Ellbogen ein Kissen unter den Arm zu legen. So kann man sich auf die Hand konzentrieren, ohne dabei ihr Gewicht tragen zu müssen. Nehmen Sie mit den Fingerspitzen Kontakt zu den empfindlichen Punkten am Ansatz der Finger auf. Ziehen Sie an den Fingern, um die Gelenke behutsam zu dehnen, aber übertreiben Sie das auf keinen Fall, indem Sie ruckhaft ziehen oder gar die Knöchel knacken lassen. Denken Sie immer daran: Die meisten Menschen empfinden das, was sie in ihren Händen spüren, als eng verwandt mit dem, wie sie sich im Allgemeinen fühlen. Besonders wenn jemand an mangelndem Selbstwertgefühl leidet, ist es wichtig, dass Sie durch Ihre Berührung Freundlichkeit und Respekt gegenüber dem ausdrücken, was dieser Mensch wirklich ist. Sind Sie mit dem ersten Arm fertig, legen Sie ihn behutsam ab und wechseln an die andere Seite, um den anderen Arm zu massieren.

Manche Menschen finden es sehr wichtig, während der Massage ständig in Handkontakt mit dem Körper des Partners zu bleiben. Nun gibt es zwar durchaus Gelegenheiten, bei denen es beruhigend wirkt, immer in Kontakt zu bleiben – zum Beispiel, wenn jemand sich besonders unsicher fühlt –, aber im Allgemeinen ist das eigentlich nicht nötig. Wichtig ist es hingegen, jedes Mal, wenn die Hände den Körper verlassen, die Botschaft zu vermitteln, dass sie gleich wieder da sein werden. »Springen« Sie also nicht von einem Teil des Körpers zum anderen, wenn es sich vermeiden lässt.

Schultern und Brust

Beginnen Sie diesen Abschnitt, in dem Sie sich hinter den Kopf des Partners setzen oder stellen und ein oder zwei Minuten lang einfach die Hände unterhalb des Schlüsselbeins ruhen lassen. Die Fingerspitzen berühren sich dabei genau in der Mitte der Brust. Massieren Sie eine Frau, sollten Sie ihr vielleicht sagen, dass Sie sich nur mit den Druckpunkten direkt in der Mitte der Brust und oberhalb der Brüste beschäftigen werden, damit sie sich keine Sorgen darüber macht, was Sie als Nächstes vorhaben könnten. Das gibt der Partnerin auch die Gelegenheit, sich zu äußern, falls sie sich unwohl dabei fühlt, in diesem Bereich berührt zu werden. Ist das der Fall, können Sie direkt zu den Schultern übergehen.

Andernfalls lassen Sie die Hände einfach eine Zeit lang dort ruhen. Spüren Sie, wie der Brustkorb sich hebt und senkt, während der Atem in die Lunge einströmt und wieder hinaus. Bei manchen Menschen werden Sie hier fast keine Bewegung spüren können, vielleicht weil sie noch immer nervös bezüglich der Massage sind oder weil sie die Atembewegung gewohnheitsmäßig anhalten, bevor die Luft in diesen Bereich eindringt. Wenn der Atemrhythmus sich verändert und die Atmung noch flacher wird, weist das wahrscheinlich darauf hin, dass der Partner sich überlegt, was Sie als Nächstes vorhaben. Das können Sie ihm dann kurz erklären und ihn auffordern, einfach normal weiterzuatmen.

Lokalisieren Sie nun da, wo Brustbein und obere Rippen zusammenlaufen, die Druckpunkte. Sie befinden sich in den Einkerbungen zwischen den einzelnen Rippen. Es wirkt oft sehr entspannend, wenn man sie sanft ein wenig massiert. Versuchen Sie, die Massage mit dem Atem des Partners in Einklang zu bringen, besonders während Sie auf Höhe des Herzens Druck auf die Mitte des Oberkörpers ausüben. Drücken Sie zu, während der Partner ausatmet; lassen Sie nach, wenn er wieder einatmet.

Setzen Sie das eine Weile fort, besonders wenn der Atem flach ist oder deutlich unterdrückt wird. Eine geschickte Druckpunktmassage dieses Bereichs kann dem Partner unterschwellig signalisieren, den oberen Brustraum für den Atem zu öffnen. Empfängt er diese Botschaft während der Massage, erinnert er sich vielleicht auch später wieder daran, wie entspannend es ist, tiefer zu atmen, und kann sein gewohntes Atemmuster entsprechend umstellen. Das gilt natürlich auch für Sie.

Um an die Schultern heranzukommen, brauchen Sie den Partner nicht aufzufordern, sich aufzusetzen. Gehen Sie stattdessen folgendermaßen vor: Knien Sie sich hinter den Kopf des Partners, fassen Sie mit der linken Hand sein rechtes Handgelenk, heben Sie dadurch seinen rechten Arm an und schieben Sie Ihre rechte, nach oben gewandte Hand unter die Schulter. Wenn Sie den erhobenen Arm wieder loslassen, können Sie mit den aufgestellten Fingerspitzen gut die Druckpunkte vom unteren Rand der Schulterblätter bis hinauf zum Hals erreichen (siehe Seite 166/167). Achten Sie dabei darauf, nicht direkt auf das Rückgrat zu drücken. Beginnen Sie an einer Seite und wandern Sie mit der Hand allmählich nach oben; gehen Sie dann an die andere Seite und wiederholen Sie das Ganze.

Kopf und Nacken

Massieren Sie Kopf und Nacken, wie auf Seite 163–166 beschrieben. Sie brauchen dabei keine Angst zu haben, irgendetwas auszulassen. Wenden Sie die Techniken, an die Sie sich noch erinnern, einfach so gründlich und ausgeglichen an wie möglich.

Die Körperenergie stabilisieren

Erden Sie die Energie jetzt wieder, indem Sie beide Hände mit langen, kontinuierlichen Bewegungen vom Scheitel aus seitlich über den Hals und dann über Schultern, Arme und Rumpf streichen lassen. Streichen Sie dann von der Hüfte aus an der Außenseite der Beine entlang und halten Sie am Ende eine Weile die Füße, genau wie ganz am Anfang. Wenn Sie merken, dass im Oberkörper des Partners immer noch Stau und Enge spürbar sind, wiederholen Sie das Streichen vom Kopf abwärts noch einmal. Stellen Sie sich diesmal vor, dass Ihre Hände Wärme und Entspannung ausstrahlen. Betonen Sie in dieser Phase die Ganzheit und Zusammengehörigkeit des Körpers und vermitteln Sie das durch Ihre Berührung. Halten Sie am Ende ein oder zwei Minuten lang die Füße, bevor Sie den Partner auffordern, sich auf den Bauch zu drehen.

In der Bauchlage ist es oft bequemer, ein Kissen unter der Brust zu haben, damit Kopf und Nacken entlastet werden, wenn der Kopf notwendigerweise zur Seite gedreht wird. Viele Massageliegen haben eine Aussparung fürs Gesicht, aber ein Kissen unter der Brust reicht völlig aus. Es geht nur darum, dass Kopf und Hals in jeder Position locker bleiben.

Der Rücken

Hat Ihre Partnerin es sich bequem gemacht, können Sie ihr erst einmal die Hände auf den Rücken legen, um den Kontakt wiederherzustellen. Streichen Sie dann mehrfach mit einer langen, fließenden Bewegung von den Schultern bis zu den Hüften über den Rücken. Wenden Sie anschließend alle Techniken an, die nach Ihrer bisherigen Erfahrung funktionieren (siehe Seite 140–149); probieren Sie aber auch etwas Neues aus, wenn es dieser Partnerin gut tun könnte. Gehen Sie behutsamer vor an Stellen, an denen scharfe oder plötzliche Schmerzen auftreten. Ohnehin empfiehlt es sich, den Partner zu fragen, ob er am Rücken irgendwelche Verletzungen oder besonderen Probleme hat. Ist das der Fall, müssen Sie besonders darauf achten, keine neuen Schmerzen entstehen zu lassen.

Natürlich sind Sie nicht qualifiziert genug, um ein schwerwiegendes Problem zu behandeln, aber oft kann eine geduldige, sanfte Massage, die echte Wärme und Zuwendung vermittelt, bereits vorhandene Schmerzen lindern. Manchmal werden Sie sofort merken, wenn Sie an eine wunde Stelle kommen, aber Menschen, die von einer Massage ohnehin eher Schmerzen erwarten, schaffen es unter Umständen ganz gut, diese mit einem heldenhaften Grinsen zu ertragen. Achten Sie also auf verräterische Spannungen, die anderswo im Körper auftreten, zum Beispiel auf zusammengebissene Zähne. Weisen Sie die Partnerin darauf hin, dass die Massage nicht wehtun sollte, und bitten Sie sie, sich zu melden, wenn das doch der Fall ist. Setzen Sie immer wieder auch Techniken ein, die gleichzeitig mehrere Muskelgruppen oder Körperteile einbeziehen. Haben Sie sich eine Zeit lang mit einem bestimmten Bereich oder einzelnen Punkten beschäftigt, fühlt es sich gut an, wenn Sie das mit längeren, umfassenderen Strichen ausgleichen.

Nach dem Rücken ist eigentlich das Gesäß an der Reihe. Hier könnten Sie allerdings auf Widerstand stoßen, hervorgerufen durch Befangenheit oder Verlegenheit. Vielleicht ist es dann hilfreich, wenn Sie darauf hinweisen, dass sich im Lenden- und Kreuzbeinbereich oft starke Spannungen anstauen, die zu konkreten Beschwerden führen können. Legen Sie die Daumen rechts und links neben das Steißbein und wandern Sie mit mäßigem Druck nach oben, am Kreuzbein und am Iliosakralgelenk entlang in Richtung der Hüftgelenke. Dieser oft viel Gewicht tragende Bereich wird im Leben nicht selten sehr unsanft behandelt, und die dadurch auftretenden Belastungen führen zu diversen Beschwerden. Gehen Sie sanft mit den hier oft recht empfindlichen Druckpunkten um und gleichen Sie diese Präzisionsarbeit mit einem festen Druck auf die Pomuskeln aus. Legen Sie dazu die Hände nebeneinander und lassen Sie die Handballen mit nach außen kreisenden Bewegungen von der Taille bis zu den Oberschenkeln und dann wieder aufwärts über die Hüften wandern. Massieren Sie mit dem angemessenen Druck auch gut die Hüftgelenke. Empfindet die Partnerin eine Massage im Gesäßbereich jedoch als unangenehm, sollten Sie diesen Abschnitt auslassen und gleich zu den Beinen übergehen.

Wadenmassage mit Bein an der Schulter

Die Rückseite der Beine

Arbeiten Sie sich mit langen, gleitenden Bewegungen an der Außenseite der Oberschenkel empor, vom Knie ausgehend bis zur Hüfte. Hier reagiert die Partnerin auf zu leichte oder zu feste Berührungen oft recht empfindlich. Machen Sie also mit den Handflächen eine Reihe großer, fester Kreisbewegungen. Reagiert die Partnerin positiv, wirkt es noch entspannender, wenn Sie die Oberschenkelmuskeln Hand über Hand von innen her nach außen ziehen. Diese Bewegung verläuft von oben nach unten.

Auch die Knie sind häufig recht empfindlich. Es ist jedoch meist möglich, mit den Handballen einen leichten Druck auf die Seite der Knie auszuüben. Noch wirksamer ist es oft, die Muskeln oberhalb und unterhalb der Kniekehle zu massieren.

Die Wadenmuskeln kann man besonders gut bearbeiten, wenn man das Knie beugt und den Knöchel an die eigene Schulter legt. So hat man beide Hände frei, und auch der ganze Wadenmuskel hängt locker herab. Drücken Sie zuerst die Handballen in die Rundung des Muskels. Dabei dürften Sie spüren, wie empfindlich der Muskel ist und wie viel Druck er braucht. Natürlich kann das Bein dabei auch am Boden liegen, ist dann aber nicht so gut zugänglich.

Wer häufig Sport treibt oder viel geht und steht, speichert viel Milchsäure in diesem Bereich. Eine Massage kann da sehr hilfreich sein, aber seien Sie dabei sehr behutsam. Gehen Sie anschließend fließend zu den Füßen über und drücken Sie sie dort, wo es Ihnen nötig zu sein scheint. Umfassen Sie am Ende mit den Händen die Zehen beider Füße und halten Sie sie eine Zeit lang ziemlich fest.

Zum Abschluss

Stellen, knien oder setzen Sie sich an die linke Seite der Partnerin. Legen Sie die linke Hand ans untere Ende des Rückgrats und schieben Sie den rechten Arm unter beide Fußknöchel. Heben Sie dann die Unterschenkel der Partnerin an, bis die Fersen in der Nähe der Pobacken sind. Berühren werden sie diese nicht, falls die Partnerin nicht ziemlich gelenkig ist. Halten Sie die Beine daher zehn bis zwanzig Sekunden lang genau dort, wo Widerstand spürbar wird. Das wirkt zugleich lockernd und baut Energie auf.

Legen Sie die Unterschenkel nun behutsam ab und richten Sie die Aufmerksamkeit auf den gesamten Körper der Partnerin, von oben bis unten. Legen Sie ihr die rechte Hand aufs Kreuzbein, das die Basis des Rückgrats darstellt, und lassen Sie sie dort warm und beruhigend ruhen.

Legen Sie der Partnerin die linke Hand nun erst einen Moment auf den Scheitel und dann auf den Nacken, bevor Sie sie ganz sanft auf dem Rückgrat auf Höhe des Herzens ruhen lassen. Während Sie so die Verbindung zwischen den einzelnen Körperteilen herstellen, spüren Sie vielleicht, wie dieselben Verbindungen in Ihrem eigenen Körper entstehen. Geben Sie sich dann entspannt dem Gefühl von innerer Ausrichtung und innerem Gleichgewicht hin, das dadurch entsteht. Wenn Sie spüren, dass der richtige Zeitpunkt gekommen ist, können Sie behutsam die Hände wegnehmen und mit ruhiger Stimme erklären, dass die Massage jetzt beendet sei, es aber keinen Grund zur Eile gebe. Anschließend bereiten Sie vielleicht Tee für die Partnerin und sich selbst zu.

Jetzt können Sie sich beide eine Weile ausruhen. Sie haben sich gegenseitig geholfen, sich zu entspannen, und dabei ist nur Gutes

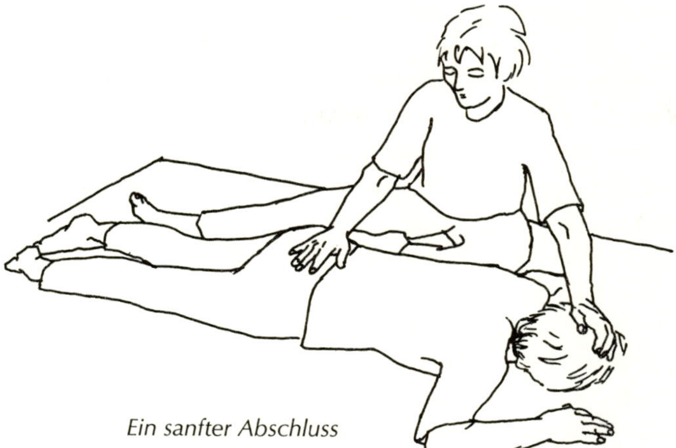

Ein sanfter Abschluss

entstanden. Mehr noch: Sie haben voller Offenheit etwa eine Stunde zusammengearbeitet – emotional wohl ebenso wie physisch –, und dabei ist nichts Schlimmes passiert. Die nächste Partnermassage wird Ihnen wahrscheinlich schon wesentlich leichter fallen. Allerdings brauchen Sie nicht so lange zu warten, um die wichtigsten Aspekte der ganzen Sache zu vertiefen: die Motivation, anderen Menschen zu helfen, und den Wunsch, Mitgefühl zu entwickeln.

Mitgefühl entwickeln

Im Alltag haben wir mehr als genug Gelegenheit, andere Menschen an unserem Reichtum teilhaben zu lassen. Natürlich müssen wir nicht jeden aggressiven Betrunkenen massieren, dem wir zufällig begegnen. Das wäre wohl keine gute Idee. Aber wenn wir grundsätzlich eine entspannte und mitfühlende Haltung haben, können wir dazu beitragen, Frieden und Glück in der Welt zu erzeugen. Hilfreich ist auch, wenn wir verbal etwas für die Entspannung tun, statt das Gefühl zu haben, wir müssten aus jeder Auseinandersetzung als Sieger hervorgehen. Bemerkenswert daran ist, dass das, was man gegeben hat, nicht verloren oder vergeudet ist. Es erschöpft sich auch nicht. Je mehr man gibt, desto besser merkt man, wie viel man zu geben hat.

Gelegentlich stoßen wir natürlich auf einen Menschen, mit dem wir nur schwer Kontakt aufnehmen können. Möglicherweise ist er innerlich angespannt oder aus anderen Gründen außerhalb unserer Reichweite. In diesem Fall müssen wir uns vielleicht ein wenig mehr anstrengen – nicht körperlich oder geistig, sondern im spirituellen Sinne. Statt gelangweilt oder frustriert zu sein, weil unsere Bemühungen so wenig Wirkung zeigen, können wir innehalten, um unsere Motivation aufzufrischen und ein wenig Mitgefühl entstehen zu lassen.

Es ist sehr angenehm, einen schönen, duftenden Körper zu massieren oder den eines Menschen, der einem etwas bedeutet. Dann braucht man kaum Mitgefühl. Ist der Partner hingegen nicht so attraktiv oder liebenswert oder reagiert er nicht auf unsere Bemühungen, ist es schwerer, offen und warmherzig zu bleiben. Schon von Beginn an sind wir dann möglicherweise weniger motiviert, dieser Person zu helfen, und dafür eher versucht aufzugeben. Vielleicht langweilen wir uns auch, verlieren uns in Tagträumen und spulen die Massage nur noch mechanisch ab. In all diesen Fällen tun wir weder uns viel Gutes noch dem Menschen, den wir massieren.

Um solchen Tendenzen entgegenzuwirken, können Sie sich ins Gedächtnis rufen, wie sehr Sie selbst vom Glück begünstigt sind und wie reich an Möglichkeiten die Situation ist. Sie sind stark genug, um die eigenen Sorgen eine Zeit lang beiseite zu legen und bewusst daran zu arbeiten, die eigene Menschlichkeit auf grundlegende und selbstlose Weise zur Entfaltung zu bringen. Mit Hilfe guter Vorsätze und einiger einfacher Techniken können Sie versuchen, Wärme zu erzeugen, wo keine war, und einem anderen Menschen zu helfen, sich besser zu fühlen. Denken Sie auch daran, dass dieser potentielle Freund, der da gerade vor Ihnen liegt, vielleicht bereit ist, auf Ihre Zuwendung zu reagieren, weil er sich eingesteht, Hilfe zu brauchen. Versuchen Sie, ein Gefühl für das Leiden zu entwickeln, das hinter dem Widerstand gegen die Massage liegt. Versuchen Sie, den roten Faden von Fürsorge und Respekt in sich zu finden, ohne dabei etwas erzwingen zu müssen.

Oft empfiehlt es sich in einem solchen Fall, die Massage kurz und einfach zu halten. Gut ist es auch, spüren und vor sich selbst zugeben zu können, wenn man den Boden unter den Füßen verloren hat. Erklären Sie dem Partner vorsichtig, dass Sie noch nicht genügend Erfahrung besitzen und das Gefühl haben, vorläufig sei ein kurzer Durchgang besser. Übrigens kann eine Tasse Tee oft helfen, die verbliebene Distanz zu überbrücken.

Eine andere Möglichkeit ist, einfach nach ein paar tiefen Atemzügen weiterzumachen. Da es an sich schon eine mitfühlende Handlung ist, einer anderen Person bei der Entspannung zu helfen, kann man die Ansicht vertreten, dass man einfach bloß da sein muss – so warmherzig, so offen und so aufmerksam wie möglich –, um wahrscheinlich doch etwas Gutes zu tun. Wenn Sie nicht unbedingt erwarten, dass etwas Erstaunliches geschieht, werden Sie auch nicht enttäuscht sein. Trösten Sie sich mit der Tatsache, dass alles, was Sie sonst tun könnten, wahrscheinlich nutzloser wäre!

Selbst wenn Sie also Zweifel daran haben, ob Ihre Motivation tatsächlich besonders rein ist, können Sie etwas Positives bewirken. Vermeiden Sie Selbstzweifel und das Gefühl der Unzulänglichkeit. Glauben Sie nicht, Sie seien zu schwach oder zu sehr vom eigenen Leiden in Anspruch genommen, um anderen helfen zu können – oder dass dies Sie aller Kraft berauben könnte, die Sie haben. Solange Sie warmherzig und offen bleiben, wird diese Wärme und Offenheit bis zu einem gewissen Grade zurückgegeben werden. Und selbst wenn Sie es nicht geschafft haben, der Partnerin zu helfen, sich zu entspannen, haben Sie es doch versucht und dabei hoffentlich etwas gelernt. Möglich wäre es auch, dass das winzige Loslassen, zu dem dieser spezielle Mensch fähig ist, der tiefen Entspannung entspricht, der sich eine andere Person mit weniger Problemen hingeben kann.

✧ *Malen*

Wenn Sie einen ganzen Tag für diese Einheit verwenden können, sollten Sie vor der Mittagspause etwa eine halbe Stunde dafür einplanen, frei zu malen oder zu zeichnen. Da Sie sich in letzter Zeit mit Vorgängen innerhalb wie außerhalb Ihrer äußeren Hülle beschäftigt haben, wird es sich lohnen, ein paar der dabei gemachten Entdeckungen mit Hilfe von Formen, Mustern und vor allem Farben zu reflektieren. Sicher ist es nützlich, über das, was man gelernt hat, auch zu sprechen, aber genauso lohnend ist es, den eigenen Gefühlen bezüglich der Praxis auf direktere Weise Ausdruck zu verleihen. Die Sprache ist eine heikle Angelegenheit: Man kann etwas sagen und den eigenen Worten durchaus Glauben schenken, unabhängig davon, ob die Worte nun zutreffend sind oder nicht. Möglicherweise entdeckt man beim Malen auch Gefühle und Empfindungen, die man kaum in Worte fassen kann. Besonders die Sprache der Farben kann hier von großem Nutzen sein.

Welche Auswahl wir bezüglich der Farbe unserer Wohnräume, unserer Kleidung oder auch unseres Autos treffen, kann von Bedeutung sein. Jede dieser Farben hat einen bestimmten therapeutischen Wert. In gleicher Weise nähren uns auch die Visualisierungen der farbigen Lichter in diesem Buch. Verbringen Sie heute also eine halbe bis dreiviertel Stunde damit, auf Papier mit Farben, Filzstiften oder Buntstiften zu arbeiten und sich dabei einem richtigen Farbengelage hinzugeben. Es ist nicht nötig, vorab über ein bestimmtes Thema nachzudenken. Nehmen Sie einfach Farben, die Ihnen gefallen, und verwenden Sie sie so, wie Sie mögen. Machen Sie sich keine Sorgen, wenn dabei keine »Kunst« herauskommt, denn darum geht es ja nicht. Sie sollen einfach ausdrücken, was in Ihnen vor sich geht: mit Pinsel- oder Buntstiftstrichen, mit Farbspritzern oder indem Sie die Farbe aufs Papier tropfen lassen. Es ist auch nicht nötig, das Ergebnis nach irgendwelchen Bedeutungen abzuklopfen. Es ist Ihre Auswahl an Farben, und falls irgendein Motiv zum Vorschein kommen sollte, ist es Ihr Motiv, hinter dem Ihre Hand und Ihre Energie stehen. Nur Sie können das tun, was Sie gerade tun. Nur Sie können genau dieses Zeichen hinterlassen.

In diesem Sinne kann ein frei entstandenes Bild nicht lügen. Wenn Sie sich angewöhnen, mit dieser Methode Farben auf ein weißes Blatt Papier zu bringen, werden Sie feststellen, dass sich darin etwas von Ihnen selbst auf spontane und authentische Weise zeigt, so ähnlich wie ein Bild im Spiegel. Das heißt allerdings nicht, dass Sie dieses Bild genauer analysieren sollten als Ihr Spiegelbild, das Sie in einem Schaufenster erblicken.

Natürlich fällt es nicht jedem leicht, sich auf diese Weise mit Farben auszudrücken, genau wie es auch schwierig sein kann, während der Visualisierungsübungen eine gewisse Klarheit zu erreichen. Das wiederum heißt nicht, dass es sich nicht lohnen würde, es zu probieren und sich die Zeit zum Üben zu nehmen. Wie bei vielen Techniken, die hier beschrieben werden, führt eine wiederholte Praxis dazu, besser zurechtzukommen und tiefer vordringen zu können.

Was das entstandene Bild betrifft, wollen Sie es möglicherweise niemandem zeigen, aber bedenken Sie, dass das, was Sie geschaffen haben, anderen etwas mitteilen könnte. Vor allem aber geht es hier darum, eine gute halbe Stunde einfach damit zu verbringen, mit Farben zu spielen und das so zu genießen, wie Kinder es tun. Mit diesem Ansatz beschäftigt sich übrigens auch ein Buch, an dem Carol Sagar, eine der Tara Rokpa-Therapeutinnen, gerade arbeitet. Carol ist Kunsttherapeutin und arbeitet schon viele Jahre mit Akong Rinpoche zusammen. Freies Malen ist auch ein Teil der Tara Rokpa-Therapie, bei der es in Stufen wie »Zurück zu den Anfängen« und »Den Tiger zähmen« um die in diesem Buch angesprochenen Themen geht. Wer tiefer in die Materie eindringen will, kann gern daran teilnehmen (siehe Anhang).

Die Mittagspause

Nach dem Malen haben Sie sich eine lange, entspannende Mittagspause redlich verdient. Wenn Sie am Nachmittag wieder massieren wollen, brauchen Sie eine gute Stunde Pause nach dem Essen, in der Sie spazieren gehen oder sich irgendwo ausruhen können. Versuchen Sie, das während des Vormittags entstandene Bewusstsein in die Pause mitzunehmen. Fangen Sie nicht an, nun massenhaft Dinge zu erledigen oder zu viel über das zu reden, was Sie entdeckt haben. In einer Gruppe ist es durchaus sinnvoll, am Ende des Tages eine Gesprächsrunde zu veranstalten oder sich wenigstens zu einer Tasse Tee zusammenzusetzen, bevor man auseinander geht. Vorläufig ist es jedoch am besten, einfach eine Pause zu machen. Was wir durch die eigene Erfahrung aufgenommen haben, assimilieren wir auf ganz natürliche Weise, ohne dass es der Interpretation bedürfte. Gönnen Sie also, wenn es geht, auch Ihrem Intellekt eine Pause.

Der Nachmittag

Nachdem Sie sich nach dem Essen eine gute Stunde ausgeruht haben, sollten alle Teilnehmerinnen und Teilnehmer einige der auf Seite 39–46 beschriebenen Aufwärmübungen machen. Wählen Sie individuell die Übungen aus, die Sie am wirksamsten finden, und führen Sie sie so gründlich und achtsam wie möglich aus. Noch etwas: Genau wie Sie versucht haben, die entspannte Atmosphäre des Vormittags in die Mittagspause mitzunehmen, können Sie jetzt wieder in sie hineingleiten. Noch besser ist es, sie während des ganzen Tages beizubehalten. Vielleicht haben Sie auch Lust, die Übung »Händeschieben« (Seite 157/158) zu wiederholen, doch das bleibt natürlich Ihnen überlassen.

Sie haben jetzt zum zweiten Mal die Gelegenheit, eine Ganzkörpermassage zu genießen, nun aber aus der anderen Perspektive. Die Massage sollte genauso lange dauern wie am Vormittag. Wenn Sie müde werden oder gelangweilt, weil das, was Sie jetzt tun, so einfach ist, sollten Sie versuchen, etwas tiefer zu spüren, was vor sich geht. Erweist sich auch das als schwierig, folgen Sie einfach dem Ein- und Ausströmen des Atems. Es schadet nicht einmal, wenn Sie einfach daliegen und einschlafen, aber je mehr Sie von dem, was geschieht, wahrnehmen, desto mehr werden Sie lernen.

Visualisierung: Offenheit ✧

Nach einer guten, ausgiebigen Massage und einer kleinen Ruhepause können Sie den Tag mit einer weiteren Visualisierung abschließen. Sie heißt Offenheit. Da Sie heute bereits die Übungen zum Atmen und Spüren praktiziert haben, werden Sie es möglicherweise ziemlich leicht finden, sich in einen entspannten und doch wachen Zustand zu versetzen. Überprüfen Sie aber trotzdem, ob Sie auch nichts auslassen.

Wir haben uns in diesem Buch mit einer sehr freien Form der Massage befasst und sind dabei immer innerhalb der Grenzen dessen geblieben, was mühelos und angenehm ist. Nie ist der Körper physisch belastet oder auf die Probe gestellt worden. Auch Sie selbst haben sich nicht dazu zwingen müssen, mehr zu sein, als Sie sind, sondern haben die positive Energie entdeckt und entfaltet, die bereits in Ihrem Inneren – also in Ihrer wahren Natur – vorhanden war. Wenn Sie jedoch weiter daran arbeiten wollen, immer besser loszulassen und diese Entspannung mit anderen zu teilen, werden Sie irgendwann möglicherweise den Wunsch haben, Ihre Fähigkeiten noch weiter auszubauen. Damit tragen Sie nicht nur dazu bei, das Leiden in der Welt zu verringern, sondern vertiefen auch Ihr Verständnis für die Natur dieses Leidens und steigern Ihre Möglichkeiten, etwas dagegen zu tun. Das soll nicht heißen, dass Sie massenhaft neue Techniken lernen und möglichst viele Menschen massieren müssen. So einfach die Übungen in diesem Buch sind, so wirksam können sie sein. Das hängt einzig von Ihrer Motivation ab und von Ihrer Fähigkeit, die Praxis ernst zu nehmen. Diese letzte Einheit ist also eine Art Fest, weil Sie ohne große Mühe in der Lage waren, einen kleinen Teil Ihrer Energie in Warmherzigkeit gegenüber anderen Menschen umzuwandeln. Auf ganz einfache und natürliche Weise sind Sie fähig, ein wenig Mitgefühl in der Welt zu erzeugen.

Es sich gemütlich machen

Machen Sie es sich erst einmal bequem und gemütlich. Legen Sie sich flach auf den Rücken (dabei sollten beide Körperhälften entspannt und ausgeglichen sein) oder probieren Sie aus, im Schneidersitz den Rücken an die Wand zu lehnen oder auf einem Kissen oder Stuhl zu sitzen. Da Sie jetzt mit dem Geist arbeiten werden, sollten Sie gelöst und wach sein und dabei frei und unbehindert atmen können.

Einfach dazusitzen und zu atmen hört sich nach einer ziemlich langweiligen Sache an, aber in Wirklichkeit geht eine Menge vor sich – auf jeden Fall genug, um Ihre Aufmerksamkeit in Anspruch zu nehmen. Überprüfen Sie, ob der Rücken gerade ist, ob das Kinn leicht zur Brust geneigt ist, um den Nacken zu dehnen, und ob der Körper auf beiden Seiten des Rückgrats symmetrisch ausbalanciert ist. Spüren Sie den Kontakt mit dem Boden, dem Kissen oder dem Stuhl, aber auch den Kontakt mit Ihrer Kleidung und der Luft im Zimmer. Spüren Sie, wie die Luft in die Nasenlöcher strömt, und folgen Sie ihr ins Innere des Körpers. Atmen Sie ganz tief und langsam ein, ohne etwas zu forcieren; zählen Sie beim Einatmen von eins bis fünf, halten Sie den Atem ebenso lange an und zählen Sie beim Ausatmen wieder bis fünf. Stellen Sie sich vor, dass aller Stress und alle Spannungen den Körper beim Ausatmen verlassen, so als würden Sie ein Glas schmutziges Wasser ausleeren. Wiederholen Sie diesen Zyklus mehrere Male.

Kehren Sie jetzt zu Ihrem natürlichen Atemrhythmus zurück, konzentrieren Sie sich dabei aber auf den Unterbauch, also den Bereich unterhalb des Nabels. Spüren Sie, wie der Unterbauch sich hebt und senkt, und beobachten Sie alle damit verbundenen Empfindungen. Nehmen Sie einfach immer mehr wahr, ohne es zu benennen. Erlauben Sie sich, alles zu spüren, was vor sich geht. Lassen Sie den Geist frei durch den Körper streifen, wach allen Empfindungen gegenüber. Irgendetwas wird schon da sein – zum Beispiel ein Kribbeln an der einen, ein dumpfer Schmerz an einer anderen Stelle. Zeigt der Geist kein Interesse, sollten Sie ihn daran erinnern, wie wichtig das ist, was Sie gerade tun. Damit erneuern Sie Ihre

Motivation. Wenn der Geist abschweift, bringen Sie ihn sanft zurück.

Fragen Sie sich, in welcher Stimmung Sie gerade sind. Welche Emotion ist momentan vorherrschend? Ist damit irgendeine bestimmte Körperempfindung verbunden? Schauen Sie sich dann aus der Distanz Ihre Gedanken an. Sind sie schnell und sprunghaft oder ruhig und ausgeglichen? Es geht dabei nicht darum, den inneren Dialog zu zensieren oder zum Schweigen zu bringen, sondern nur darum, ihn wahrzunehmen.

Die Visualisierung

Da sind Sie nun – ganz entspannt und sich einer kleinen Ecke des Universums bewusst. Und weil Sie normalerweise die Option haben, etwas anderes zu tun, als einfach da zu sein, treten Sie der Situation mit einer gewissen Erwartungshaltung gegenüber. Sie hat ein bestimmtes Potenzial. Stellen Sie sich nun den weit offenen Himmel vor, den Sie aus den anderen Visualisierungen kennen. Es ist entweder ein klarer blauer Taghimmel oder ein Nachthimmel, an dem unzählige Sterne funkeln. Im Zentrum dieses leuchtenden Raumes befindet sich ein Tor, das sich nach außen öffnet, weg von Ihnen. Stellen Sie sich vor, dass alles in Ihrem Inneren – alle Gedanken, Gefühle und momentanen Erfahrungen – beim Ausatmen aus Ihrem Körper strömt und durch das Tor in den Raum hinausgeht. Dort verwandelt es sich in ein wunderschönes goldenes Licht, das goldene Licht des allumfassenden Mitgefühls.

Das Licht strahlt in alle Richtungen und bringt allen Wesen, wo immer sie sich auch befinden mögen, das, was sie am meisten brauchen und sich wünschen. Erfasst das Licht also Menschen, die Schmerzen haben, so werden diese gelindert; sind sie hungrig, bringt das goldene Licht ihnen Nahrung. Was immer fehlt oder gebraucht wird, erscheint spontan mit diesem Licht. Es ist nicht so, als würden Sie dabei Ihre eigenen Schmerzen und negativen Emotionen leugnen oder unterdrücken; Sie erkennen in ihnen vielmehr das unabdingbare Rohmaterial für die Entstehung wahren Mitgefühls. Wenn Sie sich eines bestimmten Problems bewusst sind, unter dem Sie leiden, so atmen Sie ja auch dieses durch das Tor aus, wo es sich in das goldene Licht verwandelt. Denken Sie dabei an Menschen, die unter ähnlichen Problemen leiden, und senden Sie das Licht zuerst zu ihnen. So kann mit Hilfe Ihrer Einfühlung Ihr eigenes Leiden für andere nützlich werden.

Das Mitgefühl wecken

Das Leiden an Alter, an Krankheiten, an Einsamkeit und daran, dass wir vom Leben enttäuscht sind, ist ein Leiden, das wir alle zu verschiedenen Zeiten unseres Lebens erfahren. Es ist jedoch nicht nötig, unser Schicksal zu verfluchen oder in Selbstmitleid zu versinken, wenn wir mit all diesen Dingen auf eine positive und erwachsene Weise umgehen. Statt uns im Angesicht von Vergänglichkeit und Tod hilflos und angstvoll zu krümmen und zu winden, können wir die Entscheidung treffen, uns um andere Menschen zu kümmern. Am Anfang zeigt sich dieser Unterschied vielleicht nur in unserem Geisteszustand, aber mit zunehmender Praxis kann diese positive Absicht unsere gesamte Wahrnehmung der Realität beeinflussen und erhellen.

Dies mag als ein großer Schritt weg von einem Leben erscheinen, das bislang mehr oder weniger einem einzigen Zweck gedient hat. Wir haben uns so daran gewöhnt, ständig darum bemüht zu sein, das zu bekommen und zu behalten, was wir für unser Glück zu brauchen meinen, dass es uns schwer fällt, eine ähnlich starke Motivation aufzubringen, zum Nutzen von anderen zu wirken. In diesem Fall hilft folgendes: Stellen Sie sich vor, dass hinter dem Tor im Raum die Menschen sind, die Sie lieben. Fühlen Sie sich in ihr Leiden ein und lassen Sie das goldene Licht auf sie scheinen. Das warme Glühen, das Sie spüren, wenn Sie an einen geliebten Menschen denken, ist natürliche Wärme und Güte und damit die Ausgangsbasis.

Eine andere Möglichkeit ist, über das eigene Leiden nachzudenken und über alle Menschen, die ähnliche Probleme haben, nur in schlimmerer Form. Ein Beispiel: Der Lärm, den Ihr Nachbar ständig macht, ist Ihnen absolut zuwider, aber was wäre, wenn Sie taub wären? Es mag wie eine Binsenweisheit klingen, dass immer jemand anders schlimmer dran ist als man selbst, aber wahr ist es doch. Und da Sie gerade dabei sind, zu entdecken, dass Sie wesentlich mehr Selbstvertrauen und Fähigkeiten haben, als Sie dachten, ist mit Sicherheit anzunehmen, dass die große Mehrzahl aller Wesen in gewissem Sinne tatsächlich übler dran ist als Sie. Lassen Sie das Licht auf alle Wesen ausstrahlen, die Ihnen in den Sinn kommen.

Die natürliche Wärme und die fundamentale Güte im Inneren waren immer da, sind immer da und werden immer da sein. Es geht nur darum, sie zu erwecken. Dabei kommt es nicht so sehr darauf an, ob Sie aus Liebe, logischen Erwägungen, Anteilnahme, Verzweiflung oder Enttäuschung heraus handeln. Wichtig ist nur, dass Sie Mitgefühl verspüren und bereit sind, es auszudrücken und zu entfalten. Das Objekt Ihres Mitgefühls kann die reale Person sein, die sich im goldenen Licht hinter dem Tor befindet, und nicht nur deren Bild oder Hologramm. Sie können Ihr Licht so konkret auf andere Menschen scheinen lassen, wie Sie wollen, selbst wenn diese Menschen nicht mehr bei Ihnen sind. Mitgefühl ist nicht nur warm, wohltuend und unzerstörbar, sondern auch grenzenlos hinsichtlich Zeit und Raum. Ein liebevoller Gedanke an jemanden, der vor zwanzig Jahren gestorben ist oder sich momentan auf der anderen Seite der Erde befindet, ist ebenso wertvoll wie die Fürsorge für jemanden, der gerade mit Ihnen im selben Zimmer sitzt.

Die Visualisierung, die wir gerade praktizieren, dient auch dazu, dieses Erwachen ins alltägliche Bewusstsein zu integrieren. Sie nährt sich sozusagen von sich selbst. Genau wie Ideen, Gefühle, Impulse und Vorsätze zu Handlungen in der physischen Welt des Alltags führen, können Visualisierungen ein Modell dafür schaffen, dass wir auf allen Ebenen unseres Wesens und in allen Situationen mehr Mitgefühl und Reife zeigen.

Die Visualisierung vertiefen

Beim Ausatmen stellen Sie sich vor, dass all Ihr Leiden und all Ihre Enttäuschung, wie geringfügig und belanglos sie auch immer sein mögen, sich beim Passieren des Tores im Raum in goldenes Licht verwandeln. Als Gegenmittel gegen jegliches Leiden berührt dieses Licht all die anderen Wesen und gibt ihnen, was sie brauchen, um sich vom Leiden zu befreien. Versuchen Sie, das zu spüren, statt es sich einfach in Gedanken vorzustellen; versuchen Sie, es voll und ganz zu erfahren, statt den Prozess lediglich zu beobachten. Und da das, was da verwandelt wird, Schmerz und Enttäuschung ist und nicht etwa Ihr Vorrat an Güte, der dadurch zur Neige gehen könnte, können Sie es sich leisten, entsprechend viel Licht auszustrahlen, so lange es geht.

Am Ende erfüllt das goldene Licht das gesamte Universum und berührt jedes einzelne Wesen mit seinem Mitgefühl – also auch Sie selbst. Spüren Sie, wie das goldene Licht endlich auch zu Ihnen kommt und Ihnen bringt, was Sie am meisten wünschen und brauchen. Ruhen Sie sich dann einfach ein wenig aus und lassen Sie die Gedanken frei und vollkommen unbehindert kommen und gehen. Spüren Sie ein paar lange Momente die Abwesenheit jeden Konflikts, ja jeglichen Unterschieds zwischen dem Raum außerhalb und innerhalb Ihrer selbst. Das ist Offenheit.

Behalten Sie im Sinn, dass Sie von dieser Praxis keine bestimmte Wirkung erwarten können. Zum Beispiel wird jemand, den Sie in Ihrem Licht gebadet haben, sich nicht plötzlich von einer Krankheit erholen oder Sie unerwartet anrufen. Obgleich das durchaus möglich wäre. Auf jeden Fall aber wird Ihre Haltung gegenüber dem betreffenden Menschen sich verbessern.

Für manche Menschen ist es recht einfach, an alle bedürftigen Wesen zu denken, sich konkret vorzustellen, was diese brauchen. Für andere ist es leichter, sich jedes Mal beim Ausatmen vorzustellen, dass ihre Erfahrung und ihr Potenzial sich in eher abstraktem Sinne in etwas Reines und Wohltuendes verwandelt. In beiden Fällen kann diese Art positiven Denkens nach meiner Erfahrung eine gewaltige Wirkung haben – auf das Leben der Menschen, die es praktizieren, und auf das Leben all jener, die mit ihnen verbunden sind. Ich hoffe aus vollem Herzen, dass auch Sie das entdecken werden. Wenn Sie es schaffen, ein wenig von dieser Offenheit in Ihren alltäglichen Umgang mit Menschen und Situationen einfließen zu lassen, dann hat sich die Arbeit mit diesem Buch gelohnt.

Überlegungen am Ende des Tages

Ein ganzer Tag, den Sie der Massage und Entspannung gewidmet haben, neigt sich dem Ende zu. Je nachdem, mit wem Sie ihn verbracht haben, wollen Sie nun in der Gruppe, allein oder mit Ihrer Freundin oder Ihrem Freund vielleicht ein wenig darüber nachdenken, welchen Wert diese Erfahrung für Sie hatte. Sie können bei einer Tasse Tee einfach genießen, was geschehen ist, oder auch über die Möglichkeiten sprechen, den begonnenen Prozess weiterzuführen. Vielleicht beschließen Sie, in Kontakt mit jemandem aus dem Kreis der Tara Rokpa-Therapeutinnen und -Therapeuten zu treten, vielleicht haben Sie auch den Eindruck, Sie hätten genug in diesem strukturierten Kontext getan. Auch dann wird zweifellos alles, was Sie bisher investiert haben, in Ihnen und Ihren Beziehungen zu anderen Menschen wachsen. Selbst wenn ein Mensch nur ein ganz klein wenig mehr Bewusstsein und Mitgefühl verspürt, ist das ein wichtiger Beitrag für uns alle.

Abschließend einige Gedanken, wie dieser Prozess weitergeführt werden kann. Manche Menschen beschließen auf dieser Stufe, sie müssten sich nun eingehend mit Anatomie beschäftigen, bevor sie sich erneut am Körper ihrer Mitmenschen zu schaffen machen. Dazu ist Folgendes zu sagen: Grundkenntnisse in Anatomie und Physiologie sind zweifellos sehr nützlich, doch liefern sie nur ein Modell für den menschlichen Körper und dessen Funktionen. So mancher Mediziner hat zwar Jahre damit verbracht, diese Themen zu studieren, hat aber trotzdem keine Ahnung, was es heißt, einen anderen Menschen wirkungsvoll zu berühren. In bestimmten Situationen werden solche Fachleute daher weniger bewirken als eine Person, der es gelungen ist, die Kunst der Berührung zu erlernen.

Das Bewusstsein, nicht viel mehr zu wissen als das, was man im gegebenen Augenblick spürt, kann außerdem zur Grundlage echter Bescheidenheit werden. Es wird Sie daran erinnern, der Partnerin immer mit Vorsicht und Achtung entgegenzutreten, um ihr nicht versehentlich Schaden zuzufügen. Irgendwann wird sich wahrscheinlich trotzdem der Wunsch melden, einen Kurs in Anatomie und Physiologie zu belegen oder entsprechende Bücher zu studieren. An diesem Punkt wird das, was Sie bei Ihrer einfachen Massage- und Selbstmassagepraxis erfahren haben, eine sehr gute Basis für die Weiterarbeit bilden.

Ich möchte Ihnen raten, sich nicht zu ungeduldig um immer mehr Wissen zu diesem Thema zu bemühen. Versuchen Sie lieber, Ihre Erfahrung bezüglich der grundlegenden und einfachen Techniken zu vertiefen, die Sie nun schon kennen. Wenn sich Fragen bezüglich der Körperstruktur ergeben, sollten Sie auf Bücher und Gesprächspartner zurückgreifen, deren Ansatz Ihnen vernünftig und umfassend erscheint. Hüten Sie sich vor Büchern, in denen behauptet wird, mit dem dort vorgestellten speziellen Verständnis des Körpers könne man Wunder wirken. Und hüten Sie sich vor Menschen, die dies von ihren Methoden behaupten.

Was immer Sie auch tun, Sie haben mehr zu bieten, wenn Sie sich offen und entspannt fühlen und einen Teil Ihrer Spannungen und Sorgen losgelassen haben. Bestimmt haben Sie überall und zu jeder Zeit einen Augenblick dafür übrig, innezuhalten, um Ihren Atem und Ihre Gefühle wahrzunehmen – entweder wenn Sie Stress verspüren oder noch bevor es dazu kommt. Sie sollten sogar versuchen, sich das zur Gewohnheit zu machen. Spüren Sie einen unerklärlichen Widerstand dagegen, einfach nur dazusitzen, denken Sie bitte daran, dass das reine Nichtstun tatsächlich das Allerschwerste ist. Seien Sie also sehr geduldig bei Ihren Versuchen und halten Sie sie ganz kurz.

Lernen Sie, sich selbst zu vertrauen und zu geben, was Sie haben. Es mag Ihnen bewusst sein, wie oft Sie unter starkem Stress stehen, aber Sie müssen nicht warten, bis Sie sich vollständig entspannen können, um zu wissen, dass Sie etwas zu geben haben. Es dürfte keine Übertreibung sein, dass viele von uns sonst warten müssten, bis sie tot sind. Sofern Sie in der Lage sind, diese kostbare Verbindung zwischen innerem Frieden und Offenheit auszubauen, und solange Sie den Wunsch und die Bereitschaft haben, das Wenige, was Sie besitzen, mit anderen zu teilen, geschieht der Prozess des Lernens und Reifens ganz von selbst.

Nachwort

Die letzten Zeilen dieses Buches schreibe ich im letzten Jahr des zwanzigsten Jahrhunderts, und da ergibt es sich fast zwangsläufig, darüber nachzudenken, was das, worum es hier geht, im neuen Jahrtausend bedeuten könnte. Ich glaube, dass heilende Entspannung – und damit meine ich natürlich nicht nur dieses Buch – in den kommenden Jahren von immer größerer Bedeutung sein wird.

Dem Druck, den uns das moderne Leben aussetzt, scheinen keine Grenzen innezuwohnen. Wenn wir an unsere Kindheit zurückdenken, erinnern wir uns, wie anders das Leben damals war. Was mich betrifft, würde ich sagen, dass die heutige Welt von größerer Geschwindigkeit und weniger Raum geprägt ist. Diese beiden Faktoren haben eine gewaltige Auswirkung auf meine Gefühle bezüglich des Lebens und der äußeren Umwelt.

In jüngeren Jahren war ich stets bereit, mich lautstark für das Gute einzusetzen, doch heute akzeptiere ich, dass viele Dinge nie wieder so sein werden, wie ich es mir wünschen würde. Die Bürohäuser, die die Straßen der Stadt verschandeln, in der ich aufgewachsen bin, werden sich nicht mehr in Wohnhäuser mit Gärten, Bäumen und Büschen verwandeln. Straßen, in denen sich heute dreispurig der Verkehr staut, werden nie wieder ein Ort sein, an dem ein Kind gefahrlos Fahrrad fahren lernen kann. Häuser und Orte, in denen die Menschen noch selbst musizieren, statt die Musik aus Radios, Fernsehern und CD-Spielern zu empfangen, gibt es kaum mehr, nicht einmal in abgelegenen Gebieten Indiens oder Tibets. Auch Gespräche, in denen es um eigene Erfahrungen geht, statt darum, was man in den allerneuesten Nachrichten der so genannten Medien aufgeschnappt hat, werden immer seltener geführt. Der Zwang, immer hetzen zu müssen, scheint nicht nur mein

Problem zu sein. Aber was können wir tun, wenn wir das Gefühl haben, es gäbe zu viel Geschwindigkeit und zu wenig Raum?

Die Antwort liegt wohl darin, dass wir bereit sein müssen, mit dem Leben so umzugehen, wie es ist, ohne uns darüber zu beklagen, dass es im Vergleich mit irgendeiner Erinnerung oder Phantasie so schrecklich zu sein scheint. Dazu müssen wir lernen, in der Gegenwart zu leben. Im gegenwärtigen Moment ist immer Raum und keinerlei Geschwindigkeit. Wie es ist, ist einfach so, wie es ist. Erst wenn wir bereit sind, uns auf dieser Basis mit uns selbst und allen anderen Aspekten des Lebens zu befassen, können wir uns entspannen, sonst nicht.

Wenn wir uns entscheiden, die Dinge anzunehmen, wie sie sind, werden wir bereit sein müssen, allerhand Extremen ins Auge zu blicken. Es ist zwar schön, wenn es uns gelingt, kleine Oasen des Friedens und der Harmonie zu schaffen, in denen wir mit anderen Menschen zusammen sein können, aber wir sollten uns nicht zu sehr anstrengen, diese Harmonie zustande zu bringen. Selbst wenn uns das gelingt, wird uns der ständige Versuch, diesen Zustand aufrechtzuerhalten, wesentlich mehr verspannen, als uns lieb ist.

Sollten meine Ratschläge gelegentlich den Eindruck entstehen lassen, ich sei ein von Natur aus entspannter und mitfühlender Mensch, so kann ich nur versichern, dass dies nicht der Fall ist. Ich bin eher in der Lage einer Mathematiklehrerin, die ihren Stoff deshalb vermitteln kann, weil sie es so schwer gehabt hat, ihn sich anzueignen. Doch so wenig ich von all dem, was man mir beizubringen versucht hat, gelernt habe – wenn es darum geht, Entspannung und Mitgefühl entstehen zu lassen, hat selbst ein einziger zusätzlicher Tropfen Bedeutung für die Welt. Ich bedaure nicht, diesen Prozess zum Hauptziel meines Lebens gemacht zu haben, und ich hoffe, dass es Ihnen ähnlich gehen wird.

Anhang

Über Rokpa und Tara Rokpa

Rokpa ist das tibetische Wort für Hilfe, und es ist auch der Name einer weltweit tätigen Organisation, die daran arbeitet, die Lebensqualität bei uns wie in Ländern der so genannten Dritten Welt zu verbessern. Rokpa hat keinerlei politische oder konfessionelle Ziele und widmet sich ausschließlich der Aufgabe, das Leiden zu lindern und das Leben reicher zu machen.

Beispiele für die weltweiten Aktivitäten von Rokpa sind: Suppenküchen in Europa, Afrika und Nepal, die Unterstützung von Schulen, medizinischer Ausbildung und Lehrerfortbildung in Tibet und Aufforstungsprojekte im Himalaja und auf Holy Island in Schottland.

Alle diese Projekte wurden auf Anregung von Dr. Akong Tulku Rinpoche ins Leben gerufen, dem Gründer von Rokpa. Vereint werden sie durch die Motivation: Helfen, wo Hilfe gebraucht wird.

Für die Verteilung von Geldern in den Entwicklungsländern ist die internationale Zentrale von Rokpa in Zürich zuständig. Um die Sammlung von Spenden kümmern sich Zweige in mehr als fünfzehn Ländern in Europa, Nordamerika, Afrika und Asien. All diese Arbeit wird ehrenamtlich geleistet. Geleitet wird das Büro in Zürich von Lea Wyler, der Vizepräsidentin von Rokpa, die auch für Projekte in Nepal zuständig ist. Sie trug dazu bei, Rokpa 1980 aus der Wiege zu heben.

Die Tara Rokpa-Therapie hat zu den anderen Rokpa-Projekten eine quasi therapeutische Beziehung. Viele Krankheiten und seelischen Probleme sind auf ein Gefühl der Isolation zurückzuführen. In

Gruppen zusammenzukommen, um anderen zu helfen und an spirituell ausgerichteten Aktivitäten teilzunehmen, stellt oft einen Teil des Heilungsprozesses dar.

Die Psychotherapie-Methode, die heute den Namen Tara Rokpa trägt, hat Dr. Akong Tulku Rinpoche in Zusammenarbeit mit den westlichen Therapeutinnen Dorothy Gunne, Edie Irwin, Carol Sagar, Trish Swift und dem Therapeuten Brion Sweeney entwickelt. Sie sind inzwischen die Tara Rokpa-Seniortherapeutinnen und -therapeuten. Der in diesem Buch vorgestellte Übungszyklus bildet die zentrale Grundlage dieses Prozesses. Die Entspannung, zu der dieser Zyklus verhelfen will, ist die Voraussetzung für ein gesundes, glückliches Leben. Damit stellen auch die von den Tara Rokpa-Therapeutinnen und -Therapeuten geleiteten Einführungskurse zu diesem Thema schon einen abgeschlossenen Prozess dar, der seinen eigenen Wert hat.

Manche Teilnehmerinnen und Teilnehmer haben den Wunsch, in diesem Rahmen weiter auf eine Reise zu gehen, deren Ziel mehr Selbsterkenntnis und Mitgefühl für alle Wesen ist. In einer Zeit, in der die Psychotherapie überall einer kritischen Überprüfung standhalten muss, versucht die Tara Rokpa-Therapie zu vermitteln, dass Menschen sehr wohl ihre eigenen Therapeuten sein können.

Gruppen, die sich dem Tara Rokpa-Prozess widmen, gibt es momentan in etwa zehn Ländern. Unter der Leitung von qualifizierten Tara Rokpa-Therapeutinnen und -Therapeuten durchlaufen die Teilnehmenden eine Reihe von Stufen: »Zurück zu den Anfängen«, »Den Tiger zähmen«, »Sechs Lichter« und »Sechs Bereiche«, »Mitgefühl«. Der Zeitraum, der für diesen Prozess nötig ist, richtet sich nach den Bedürfnissen der Teilnehmenden. Außerdem bieten die Tara Rokpa-Therapeutinnen und -Therapeuten auch Einzeltherapie an.

Darüber hinaus wurde eine vierjährige Therapeutenausbildung entwickelt, die die Möglichkeit bietet, sich noch tiefer in dieser Methode zu schulen.

Weitere Informationen über die Tara Rokpa-Therapie erhalten Sie bei Tara Rokpa Edinburgh, Tara Rokpa Deutschland oder den Tara Rokpa-Therapeutinnen und -Therapeuten.

Informationen über Rokpa erhalten Sie bei:

Rokpa Trust, Kagyu Samye Ling, Eskdalemuir nr.
Langholm, Dumfriesshire, DG13 0QL, Großbritannien;
Tel. 0044–13873–73232;
E-mail: *charity@rokpa.u-net.com*;
Webseite: *http://www.rokpa.org*.

Kontaktadressen

Tara Rokpa in Deutschland

Uller Gscheidel
Markgrafenstr. 5
10969 Berlin
Tel.: 030-2518092
Fax: 030-25299462
E-mail: *ugsch@tararokpa.de*

Dr. med. Ulrich Küstner
Schlüterstr. 9
10625 Berlin
Tel.: 030-31503885
Fax: 030-31503884
E-mail: *uku@tararokpa.de*

Internet: *http://www.tararokpa.de*

International

Tara Rokpa Edinburgh
250 Ferry Road
Edinburgh EH5 3AN
Schottland
Tel./Fax: 0044-131-5521431
E-mail:
tararokpa@tararokpa.fsnet.co.uk

Dr. Akong Tulku Rinpoche
Kagyu Samye Ling
Eskdalemuir nr. Langholm
Dumfriesshire DG13 0QL
Schottland
Tel.: 0044-13873-73232
Fax: 0044-13873-73223

Tara Rokpa-Seniortherapeutinnen und -Therapeuten

Dorothy Gunne M.A.,
M.Psych.Sc.(Psychotherapy)
A.F.s.S.I.
8 Granite Terrace
Inchicore
Dublin 8
Irland
Tel.: 00353-1-4542453
E-mail: *dotgunne@esatclear.ie*

Edie Irwin M.A., IAHIP
c/o Tara Rokpa Edinburgh
250 Ferry Road
Edinburgh EH5 3AN
Schottland
Tel./Fax: 0044-131-5521431

oder

c/o Rokpa USA
6501 Gretna Green Way
Alexandria VA 22312
USA
Tel: 001-703-6422248
Fax: 001-703-6421591
E-mail: *rokpa.usa@attglobal.net*

Carol Sagar B.A.Hons., A.T.C.,
Dip.A.Th, R.A.Th.
The Maisonette
St. Cecilia's
13 Sea View Road
Mundesley
Norfolk NR11 8DH
England
Tel./Fax: 0044-1263-721493

Dr. Brion Sweeney M.B.,
M.Med.Sci.(psychotherapy),
M.R.C.Psych.
4 Grattan Court
Inchicore
Dublin 8
Irland
Tel./Fax: 00353-1-453 5021
E-mail: *bsweeney@gofree.indigo.ie*
tararokpa@eircom.net

Trish Swift M.Soc.Sc., M.S.S., S.Sc.
Rokpa Zimbabwe
34/31 Quendon Road
Monavale
PO Mabelreign
Harare
Zimbabwe
Tel: 00263-4-304411
E-mail: *sharad@zol.co.zw*

Tara Rokpa-Therapeutinnen und -Therapeuten

Annie Dibble B.A., IAHIP
24 North Terrace
Inchicore
Dublin 8
Irland
Tel./Fax: 00353-1-4537304
E-mail: *adibble@eircom.net*

Lorna Hensey B.Soc.Sc., S.R.N.
Millhill Cottage
Corsock
Castle Douglas
Kirkcudbrightshire DG7 3DP
Schottland
Tel.: 0044-1644-440280
E-mail: *lorna@millhill.softnet.co.uk*

Dr. med. Ulrich Küstner
Schlüterstrasse 9
10625 Berlin
Tel. 030-31503885
Fax: 030-31503884
E-mail: *uku@tararokpa.de*

Lorna Watson
Rosehall
Lochmaben nr. Lockerbie
Dumfriesshire DG11 1RJ
Schottland
Tel.: 0044-1387-811561
E-mail: *lorna@jinpa.freeserve.co.uk*

Tara Rokpa Senior Trainee

Dipl. Psych. Stephan Storm
Heisterbarg 3a
25725 Schafstedt
Tel.: 0173-3778968
E-mail: *StormTR2000@yahoo.co.uk*

Tara Rokpa Trainees

Dipl. Psych. Marga Spinner
Oberlaudenbacher Str. 51
64646 Heppenheim
Tel.: 06252-6413

Claudia Wellnitz
Bahnhofstraße 13a
I-39052 Kaltern
Italien
Tel.: 0034-0471-964183
E-mail: *c.well@iol.it*

Tara Rokpa-Regionalvertreterinnen und -vertreter

Claudia Wellnitz
Bahnhofstraße 13a
I-39052 Kaltern
Italien
Tel.: 0034-0471-964183
E-mail: *c.well@iol.it*

Maria Creixell
c/o Samye Dzong Barcelona
Pau Claris No. 74, 2
E-08010 Barcelona
Spanien
Tel./Fax: 0034-93-3015472

Marjorie Epp B.A.(Psych.)
133 Sicamore Place
Fort McMurray
Alberta T9H 3RY
Canada
Tel.: 001-403-7435774
E-mail: *kelmar@telusplanet.net*

Marie-France Kunlin
11 rue Baillou
F-75014 Paris
Frankreich
Tel.: 0033-1-45423833

Gregorz Bral und Anna Zubrzycka
Rokpa Polska
20-437 Lublin
W. Nadrzeczna 37/3
Polen
Tel./Fax: 0048-81-7445235

Weiterführende Literatur

Die folgenden Titel stellen eine Auswahl mir seit langem vertrauter und neu entdeckter Bücher dar, die den Leserinnen und Lesern bei der eigenen Erkundung des Themas von Nutzen sein könnten.

Akupressur

Carola Beresford-Cooke: *Praktische Einführung in die Akupressur.* München 1996

Aikido

Morihei Ueshiba: *Budo. Das Lehrbuch des Gründers des Aikido.* Heidelberg 1997

Linda Adkisson und C. M. Shifflett: *Ki in Aikido. A Sampler of Ki Exercises.* Berkeley 1998

Anatomie

Werner Platzer: *Taschenatlas der Anatomie für Studium und Praxis,* Bd. 1: Bewegungsapparat. Stuttgart 2000

Blandine Calais-Germain: *Anatomie der Bewegung.* Wiesbaden 1999

Aromatherapie

Robert B. Tisserand: *Das Aromatherapie-Heilbuch.* Aitrang, 4. Aufl. 1993

Julia Lawless: *Die illustrierte Enzyklopädie der Aromaöle.* Bern/München 1996

Do-In und Selbstmassage

Michio Kushi: *Do-In-Buch.* Holthausen 1994

Jacques de Langre: *Do-In 2.* Berlin 1981

Pamela Ferguson: *Shiatsu. Gesundheit geben und empfangen.* Stuttgart 1995

Massage

Lucinda Lidell u. a.: *Massage. Anleitung zu östlichen und westlichen Techniken.* München 1985

Dawn Nelson: *Die Kraft der heilsamen Berührung. Alte Menschen, Kranke und Sterbende liebevoll umsorgen.* München 1996

George Downing: *Partner-Massage.* München 1994
Marilyn Aslani: *Massage for Beginners.* London 1997
Anne Kent Rush und Patrick Harbron: *Massage.* München 1996
Frances Tappan und Patricia Benjamin: *Tappan's Handbook of Healing Massage Techniques.* Prentice Hall International 1998

Meditation
Chögyam Trungpa Rinpoche: *Spirituellen Materialismus durchschneiden.* Berlin, 3. Aufl. 1996
Tarthang Tulku: *Offene Bewusstheit.* Münster 1992
Pema Chödrön: *Beginne, wo du bist.* Braunschweig 1997
Akong Rinpoche: *Den Tiger zähmen.* Berlin, 2. Aufl. 1996

Reflexzonentherapie
Eunice D. Ingham: *Geschichten, die die Füße erzählen.* Ergolding 1996
Christine Issel: *Reflexology. Art, Science and History.* New Frontier 1984
Nicola Hall: *Reflexzonenmassage.* München 1999
Pauline Wills: *Handbuch Reflexzonenmassage.* München 1996

Tai Chi
Al Chuang-Liang Huang: *Lebensschwung durch T'ai chi.* München, 6. Aufl. 1990

Yoga
Bellur K. Iyengar: *Licht auf Yoga.* München 1992
Mary Stewart: *Yoga über 50.* München 1995

Schriften und Kassetten von Tara Rokpa
Edie Irwin: *Zurück zu den Anfängen.* Berlin 1998
Edie Irwin: *Mit den Elementen arbeiten.* Berlin 1991
Tara Rokpa Entspannungsübungen (Audiokassette)
Erhältlich bei: Tara Rokpa Deutschland (siehe unter Kontaktadressen)

Tara Rokpa Sommer-Camp in Deutschland 1998. Videos mit Vorträgen von Akong Tulku Rinpoche und den Tara Rokpa-Therapeuten. Kagyu Samye Ling 1998
Erhältlich bei: Kagyu Samye Ling (siehe unter Kontaktadressen)